虎とバット

阪神タイガースの社会人類学

ウィリアム・W・ケリー【著】
高崎拓哉【訳】

THE SPORTSWORLD OF THE HANSHIN TIGERS

PROFESSIONAL BASEBALL IN MODERN JAPAN

ダイヤモンド社

THE SPORTSWORLD OF THE HANSHIN TIGERS
by
WILLIAM W. KELLY

Japanese translation rights arranged with
UNIVERSITY OF CALIFORNIA PRESS
through Japan UNI Agency, Inc., Tokyo

日本語版の刊行に寄せて

この二〇年で、アメリカ人も日本の野球を知り、敬意を抱くようになった。それには、海を渡ってメジャーリーグに挑戦した日本のスターたちの活躍が大きい。ロサンゼルス・ドジャースの野茂英雄、シアトル・マリナーズのイチロー、ニューヨーク・ヤンキースの松井秀喜、ボストン・レッドソックスの松坂大輔……。ところが、日本国内で行なわれているプロ野球と、プロ野球が一〇〇年以上にわたって娯楽の王様として君臨している理由については、まだあまり理解されていない。それを解き明かすのが本書の目的だ。

文化人類学者として、わたしはスポーツとしてのプロ野球だけでなく、文化や歴史、地域の日常生活の中での野球の立ち位置についても興味を持っている。一九九〇年代中盤にこのプロジェクトを始めた際、関西に惹きつけられたのは、オリックス・ブルーウェーブ、近鉄バファローズ、そして阪神タイガースという、域内に三つの異なるチームがあったからだ。ところがすぐ、三チームに対する注目が一様ではないことに驚かされた。ブルーウェーブは日本シリーズ連覇を達成した時期で、若きスーパースターのイチローを擁していたし、バファローズの親会社は関西私鉄の最大手だった。それにもかかわらず、誰もがわたしに語ろうとするのはタイガースのことだった。五大スポーツ紙は毎日タイガースを一面で（さらにたいていは二面と三面でも！）扱い、半分ほどが空席のグリーンスタジアム神戸や藤井寺球場を尻目に、甲子園球場は毎晩、大声援を送るファンでいっぱいになった。それはなぜか。どういうからくりで、タイガースが関西の注目を独占しているのか。それを知りたいという気持ちのほうが強くなっていった。

もちろん、その理由には一九六〇年代後半から醸成《じょうせい》されてきた〝二番手意識〟や、関西と東京の政治、経済的な争いの象徴であるタイガースと読売ジャイアンツのいびつなライバル関係がある。しかしそれ以上に、本書では阪神タイガースに固有の性質を表すものとして、二つの概念を使用している。

第一に、我々はタイガースを〝スポーツワールド〟と理解しなければならない。もちろん、グラウンドへ出て白と黒の縦縞《たてじま》のユニフォームを着る九人の選手たち、そして試合中のプレイがタイガースの中心であることは間違いない。しかし人類学者として見た場合、本当の〝阪神タイガース〟は所属する選手全員、コーチングスタッフ、現場に介入してくるフロントと親会社、詮索《せんさく》好きなメディアの大集団、甲子園の特別な雰囲気、そして関西中に散らばる情熱的で組織的なファンの行動が一体となってかたちづくられている。本書ではこうした要素がどのように絡み合い、スポーツワールドとしてのタイガースに命を吹き込んでいるかを明らかにしたいと思っている。

第二の概念は、テレビの〝ソープオペラ〟のジャンルとの類似性だ。ソープオペラとは、日々の生活と人間関係を描き出す連続ドラマで、主に女性視聴者をターゲットとし、複数のプロットが何年にもわたって展開されるなかで、登場人物たちは（歌舞伎俳優のように）強烈な感情を極端なかたちで表現する。そして観客を入れて行なうスポーツ、特にプロレベルの野球は多くの面で男性版のソープオペラと言ってよく、タイガースはその中でも一番魅力的なストーリーを提供している。家庭ではなく、職場を舞台にしたタイガースのソープオペラは、実に数十年にわたって、企業メロドラマの長寿番組として親しまれてきた。

戦後から現在に至るまで、企業、特に大企業は、男女の別、あるいは職種の別を問わず、あらゆる日本人の日々の体験の中心組織となっている。トヨタ自動車や住友銀行といった一流企業、あるいは権威ある中央省庁に入れず、中規模の会社に落ち着いた人にとってさえ、大企業は一種の憧れだった。実際、大阪は大企業の子会社や独立した商店の多い、中小の街として知られている。同じようにタイガースでも、チームの上にはフロントがあり、そしてフロントの上には親会社がある。そしてタイガースの魅力の一端は、その構造が〝株式会社ニッポン〟のイメージである明確な上下関係、あるいは職場と職場のスムーズな関係の理想形ではないところにある。タイガースには、同僚とのライバル関係や社内政治といった、チームを追うファンが自身の生活に引きつけて考えやすい、もっとありふれた現実が表れている。タイガースを追い続ける行為は、長期連載のサラリーマン漫画を読み続けるのに似ている。

二一世紀初頭はタイガースの分水嶺《ぶんすいれい》だった。二〇〇三年には、十数年にわたる雌伏の時をへて、闘将・星野仙一の下でセ・リーグ優勝を果たした。二〇〇五年に再び優勝し、その後何回も二位に入っている。日本シリーズ制覇には手が届かずにいるが、もはやタイガースは〝ダメ虎〟ではなく常勝球団だ。

さらに重要なことに、タイガースという球団とプロ野球全体にも変化が起こっている。クラブの経営体質は大きく改善され、甲子園も伝統の構造と昔ながらの雰囲気は保っているものの、大規模な改修が加えられ、選手とファンのための設備は刷新された。同様に私設応援団にも管理の手が入るようになり、デジタル時代に入ってスポーツ日刊紙は読者層と影響力を急速に失っている。プロ野球自体も、内側（オーナー企業の不満、選手からの要求、視聴率低下など）の問題に苦しむと同時に、外からもサッカーの人気拡大やＭＬＢへの選手流出といった圧力が高まっている。驚いたことに、そうしたなかでタイガースはとりわけ安定し、経営のしっかりしたもうかるチームになっている。

日本は令和という新時代を迎え、二〇二〇年の東京オリンピックも迫っている。日本でもアメリカでも、国際オリンピック委員会が三大会ぶりの野球（またソフトボール）実施を認めたことをファンは喜んでいる。そのことは、明治時代から長い昭和、そして平成を通じて国民的スポーツとして圧倒的な人気を誇っていた野球復活の象徴となるのだろうか。予測は不可能だが、仮にそうであれば、阪神タイガースはこれからも中心的な役割を担っていくに違いない。

目次

謝辞

野球の試合は多くの人にとってあまりにも長く、ゆっくりなようで、わたしの親友のなかにも絵の具が乾くのを見つめるくらい刺激的だとこぼす者たちがいる。それでも、この本の誕生と比べれば野球はまるで競馬だ。本書の構想は一九九〇年代初頭に始まり、一九九六年から二〇〇五年にかけて、何回かの中断を挟んで日本で実施したフィールドリサーチにおおむね基づいている。以来、日本野球、とりわけタイガースについて多くの論文を執筆し、そのうちの一部は本書にも採用されている。ただし本書のかたち、主張、そして文章はこれまでに発表した関連論文とは大きく異なっており、そしてのちほど述べるとおり、最初のフィールドワークからこうして刊行に至るまで長い間が空いたことに予期せぬ価値が生まれた点には、安堵すると同時に驚いている。

長く寝かせたことで、さまざまな知的、財政的、心理的なサポートをしてくれた個人や機関の数も大きく増えた。謝辞の皮切りには、ロバート・ホワイティングの著作を挙げたい。日本語と英語の双方で書かれた彼の日本野球に関する著作と論文は、一九七〇年代から現在に至るまで続いている。この感謝の言葉に、わたしの過去の文章を読んだことのある人は驚くかもしれない。何しろこれまで、わたしは彼の主張のいくつかに異を唱えてきた。ホワイティング氏自身もその批判に鋭く反応してきたから、この感謝の言葉に驚いている可能性もある（できれば気分を害さないでいてくれればうれしい）。しかし彼の最初の作品があったからこそ、わたしやほかの多くの読者は、野球をはじめとするスポーツと近代日本社会との相互作用を知ることができたのであり、その後も氏は我々に優れたジャーナリズムと学術的知識を多く提供してくれている。

わたしの最初の関西入りには何人かの人が尽力してくれた。アンドルー・ゴードンに借りがあるのは、彼が傑出した日本史研究者だというだけでなく、優れた野球研究者でもあり、また大阪朝日新聞運動部の石川雅彦と遠藤靖夫に紹介してくれたからだ。そして彼らはわたしのプロジェクトにすぐに協力し、関西三球団（阪神タイガース、オリックス・ブルーウェーブ、近鉄バファローズ）とのあいだを取り持って、球場での居場所を与えてくれた。ほかにも、頼りになる情報と知見をいただいたスポーツメディアは無数にいるが、とりわけ日刊スポーツの寺尾博和には何年にもわたって専門知識を提供してもらった。またリサーチ初期には、朝日新聞の富森揚介、日刊スポーツの岸本千秋と花井悠、スポニチの上山乃栄には助けてもらった。特に本書への写真の転載を許可していただいた、日刊スポーツ新聞西日本の編集部長、中村健には感謝したい。

また、それぞれの方法でわたしを歓迎してくれた関西三球団にも、惜しみなく提供してくれた時間と資源に感謝する。本文中で説明する理由から、最終的にフィールドワークの多くの時間をタイガースに費やしたが、それはつまり、わたしがこの球団を最も多く邪魔したことを意味する。高野栄一、猿木忠男、常川達三、浜田知明は球団生活のあらゆる面への取材を許可していただいたという意味で大切な方々であり、そしてフィールドワーク初期にタイガースの監督を務め、いまも日本野球屈指の顔である吉田義男氏には、貴重な面会と話し合いの機会をいただき続けている。ブルーウェーブの森川秀達、バファローズの佐孝宇一には、両チームと球団の面々に紹介していただいた。また複数の球場、特に甲子園の外野席では長い時間を過ごしたが、阪神タイガース私設応援団の森谷一夫、そしていつもライトスタンド中段に坐る浪虎会の藤田憲治は、タイガースのファン文化というめくるめく世界の扉を開くとともに、行動をともにする自由を与えていただいた。

調査の日々を通じて、無数の選手、コーチ、スタッフ、ファン、商店主、記者、実況者にはわたしの存在、そして微妙なことも多かった質問を大目に見て、知識と視点、情熱、不安を共有してもらった。わたしは翌朝の新聞用のコメントを求める記者ではなかったが、名前を出さないことを条件に意見を示してくれた。ここではその条件を尊重するが、わたしの記憶の中では信じられない人々であり、感謝している。

また日本には、小規模ながらも印象的なスポーツ史、スポーツ社会学の研究分野があり、いまも知識の宝庫であり続ける彼らの取り組みには感謝している。タイガースと関西野球については、特に菊幸一、杉本厚夫、高橋豪仁、清水諭、永井良和の論文は参考にさせていただいた。また名前を挙げることは差し控えるが、本書の草稿を読んでくれたカリフォルニア大学出版局の同僚二人からは、かつてないほど手厳しく、参考になる意見をもらった。わたしのホームであるイェール大学の外池由起子博士は、巧みに地図と表を作成し、またシャロン・ラングワーシーはこれまでで最高の校正の仕事をしてくれた。

初期の調査費を助成してくれたのは日本財団と社会科学研究会議だ。特に後者のフェローシップ委員会は、寛容にも当初の懐疑を払拭し、「野球の観戦チケットを買うため」の研究予算九〇〇ドルを承認してくれた！　早稲田大学は、寛大な朝河貫一フェローシップを通じて快適な研究環境を提供し、また同校での長年の友人グレンダ・ロバーツは、早稲田大学大学院・アジア太平洋研究科への長期滞在を歓迎してくれた。イェール大学の文化人類学科と東アジア研究評議会は、キャリアを通じてわたしのホームであり、教職員と大学院生、学部生への愛着と恩義はこのプロジェクトの範囲を大きく超える。ほぼ四〇年にわたって、彼らは定期的な刺激と限りない寛容さ、果てない協力を提供してくれた。

謝辞の最後はたいてい伴侶と家族への感謝、そしてプロジェクトに時間を取られて家族となかなか過ごせなかったことへの謝罪で締めくくられる。わたしの妻ルイーザ・カニンガム、そして娘のクレアも、わたしがこの調査を含めたさまざまな研究にふけるのを何年も許してくれたが、わたしが深く感謝しているのはそれとは逆の部分にある。わたしにとって、二人は何よりの愛とサポートの源であり、このプロジェクトにふけりすぎて家族との豊かな時間をなくすことがないよう努めてくれた点に、最も感謝している。

第1章

阪神タイガースの野球とは

「スポーツは人生のおもちゃ売り場だ」。名スポーツライターのジミー・キャノンはそう言った。スポーツはつらい日常や、政治や経済といった深刻な問題のなかで格好の気晴らしになる。スポーツはゲームであり、プレイや観戦は気持ちを浮き立たせ、精神を落ち着かせる。

しかし我々学者は、キャノンの言葉を額面どおり受け止めるばかりで、スポーツを研究することを怠り、そこに隠された意味に気づかないままだったようだ。スポーツは単なる楽しいゲームをはるかに超えたものだ。キャノンら多くの人はそれに前から気づいている。

現在の組織化されたスポーツのほとんどは、一九世紀に基本形が定まり、一五〇年の近代史のなかで時代を反映しながら少しずつ変わってきた。スポーツは巨大ビジネスであり、国や地域への愛情表現でもある。マスメディアに科学、日常会話、感情、男女平等、人種、ジェンダー、紛争、性格など、さまざまなものへの影響も大きい。またその中身は日課のジム通いから地元のテニスコートでの遊びの試合、はたまた四年に一度の祭典オリンピックまでさまざまだ。近代社会の中心にはスポーツがある。

スポーツはおもちゃ売り場というキャノンの比喩は含蓄に富む。玩具販売が人々の遊び心を満たすための真剣なビジネスであるのと同じように、スポーツも真摯《しんし》な非日常だ。真剣な遊び、全力を要求される余暇活動であり、肉体的負担はもちろん集中力や情熱も必要とされる。プロスポーツはそうした矛盾の極致だろう。遊んでお金をもらうという図式は、働いてお金を稼ぎ、余った時間で遊ぶという常識に反して見える。スポーツとアマチュアリズムをめぐる一世紀以上もの議論は、人々がプロスポーツに違和感を抱いていることの証明だ。

それは日本でも変わらない。日本では野球という一つのスポーツが国内スポーツシーンの中心を担い続けている。高校の花形スポーツとして青春の理想形とされ、メディアでさかんに報じられるほか、試合はレジャー施設を兼ねる巨大なスタジアムで開催され、都市型エンターテインメントでも有数の人気を誇る。地域を代表するチームによるリーグ戦という形式も、地元愛や対抗意識をくすぐる。そしてバットを持ったサムライのイメージは、対米的なナショナリズムの源泉であり続けている。この本では、そうした近代日本の野球情勢と、野球が日本社会の中心に位置している理由を探っていく。

そのために、本書では阪神タイガースという一つのチームに焦点を絞って話を進める。このチームの特徴と歴史が、近代日本社会における野球の意義をおおよそ明らかにすると考えるからだ。この半世紀、タイガースは日本で二番目に人気のあるプロ野球チームとしての地位を保っている。日本第二の都市である大阪近郊に拠点を構え、東京をホームとする人気、実力ともに抜群の読売ジャイアンツとの長年のライバル関係は、日本の中心たる東京への対抗意識の象徴ともなっている。親会社はそこまで大企業ではないが、チームやフロントの人事には頻繁《ひんぱん》に介入する。高校日本一を決める大会の舞台で、〝聖地〟甲子園をホームにしていることも大きい。地元スポーツメディアの評価は、ニューヨークやボストン、バルセロナといったスポーツ都市より厳しい。無数にある応援団がチームの動向を逐一追いかけて常に甲子園を揺らし、目の肥えた熱心なファンが関西圏全体に存在する。

タイガース人気は、チームの強さや成功が土台にあるわけではない。一九五〇年から二〇〇二年までの約五〇年間で、チームがセントラル・リーグ優勝を飾ったのは三回で、日本シリーズ制覇もわずか一回。特に一九八三年からの二〇年間は最下位が一〇回あり、勝率五割以上のシーズンも三回し

[地図1] 1998年当時の日本プロ野球12球団の本拠地

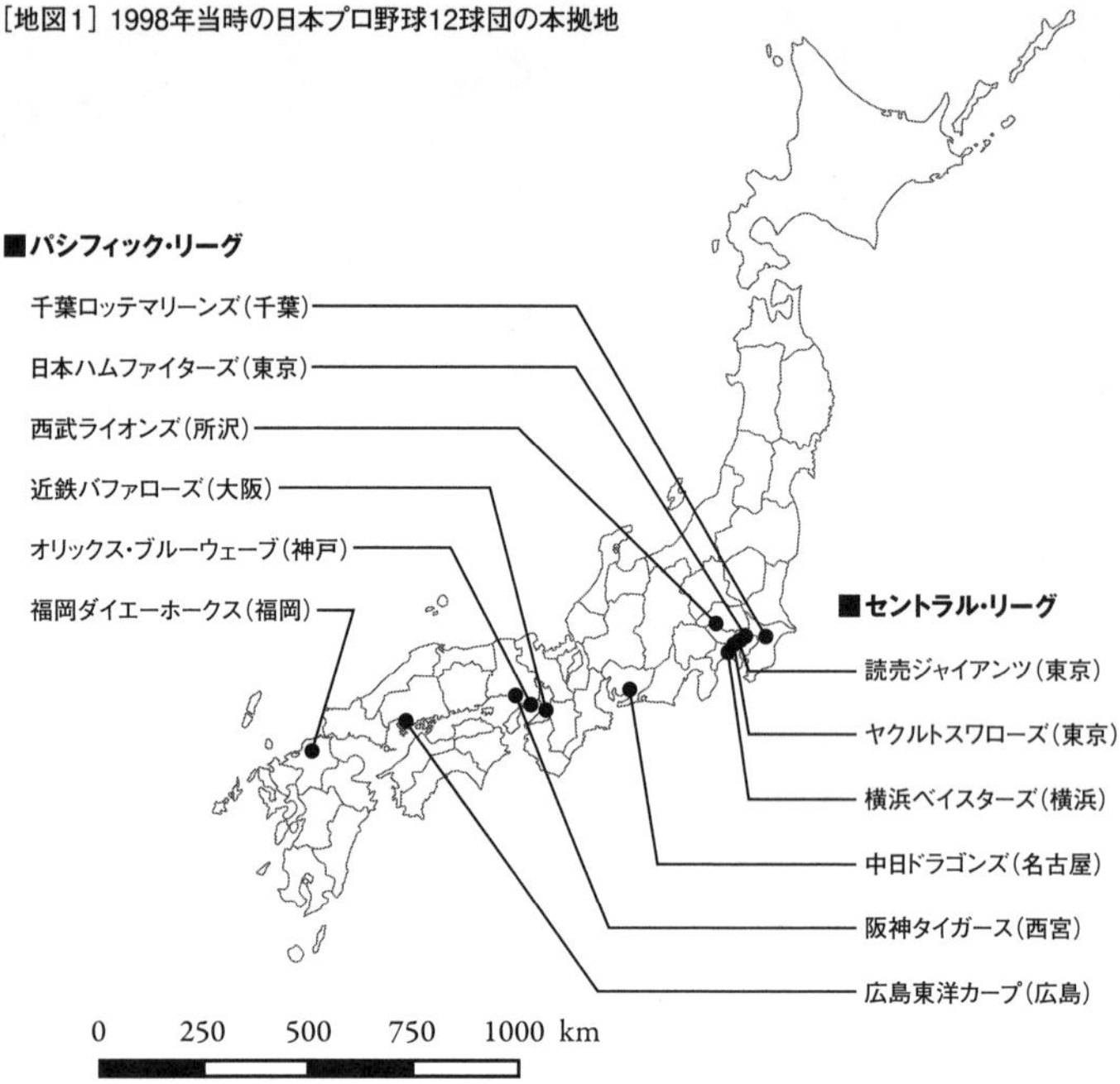

かなかった。それにもかかわらず、いや、むしろ五〇年以上ものあいだ負け、内紛を繰り返し、ファンを苛立たせてきたからこそ、タイガースは関西で圧倒的な人気を保っている。本書の目的は、そのタイガースの世界を分析し、これほど魅力的で示唆に富む理由を探ることにある。

　およそ二〇年前の一九九六年、わたしがこの研究を始めた際に書こうと考えていたのは、こうした本ではなかった。当時のわたしは、近代日本におけるスポーツの社会的、文化的意義を探るには野球を知ることが欠かせないと思い、そして本当の日本野球を知るには、人気も注目度も段違いの読売ジャイアンツと、首都東京から離れることが大切だと考えていた。中心地以外の日本野球を知るために、日本第二の地域である関西を選んだのだ。大阪、神戸、京都の三都市を中心とした関西には、プロ野球一二球団のうち三球団が拠点を置いていた。大阪東部の近鉄バファローズ、西端の少し外にあるタイガース、そして神戸市北西のオリックス・ブルーウェーブだ。

一地域で三球団を体系的に比較できる点で、関西は絶好の土地だった。現地入りからの一か月で三球団に挨拶し、練習の視察や試合観戦を始めた。ところがすぐに、わたし以外は誰も三球団を横並びで見ていないことに気づいた。記者や商店主を含めた全員、全スポーツ紙、全テレビ局が、タイガースを絶対的な中心として消費していた。外部の人間には、三球団は三つのスタジアムで、本質的には同じスポーツをプレイしているように見える。では甲子園での試合だけが特別で、タイガースばかりが注目を集めるのはなぜなのか。当時は極めて局所的に思えたこの疑問は、実は考察と分析のしがいのある大きなものだった。その答えを示したのが本書である。

タイガースとの出会い

当時のわたしは気づいていなかったが、タイガースの特異性は、フィールドワークを始めた当初から顔を出していた。一九九六年七月から九月までのあいだに、わたしは選手の素行問題と監督の解任を目の当たりにし、スポーツ紙のタイガース報道に衝撃を受け、ファンの苛烈さを知り、調査と分析の対象を見直したのだった。

わたしが関西入りした一九九六年七月、チームは不穏な空気に包まれ、メディアはそこに厳しい視線を向けていた。まず、在籍一〇年近い亀山努の周辺で批判の嵐が吹き荒れていた。数年前まで一定の成績を残し、ファンの人気も絶大だった（オールスターにも選出されている）亀山は、当時はけがに苦しんで一軍とファームを行き来していた。素行が問題視されることも増え、メディアでは「お騒がせ男」や「問題児」と呼ばれた。春には球団の許可をもらい、アキレス腱の治療のためアメリカに渡ったが、戻ってくるとアメリカ行きは本当に治療のためだったのかと疑われた。当時はリハビリを兼ねたファーム暮らしだったが、練習にたびたび遅刻し、試合に現れない日や、ゲーム中にトイレへ駆け込む日もあった。事態を重く見たフロントは、亀山に精神面の検査を受けさせ、自宅謹慎を命じた。あることないこと（シーズン序盤に夫人と不仲になり、七月には離婚手続きを始めた等々）を書き立てられ、一軍の藤田平監督からも要注意扱いされる始末だった。ところが「鬼平」の異名を取る監督自身も球団と折り合いが悪く、フロントとメディアからの批判が強まるなか、シーズン途中に成績不振で解任された。

九六年の七月半ばは、そうした緊張の頂点だった。亀山はまたしても練習に遅刻し、午後になって姿を見せるとファームの監督から呼び出され、チームメイトの前で叱責された。それから、七月の関西の厳しい日差しの下、外野で何時間も正座して反省させられた。メディアはその様子を報じた。

タイガースのことを一刻も早く把握したかったわたしは、番記者からほかにもいろいろな話を聞いた。フロントのナンバーツーの首がすげかえられたことや、超人気選手の新庄剛志をはじめ、懲罰を受けた選手がほかにもいたこと。六月早々にアメリカ人助っ人二人を突然解雇したが、代役二人は七月下旬の時点で鳴かず飛ばずだった。最下位付近に低迷するチームに対して、ファンはメガフォンを投げ込み、応援を拒否し、チームバスへ野次を浴びせ、ロードでは選手に直接文句を言った。

状況はシーズンの深まりとともに悪化し、監督自身も批判の矢面に立たされた。親会社の会長で、球団の〝オーナー〟を長年務める久万俊二郎は、七月後半には続投を口にしていたが、八月のロード連戦で壊滅的な成績に終わると、九月二日、（オーナーと親会社からの出向組で占められる）球団幹部は五時間半の取締役会の末、解任の意向を固めた。

この話は翌朝のスポーツ各紙の一面で報じられた。長文の分析記事も掲載され、五紙がすぐさま後任候補の予想（と推薦）を始めた。さまざまな名前が挙がったが、多くは阪神のOBで、各紙で解説委員を務めている人物だった。

ところが解任が正式に発表されたのは、約一〇日後の九月一三日だった。球団社長は一二日、報道陣に対して藤田監督と午後五時から面会すること、監督は解任を受け入れるだろうから六時には記者会見を始めることを伝えたが、これがとんでもない見込み違いだった。球団側は、藤田監督が歴代の指揮官と同じように解任をいさぎよく受け入れ、それによって会社の看板は守られ、関心は再びチームと来シーズンに向くはずだと踏んでいた。ところが解任に怒る監督はなんと九時間にわたってかたくなに離職を拒否した（報道陣は部屋の外で待ちぼうけを食わされた）。話し合いは決着がつかないまま深夜二時にいったん中断し、翌朝ようやく藤田は解任を受け入れた。

これほどの醜聞《しゅうぶん》は珍しいとも言われたが、そのあともチーム内部やチームとフロント、親会社との内紛は続き、わたしのプロジェクトは不可解で波乱含みの幕開けを迎えた。素行不良の選手と不満をため込んだ監督の対立をどう解釈すればいいのか。辞任と解任の違いで九時間もの話し合いになるのはなぜだろう。大騒ぎする意味がわからなかった。問題が誇張され、極端に感情的になって見えた。一つの問題から芋づる式に別の問題が掘り起こされるのは、対立の根深さの表れだった。まるで、黒澤明監督の映画『羅生門』の昼ドラ《ソープオペラ》版を毎日観ているかのようだった。こうした出来事は、わたしのタイガースと日本野球の研究にとってどんな意味を持つのだろう？

しばらくは、大げさに捉えすぎだと思っていた。人類学者なら知っているとおり、フィールドワークに出た直後のわれわれは、現地での体験や人間関係の意味をすぐには理解できない。またプロスポーツでは個性の衝突は日常茶飯事だ。だからわたしも、騒ぎ立てるようなことではないのだろうと考えた。ところが実際には、亀山や藤田監督をめぐるトラブル、球団内のいざこざ、そしてチームの悲惨な成績は、スポーツ日刊紙の隆盛と騒々しい応援団の衝撃とともに、本書の分析に不可欠な阪神タイガースの長年のテーマの表象だった。

当時のわたしは、午後に甲子園入りして取材や練習に臨む選手たちを眺めるのを日課にしていた。次第に記者やカメラマンと顔なじみになり、会見に出席し、記者席で試合を観戦するようになった。毎日新聞、読売新聞とともに三大紙と呼ばれる朝日新聞の運動部には、三球団に挨拶する際の仲立ちをしていただいた。三紙はどこも球団ごとの番記者と専属カメラマンを抱え、スポーツ面で試合結果を伝え、短いストーリー記事も載せていた。

ところがすぐ、やや下世話な五大スポーツ紙のほうがはるかに野球を大きく扱い、キオスクやコンビニエンスストアでよく売れていることに気づいた。列車に乗り、喫茶店や呑み屋に入れば、必ずと言っていいほどスポーツ紙が目に入った。関西三球団の中で、五紙の一面を飾るのはほぼタイガースのみで、オリックスと近鉄、それにほかのスポーツは、二面以降で軽く触れられるだけだった。五紙がタイガース一辺倒で、そして権威ある一般紙を差し置いて彼らがスポーツ報道の主役を担っているのはなぜだろう?

甲子園の観客の熱にも驚いた。わたしは三つのスタジアムへ何年も通い、いろいろな席から試合を観戦したが、どのスタジアムでも大音量の息の合った応援が外野スタンドから聞こえてきた。鳴りやまない応援歌に、吹き鳴らされるトランペット、風になびく応援旗。そうしたアメリカ野球よりも欧州サッカーを思い起こさせるものは、どの球場でも共通だった。しかし、ファンの入れ込み方も、応援の凝り具合も、野次の激しさも、そしてのちに調べたファン組織の複雑さも、やはりタイガースは別格だった。どのプロスポーツでも観客をたきつけるのは組織的なファン団体だが、それでもこの数か月をつづった調査メモには、「阪神ファンの積極性は桁違い」と書かれている。

翌一九九七年にフィールドワークへ戻ると、前年とは打って変わり、球団周辺は新シーズンや新監督、新戦力に関する明るいムードに包まれていたが、チームがシーズン序盤から下位に低迷すると、同じような緊張や対立が再び表に出てくるようになった。それでも、タイガースは関西スポーツシーンの中心であり、残る二チーム、特にオリックスは引き続き好調だったにもかかわらず脇役だった。このころには、タイガース人気の謎がわたしの関心の中心になっていた。

特に不可解だったのが、オリックス・ブルーウェーブがほとんど注目されていないことだった。一九九六年、オリックスは見事にパ・リーグ連覇を達成し、スーパースターのイチローはまたしても記録破りのプレイを見せ、仰木彬監督の人気も健在だった。一〇月末にはタイガースの因縁のライバルであるジャイアンツを破り、日本シリーズを制した。二年連続の躍進は、一九九五年一月の阪神・淡路大震災で壊滅的な被害を受けた神戸を勇気づけた。それなのにタイガースが話題を独占し、ほかの二チームはたまにコラムで扱われるだけで、ニュースでも後回しなのはなぜだろう。わたしのなかで、三チームを平等に比較するよりも、この疑問に答えを出したいという想いが徐々に強まっていった。それは本書の命題とも言うべき人類学的な疑問だった。すなわち、阪神タイガースとはなんなのか?

その答えを知るために、わたしは阪神タイガースの特別さを物語る二つの概念と二つのテーマを活用する。一つは〝スポーツワールド〟という概念で、これは分析単位を指す。もう一つがソープオペラだ。次の節ではスポーツワールドの考え方を解説し、そして少なくともわたしが体験した日々のタイガースが、複数クールにまたがるソープオペラよろしく、感傷とモラルに彩られたエピソードの濃密な連鎖だったことを紹介しよう。スポーツワールドは無数にあるが、それでもタイガースが際立って魅力的な理由は、終身雇用が日本国民の誇りと不安の源だった当時の時代性がチームによく表れていたからであり、また大阪と関西が二番手の悔しさを感じていた時代の象徴でもあったからだ。阪神タイガースは、会社組織と地域意識をテーマにした魅力的なメロドラマだった。

スポーツワールドとしての阪神タイガース

人類学者のほとんどは、長期的な事例研究を好む。社会の一部として暮らす人々の生活を理解したいとき、我々人類学者は現地で長い時間を過ごすことで、生活の図式や価値観のパターンを見出そうとする。過去の日本研究者も、さまざまな人たちを事例に取り上げてきた。地方銀行の職員や、自動車工場の作業員、小学校や中学校の生徒に教師、農村の住民、都市部の住民、バーのママさんに銭湯の常連。我々はそうした事例を持ち帰り、民族誌という名の著書を著して、ある社会単位の全体像を分析的に描き出す。

スポーツを研究する人類学者は、わたしが〝スポーツロケーション〟と呼ぶ非常に見事な民族誌を書いている。たとえばホリー・ソーヤーは、シカゴ・カブスの本拠地リグレー・フィールドのスタンドを観察し、そこに〝スタジアム住民〟の確かなコミュニティーがあること、それがスタジアムが沸騰するような体験を生み出していることを示した。ロジャー・マガジンは、大学を母体とするメキシコシティーのプロサッカーチームのファンクラブに焦点を当て、彼らがほかのファンクラブやチームと異なるアイデンティティーを築いているさまを紹介した。リチャード・ライトは日本のある大学ラグビー部の練習と寮生活に密着し、上下関係に根差した特異な男社会を例示した。東京の二つのフィットネスクラブを比較したローラ・シュピールヴォーゲルの民族誌は、肉体、美、フィットネスという共通認識に対する会員とインストラクターの矛盾した立ち位置を明らかにする。アラン・クラインは、国境をはさんで接するアメリカとメキシコの二都市をホームとし、両国のリーグでプレイするセミプロ野球チームを対象に、ナショナリズムの一つの在り方を人類学的に分析した。ジョージ・メルチとオライン・スターンは野球とゴルフのプロの現場で働く人々の実像を示し、プロキャリアの構築やスポーツビジネス、現代アメリカでセレブや人種をドラマ化するうえでのスポーツの力について、幅広い教訓を提示した。一定の場所や組織、個人に対象を絞ることで、スポーツ人類学者たちは、社会や性別観、民族性、ナショナリズム、民族心理といった根源的な疑問に答えを出してきた。

こうした研究は非常に刺激的だが、本書では別の視点を提示したい。わたしは分析の対象を球場などの一つの場所やチーム、ファンに絞るのではなく、こうした場所や集団が不可欠な要素として相互に絡み合いながら、もっと大きなものをかたちづくり、それが阪神タイガースの〝スポーツワールド〟という集合的な存在を成していると主張したい。関西の三球団を比較検討するなかではっきり感じたのは、〝阪神タイガースの野球〟はグラウンドへ出て試合に臨む九人の選手や、九イニングのゲームをはるかに超えたものだということだった。阪神タイガースは選手と監督、コーチから成るチームで、大所帯だ。またタイガースは球団でもあり、チームの裏側には現場を管理するフロントがいる。およそ一〇〇人ほどのフロント職員の中には、経営幹部もいれば、スカウトやトレーナー、会計士、広報などの専門職も、一般の事務職もいる。そして最後に、阪神タイガースは企業組織でもある。実態は阪神電気鉄道の子会社で、オーナーは親会社の社長や会長だ。しかも、タイガース野球の広大な世界はこれで終わりではない。球団を収めるハコとして阪神甲子園球場（こちらも親会社の所有）があり、毎年六〇日以上もの試合開催日には、威勢のいいファンが大挙して訪れる。オフィスや練習施設、選手寮、甲子園以外の開催球場、春季キャンプの合宿地など、タイガースをめぐる〝場所〟は甲子園周辺に収まらない広がりを持っている。

また、タイガースという組織の周辺にはさまざまなメディアがいて、チームに影響を及ぼしている。番記者にカメラマン、ライター、編集デスク、テレビやラジオの実況に解説者は、チームと球団、会社について報じることに毎日一二時間を費やす。球場へ足を運び、テレビをつけ、新聞に目をとおし、ラジオに耳を澄ませる無数のファンは、試合やチームの話題を幅広く追いかけ、知識も豊富だ。タイガースファンは甲子園のみならず、呑み屋や家庭、仕事場など、関西内外のあらゆる場所にいる。

もちろん、タイガース野球の中心はグラウンド上で繰り広げられる攻防であり、非常に楽しいが、タイガースワールドは膨大な数のキャストの密な交流によって成り立っている。それは人生と生活とアイデンティティー、夢と落胆、利益と享楽から成る世界だ。では、こうした人類学的空間をどう概念化すればいいのか。

それを考えるうちに思い当たったのが、社会学者のハワード・S・ベッカーが一九七〇年代に提唱した〝ソーシャルワールド〟という概念だ。当時、芸術作品の創作とPRを研究していたベッカーは、「アートワールド」なるものを考え出し、美術作品を軸にした価値の創造にさまざまに携わる人間とその関係性を図式化した。一九八二年刊行の著書で、ベッカーはこう述べている。「わたしの分析では〝アートワールド〟という考え方が背骨となる。比喩的な表現で、意味はあいまいだが、天文学的な値札の付く注目作品や、イベントに携わるしゃれた人々を指すことが多い。わたしはこの〝ワールド〟という言葉をもっと専門的に、つまり業界の共通認識に基づいて集団として行動し、名作を生み出す人の輪という意味で使う」。ベッカーはこれが穴だらけの概念で、同語反復だと認めるが、応用性は高い。ベッカーはこう続ける。

この同語反復めいた定義は、分析の性質を映している。つまり論理的かつ体系的な社会学理論というよりは、芸術作品を生み出し、消費する人々への理解を深めることへの期待感に近い。社会学が未知の発見をする学問ではないという指摘はおおむね正しいし、その意味で自然科学とは別ものだ。優れた社会科学は既知の物事への理解を深める。この分析に意義があるとすれば、それはアートワールドという概念の含意を体系的に考察することにある。

枠組みとしては当たり前に思えるかもしれないが、中身は違う。作品に携わる全員が自分の役割をこなさなければ、作品が評価されないことは自明だ。しかしその内実を突き詰めるのは容易ではなく、関係者のいったい誰が芸術家で、誰が補佐役かを判断するのは困難だ。

芸術と同じように、スポーツも実際にプレイする選手と、チームや場所、スタイルの周辺で直接的かつ媒介的な社会集団を形成する人々とが織り成す濃密な局所空間だ。中心には選手のプレイがあるが、上下関係や意味、記憶、価値を創出する役割は幅広い参加者に割り振られている。また参加者は、物理的、感覚的、社会的、イデオロギー的な移ろいゆくつながりによってあいまいに結びついている。そこでソーシャルワールドの概念を用いれば、施設や地域、町といった社会的紐帯ではくくれない協力の産物をうまく捉えられる。

九人の選手がグラウンドへ出て、別の九人と対戦する。野球はそうした普遍的な競技であり、共通の規則にのっとって進む。ところが、それがあるグラウンドへ出て、あるユニフォームを着てプレイする選手に限定されると、阪神タイガースの一員になる。これは非常に重要だ。彼らはグラウンドへ出るからタイガースの選手なのではない。タイガースの物語とチームへの愛着を土台に、意味と、選手ではないがこの世界に立ち位置を有する人々の協力とがつくりだすもっと大きなものの一部だからこそ、タイガースの選手なのだ。

わたしが早々に経験したように、スポーツワールドでは構成要素どうしが直接的かつ安定した関係を築いているわけではない。社会学者のデュルケームが言うような固い絆で結びついた調和の取れた社会ではない。もちろん、絆はタイガースにもある。選手どうしや選手とコーチとのあいだにも、フロントと親会社のあいだにも、各種メディアの中にも、熱心なファンとライトなファンのあいだにもだ。重要なのは、それらすべてを不可欠な要素として、阪神タイガースを構成する出来事、慣行、感情が生み出され、明確なアイデンティティーを持った野球組織とスポーツワールドが形成されていることだ。本書では、そうした要素とその関係、役割を探ることに重点を置く。阪神タイガースをスポーツワールドとして解釈するには、日本社会でのタイガースの重要性を理解するだけでなく、その人類学的な可能性を理解し、現代社会におけるスポーツの位置づけをつまびらかにすることが欠かせない。

ソープオペラとしてのタイガース

来日直後の経験から、わたしはタイガースの球団上層部が分裂し、チームはばらばらで、ファンはその体たらくをどこかいとおしく思っていることを察した。タイガースでは、あらゆる物事が感情的なメロドラマになりがちだった。それは第一印象であり、分析の用語として採用したのはもっとずっとあとだったが、ソープオペラというジャンルとの類似は、タイガースのスポーツワールドの際立った特徴を理解するうえで極めて重要だと考えるし、さまざまな意味で、本家よりタイガースのほうがこのジャンルの定型をなぞっていると考える。

アメリカでは、ソープオペラのブームは数十年前に去ったので、若い読者にはなじみのない人もいるだろう。ソープオペラとは日常生活と人間関係を描いた連続ドラマで、各話三〇分が午後に放送された。〝ソープ〟の名のとおり石けんと洗剤の会社が番組スポンサーを務め、主な視聴者はそうした商品の購買層である〝主婦〟だった。主婦たちは、家事に精を出す午前中と、子どもたちが学校から帰ってくる夕方までのひとときの楽しみを探していた。実際には三〇年代にラジオドラマとして始まったが、五〇年代初頭から二〇世紀末にかけてテレビで一大ジャンルとして勢力を誇った。

研究者によれば、ソープオペラを構成する主な要素は三つある。まず、複数話単位の紆余曲折のある複雑なストーリーで、はっきりとした結末が示されないこと。次に、こうしたとりとめのないストーリーの軸に、長く登場し、視聴者が共感できるキャラクターたちの重層的な軋轢があること。そして最後に、単なるドラマではない、露骨で、大胆で、オペラ的な感情の激発を伴ったメロドラマであること。ソープオペラの登場人物は、たいてい気持ちをそのままぶちまける。

それゆえ、スポーツ観戦とソープオペラの関連を指摘するのは自然なことで、実際多くの専門家が関連性を分析している。たとえばアヴァ・ローズとジェイムズ・フリードマンは次のように述べる。

スポーツでは、試合の分析と、過去と現在との整理が未来へ向けて行なわれ、その流れを解説者の予測が加速させる。ところが、こうした直線的な流れは結末や終幕には行き着かない。ソープオペラと同様、スポーツは続きものだ。常に現在進行形で、先があり、〝次回へ続く〟。連続ドラマと同じで、一回限りの視聴では終わらない。試合は常にシーズン全体や、大会の年間サイクルの文脈の中で捉えられる。その意味で、決着は永遠につかない。常に次の試合やシーズン、スター選手がやって来る。

こうした意見には異論もあるが、わたしはタイガースの現地調査の日々で、両者の密接な関連性を確信したし、タイガースのスポーツワールドの在り方と熱量を把握するにはソープオペラが中心的な枠組みになると考える。とはいえ、ローズとフリードマンの単純な意見をうのみにするわけにはいかない。

すべてのプロスポーツにソープオペラとの類似性が認められるわけではない。プロテニスやプロスキー、カレッジバスケにプロバスケ、ラグビーといったスポーツには、魅力的なドラマの連鎖がある。しかし多くのスポーツで登場人物は限られており、スケジュールは飛び飛びで、ストーリーは未完成、注目は限定的で、それをソープオペラと同じだと主張するのは無理がある。

その一方で、欧州や南米の一流リーグのサッカーや、パキスタンなどでのクリケット、カナダのアイスホッケー、そしていくつかの国の人気スポーツは、まさにソープオペラ的と言えそうだ。米メジャーリーグや日本のプロ野球は、八か月間ほぼ毎日にわたって試合が開催され、あらゆるスポーツの中でもとりわけシーズンが長い。野球は数多くの選手を登録し、専門性の高いポジションの数々で構成される。リーグ戦形式の戦いは長年のライバル関係を生み、メディアでの扱いは大きく、またキャリアにはさまざまなレベルがある（日本では高校球児も国民的な関心の対象となる）から、登場人物は長いあいだ関心を引く。そしてソープオペラと同じように、野球も明確な境界のある〝ドメスティック〟な空間を舞台とする。野球では、ほとんどの出来事が内野周辺で起こる。少々狙いすぎな場内音楽や、選手と審判の派手なジェスチャーもソープオペラと似ている。

野球はエピソード、感情、モラルというソープオペラの三要素を先鋭化したスポーツであり、これらはタイガースワールドの体験と内部の人間関係を理解するカギにもなる。これについてはのちの章で解説しよう。

タイガースワールドのタペストリーに織り込まれたストーリーの密度は、ソープオペラの長寿番組をも凌駕《りょうが》する。登録選手にも、各シーズンにも、八〇年に及ぶ球団史にもストーリーがあり、それがタイガースの選手を球団の歴史や他選手、他球団のストーリーと結びつけている。一方で選手やチームは、細かい網の目のような数値指標で成績を評価される立場でもある。記録の継続的な作成は近代スポーツの決定的な特徴だが、データの細かさで野球は他の追随を許さない。

登場人物たる選手は、みなストーリーと数字という土台の上に立っている。スポーツ新聞はどれも、シーズン中には毎日、打撃二〇傑や投手二〇傑といった細かな表を載せ、無数の指標（出場試合数、勝利数、奪三振数、四死球率、防御率などなど）の成績を紹介する。大手出版社は、毎年もっと詳細なデータの載った年鑑を出版し、全チームの全選手の数字を細かく比較する。身長に体重、経歴、主な成績、過去五年間の年俸の上下……。こんなふうに業績が継続的に一般公開され、個人とチームのストーリーが統計の網の目を通じて語られる職業は、世界のどこを探してもほかにない。

次に、野球とその担い手のストーリーとスタッツは、ソープオペラ以上に感情的だ。スポーツは、予測と不測の事態との絶え間ない緊張を原動力とした競争だ。よく知るものほど気にかかるのは世の常だし、ソープオペラが〝オペラ〟と呼ばれるのは演者と視聴者がどちらも大げさだからにほかならない。スポーツは〝我ら〟と〝彼ら〟の対決だから、ソープオペラ以上に対立の構図が強まる。勝者と敗者のコントラストもさらに鮮明だ。ファンの帰属意識が強いほど、チームへの入れ込み具合も深まる。リードした、リードを奪われた、ホームランを打った、三振に切って取った、試合に勝った、負けた……選手と観客は果てしない感情のジェットコースターに乗り、声とジェスチャーでそれを表現する。カメラマンとテレビのクローズアップ映像がそれを煽る。

さらに、野球のような中断と再開による〝継続するスリル《サスペンス》〟を構造的に持つスポーツでは、感情はいっそう揺さぶられる。サスペンスは、ルールにのっとった枠組みという確実性と、すべての行動の結果がまったく予測不能であるという不確実性の絶え間ない綱引きによって生じる。打者がバッターボックスに入って投手と対峙する。すべてはルールブックで指示されているとおりだ。グラウンド上とスタンドの全員が、その場面の枠組みを瞬時に、完璧に理解する。ところがそのあと訪れる場面、つまり投手がボールを投げたあとに何が起こるかはまったくわからない。次の瞬間に待っているのはストライクか、ヒットか、ファウルか、ボールか。スポーツではあらゆる場面で次の展開が予測できない。そうした絶え間ないサスペンスがメロドラマ性を強める。打球が内野手のあいだを抜け、バッターが悠々と一塁へ到達することもあるだろう。その場面は完全に理解できるもので、ルールにものっとっている。ところが次の展開はまったくわからない。これはあらゆるスポーツの絶対的な性質だ。かならず公式のルール（グラウンドへ出るのは各チーム九人、三アウトで一イニング、ピッチャーはマウンドから投球し、五角形のホームプレートの先端までの距離は六〇フィート五インチ）があり、それがきっちりした枠組み（またスポーツの〝意味〟）を成している。ところが、スポーツは常に現在進行形の競争でもある。勝敗はおろか、細かな部分の結果を知ることすら不可能だ。スポーツのサスペンスは、そうした行動の枠組みが完全に既知であることと、その結末がまったくの予測不能であることの落差から生まれる。

　スポーツが本家以上にソープオペラ的である第三の理由は、ローズとフリードマンが言うところの「モラルのマニ教」、つまり過剰な善悪の二元論にある。

　メロドラマと同様、スポーツのハイライトは個人の苦闘と集団の緊張、モラルの対立だ。感情が極端に誇張され、対立する勢力が争う。スポーツはすべからく、この〝モラルのマニ教〟の繰り返しである。両チームのヘルメットがぶつかり合う試合開始時の映像も、チームカラーと選手の動きの視覚的なコントラストも、両チームの選手や監督の苦悩を捉えたクローズアップ映像が交互に延々挿入されることも。審判団でさえ、そうした対立の調停者として視覚的に規定されている。白と黒の縞の制服は、対立勢力の〝客観的な〟中間者としての立場を象徴している。

ソープオペラにも善悪の色分けはあるが、スポーツはそれよりはるかに明確な〝争い〟だ。だからこそ行動や結果に強烈な感情が乗り、正義感に基づいた野心が生まれる。「勝ちたい」が「勝たなければ」に変わる。俺たちいい者は勝つべきで、お前たち悪者は負けるべきだ。我々の名誉は守られなくてはならないし、努力と才能は報われなくてはならない。選手、球団、観客、さらに一部のメディアは、そうしたモラルに沿って協力する。

その連携は強固であると同時に脆弱《ぜいじゃく》でもある。それは、根本的に不確かなものの責任をどうにかして誰かに負わせようとするからだ。藤田監督は前年に続く最下位フィニッシュがちらつくなかで解任された。しかし成績不振は監督のせいなのか。もっと言うなら、どの程度、またどの部分に関して、監督は責任があったのか。

一九九六年のプロ野球は一シーズン一三五試合で、そのすべての試合で、三時間にわたっていくつもの行動が発生する。キャストも多岐にわたり、合計約三〇人以上の選手が出場し、二人の監督と四人の審判団が決断と判定を下し、七五回以上の打席が訪れ、二〇〇球以上の球が投じられる。当然、勝敗は重要だが、その要因は恐ろしいほど判然としない。勝負どころでの三振に、劇的なホームラン、微妙な判定はどんな試合にもあり、選手やメディア、ファンはそうした場面を指して勝敗の分かれ目だったと口にする。ところが社会学では、明確なターニングポイントに見えるものも、実はそれまでの道のりの帰結にすぎないという考え方をする。しかも野球では運も絡む。天気に芝の凹凸、風。確かなことは誰にも言えず、次の日にも試合がある以上、議論はすぐ下火になり、メディアは次の記事を準備し、ファンは球場を再訪する。チームの勝敗は絶対の事実としてはっきりしている一方、勝因や敗因は絶対的にははっきりしない。

それでも感情やモラル、金銭などが試合に懸かっている以上、判断せざるをえない。これから見ていくとおり、タイガースのスポーツワールドは人類学者のマックス・グラックマンが言うところの「責任の所在」の追及の繰り返しであり、チームとフロント、オーナー、メディア、ファンは、その終わりなき不毛な議論に引きずり込まれていた。

ゆえに、この世界には〝我ら〟タイガースと〝奴ら〟ジャイアンツの対決だけでなく、内部分裂がある。その一つが、メディアとファンの中で続く〝猛虎〟と〝ダメ虎〟の対比だ。かつての誇らしく力強い猛虎が、貧弱でどうしようもないダメ虎に変わってしまったことは疑いようがない。しかしその原因となると、とたんに意見が割れ始める。

まとめよう。言いたいのは、阪神タイガースは複数のエピソードが積み重なったスポーツワールドだということだ。極端な感情の繰り返しからなるメロドラマであり、ドラマ性を高める仕掛けとして、サスペンスとモラル、そして責任の所在の不確かさがある。阪神タイガースほど緻密な世界を持つチームも、同時にこれほどおもしろいソープオペラを見せてくれるチームも多くない。そこで再び、最初の謎が改めて浮上する。タイガースが関西三球団の中で、いや、プロ野球全球団の中でこれほど

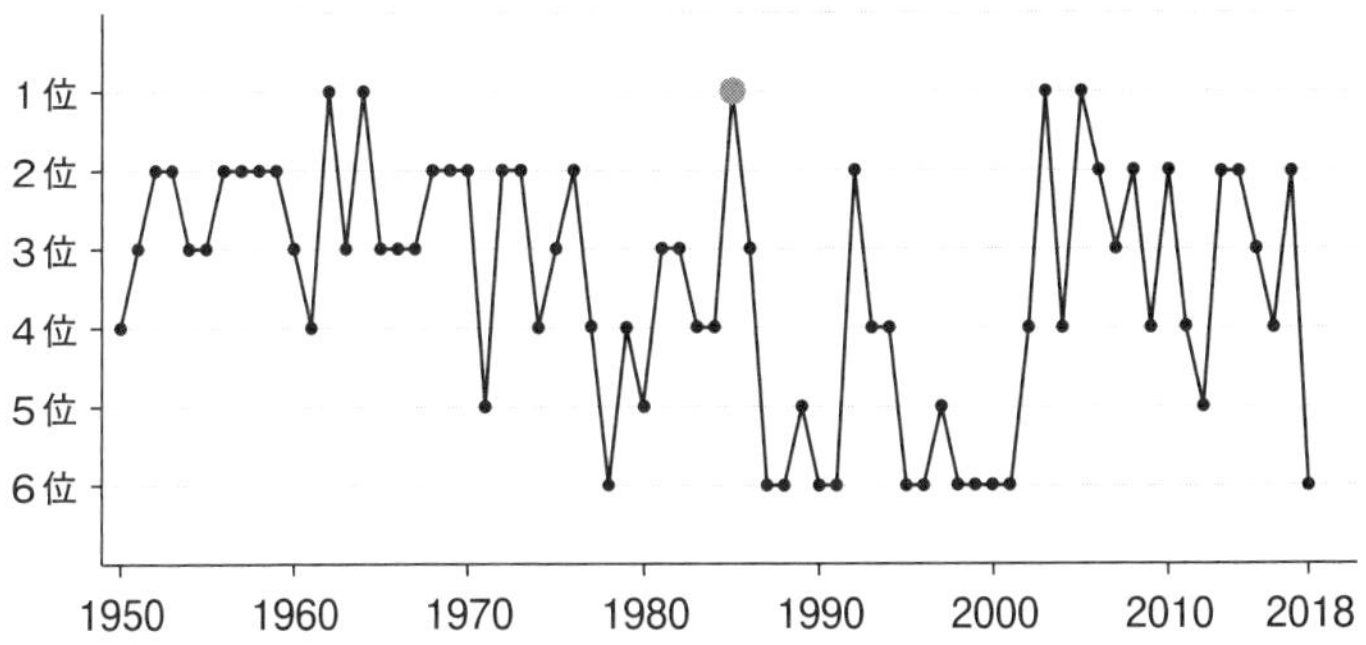

［図1］1950〜2018年の阪神タイガースのセ・リーグ順位

際立っているのはなぜなのか。

愛すべき敗者？

自分ちの子が幼稚園の徒競走に出るみたいなもんです。一着ならうれしいけど、けがしないで一生懸命に走ってくれたらそれでいい。タイガースの応援も同じですわ！

——鹿砦社が伝えた無名の〝トラキチ〟の言葉

チームは負け続きで、組織も崩壊状態のあの時代にタイガースの人気が飛び抜けていたことは、一見すると不思議に思える。日本では、最下位のチームは〝お荷物〟と呼ばれる。そして八〇年代後半から九〇年代、さらには二〇〇〇年代に至るまで、タイガースはセ・リーグのお荷物球団だった［図1］。地域で最も結果を残していないチームが、最も強固なスポーツワールドを築いていた理由はどこにあるのか。

わたしは長いあいだ、表面的な〝失敗〟の定義にとらわれていた。愚行を繰り返す選手や内輪もめ、情けない成績ばかりのチームがあれほど関心を集め、大事にされているのは悲しいことのように思えた。しかし素行不良や派閥争いをめぐる報道には背徳的な、弱いチームの応援にはえもいわれぬ魅力がある。愛すべき負け犬はスポーツ界の至るところに存在するし、メジャーでは何十年ものあいだ、ボストン・レッドソックスやシカゴ・カブスがそうだった。レッドソックスを長年追いかけたスポーツライターのダン・ショーネシーは言う。「レッドソックスは自分の子どもみたいなものだ。頭がおかしくなりそうになるし、心臓にも悪いが、やはり愛しているし、いつだって味方したくなる」

タイガースの選手や大阪のメディア、ファンからも似たような言葉を聞いた。ショーネシーと非常によく似た感覚を口にしたファンもいた。「(阪神は)憎めん選手ばっかりなんです。だらしなくても、人間的魅力にあふれてるというか。学校を辞めて、家族に迷惑ばっかかけてるアホな兄弟みたいなもんです。ほっぽり出すわけにもいかない。子どもには好かれとるし、家族ですから、がまんして長所を見つけるしかないんです」。肩をすくめながら、日本人にはおなじみの感想を漏らした人もいた。「どうしようもないことですから」

こうしたあきらめまじりの愛情が一つの説明になるのは確かだ。それでもわたしは、タイガースワールドの魅力や熱量の源は、もっとはっきりした感覚にあると思っている。この本では、それをタイガースワールドのアイデンティティーの二大テーマとして抽出、言語化する。

ソープオペラの二つのテーマ――職場のトラブルと二番手の悔しさ

阪神タイガースを理解する軸になるのが、このスポーツワールドが内部の人間にとって魅力的な〝職場〟だということだ。プロスポーツはどこも選手の働き場所で、雇用条件や保有権、監督の権威、キャリアの軌道といったものに選手やメディア、ファンが関心を寄せる。タイガースではこの傾向が特に顕著で、多くの人がタイガースの野球をロングランの企業ドラマとして味わう。二〇世紀後半の日本において、会社という巨大な職場組織は社会の中心だった。一流企業には縁がない人にとっても会社は希望だった。タイガースもチームの上にはフロントが、球団の上には親会社があって、そしてライバル関係や社内政治、成功や不遇という普遍的なドラマがあった。端的に言うなら、ファンが自分に引きつけて考えやすい条件が揃っていた。

阪神タイガースを追いかけるのはサラリーマン漫画を読むのに似ている、と言われたことがあった。〝オフィス漫画〟は日本では特に人気のあるジャンルで、『課長島耕作』や『ナニワ金融道』が週刊誌や新聞でときに長期連載され、単行本化された。どれもオフィス内での対立や取引、成績のプレッシャー、社内恋愛、株取引の不正、昇進失敗などがユーモアと皮肉を交えて描かれている。部下を顧みない自信過剰で不条理な上司や、日々の仕事の大変さが鋭く、ほろ苦く表現されている。

こうした特徴は、タイガースのドラマと合致する。努力、才能、チャンス、責任。そうした社会人生活の必須要素が毎晩のように球場に立ち現れ、翌朝にはスポーツ日刊紙でメロドラマ的につづられ、個々の行動が組織の権威構造の中に収められる。もちろん、多くのファンにとって野球は楽しいスポーツだ。驚愕のプレイや見事な連携は、観ている者を釘付けにする。そうしたスポーツ自体の楽しさ（またつらさ）を軽んじるつもりはない。それでも、タイガース人気の極端さを解釈するには、タイガースワールドという職場の力学を明らかにする必要がある。

ソープオペラのもう一つの大きなテーマは、六〇年代以降のあらゆる物事の東京への一極集中だ。かつて東京と大阪は経済力でも威厳でも拮抗していたのが、東京オリンピックが開催された六〇年代に状況が一変した。新幹線（東京行きは〝上り〟で、東京発は〝下り〟）が走り、国民総生産（GNP）と国外輸出が急増するなかで、東京は経済の決定的な中心となった。フランスやギリシャ、メキシコといった国々と同様の集中が起こり、大阪と広く関西圏は二位となって、二番手意識が生まれた。タイガースにも、そうした二番手意識があらわれるようになった。あとで詳しく話すが、プロ野球が現在の二リーグ制になった一九五〇年、関西のチームはどこも東京の読売ジャイアンツより強かった。プロ野球の世界でも、東京が主役となったのはジャイアンツの前人未到のV9が始まった六五年ごろからだった。そしてその後の八〇年代や九〇年代までには、タイガースは関西唯一のセ・リーグ球団として、アンチ中央の期待を一身に背負うことになった。

各章について

ここからは、本編について短く紹介しよう。関西の三球団をバランスよく扱うという当初の意図に反して、わたしは阪神タイガースの圧倒的な存在感のわけを知りたいという想いを強めていった。

そして、球団がスポーツワールドにどう組み込まれているかを調べ、タイガースを選手とフロント、オーナー、ファン等々から成る企業と解釈するようになった。野球には投打があり、選手は走塁や捕球をし、審判は判定を下す。こうした行動の重要性は限定的な一方で、そこへ至る過程には、選手の経歴や人間関係、記録、戦略といった複雑なネットワークが関わっている。そして数字は常に記録され、ストーリー化され、伝えられ、分析されて、次の行動を呼ぶことが繰り返される。

第2章では、タイガースのスポーツワールドの主な舞台と時間的なリズム、登場人物を紹介する。まずは中心である甲子園での試合だ。日本で最も多くのドラマが起こってきたスタジアムでプレイすることは、選手にとっては大変な栄誉だが、タイガースのスポーツワールドは甲子園のはるか先まで広がり、ロードの球場や練習施設、選手寮、会見室、スポーツバー、一般市民の家庭の居間にまで延びている。九イニングの攻防が繰り広げられる三時間ほどのナイトゲームは基本的な時間単位だが、その内外では複数の時間枠が複雑に組み合わさっている。打席、イニング、試合、シリーズ、シーズン、キャリアもまた時間単位であり、行動の連鎖だ。こうした行動の時空が、あらゆるスポーツの中でも随一の完成度を誇るスタッツとストーリーを織り成し、タイガース野球のソープオペラの構造の土台を成す。

第3章では選手に焦点を当てる。プロ野球チームはたくさんの支配下選手を抱え、最大で七〇人を登録できる。選手は個性と独自の経歴を持つが、同時に共通項もある。入団や練習、けが、契約更改、キャリアの流れ、引退後の展望といった、複雑でときに矛盾する実績と権威、補償の構造を考察しよう。また、個々のアピールとチームの勝利との綱引きについても考える。

こうした大所帯の選手たちを鍛え、指令を下すのが監督だ。第4章では、タイガースの監督とそれを補佐するコーチングスタッフという、不安定で理不尽な地位について分析する。タイガースの監督は、ほぼ全員が選手時代にはスターで、タイガースでのプレイ経験を持っている。プロ野球で最も血の濃い組織だ。にもかかわらず、いや、だからこそチームは二リーグ制になって以降の六七年間で二五回もの監督交代を行ない、ほとんどが短命政権に終わっている。タイガースの監督は、最も名誉であると同時に不安定だ。

タイガースの監督が感じるプレッシャーの多くは、口やかましい巨大な上層部が原因だ。第5章では、この構造を二つのレベルに分けて見ていく。まずはチームを直接的に管理する(しすぎる)フロント、つまり球団。次が球団を子会社として保有していた阪神電気鉄道だ。関西の大手私鉄五社の一つだが、営業距離は最も短く、穴埋めとして鉄道以外の交通事業や小売り業、レジャーなどを手がけていた。タイガースは収益の柱ではないが、圧倒的な企業の顔であり、その矛盾が野球素人ばかりの経営陣にとって悩みの種となっていた。

甲子園は、野球界でも有数のストーリーを生み出してきた賑やかなスタジアムだ。試合を観に来たアメリカ人は、観客の出で立ちや応援歌、トランペット、横断幕、風船といったお祭りムードに魅了されるが、同時に試合の細部を〝正しく〟捉えることが難しくなるほどの大声援を送るファンにも度肝を抜かれる。それは欧州サッカーやアメリカのカレッジフットボールのファンのような、ある種の自民族賛歌だ。タイガースファンの振る舞いは情熱的で、統制と連携が取れているが、強烈な第一印象とは裏腹に、その内情は非常に複雑で変化に富む。第6章ではまずこの話題を取り上げ、応援団の美学とルーチン、そしてその裏にある精緻な組織を探索する。しかし、タイガースのスポーツワールドの〝応援団〟が球場に集結する熱烈なファンだけだと考えるのは誤りだ。そこで次に、タイガースファンの在り方やタイガースの捉え方、チームとの関わり方のさまざまなかたちを見ていこう。

読売グループのパワーの一端は、新聞とテレビ、ラジオのネットワークを自社で統制していることにある。それはタイガースの親会社にはない特徴で、ゆえに会社は、地元や全国のメディアと持ちつ持たれつの関係を続けなくてはならない。地元メディアの中心は大手スポーツ新聞五紙で、そこでは記者と編集者、カメラマン、解説委員から成るフルタイムの専門チームが、タブロイドふうの記事を次々に生み出している。こうした下世話なネタのバーゲンセールと極めて過酷なスポーツ報道、試合中継の現場が第7章の話題だ。

この六つの章を通じて、阪神タイガースのスポーツワールドの構成要素を提示する。本書では、スポーツワールドという概念を用いてプロスポーツを分析する手法の有効性を実証し、また近代日本そのものにも通ずるタイガースワールドの特徴を解釈する。

しかしながら、タイガースのスポーツワールドが不変ではないことは把握しておくべきだろう。わたしもタイガースと日本野球の歴史を知るほど、当時のこの世界がいかに〝タイムリー〟に時代を映していたかを感じるようになった。第2章から第7章で提示するのは過去と未来であり、そしてそれが残る三つの章のテーマになる。

日本へ野球が伝来したのは一八七〇年代で、一八九〇年代には名門校の子弟のあいだで人気を博していた。そしてその筆頭である旧制第一高等学校と、横浜に住む在留アメリカ人チームとの交流戦をきっかけに、野球は国民の関心事となった。愛国ムードが高まり、武士道が日本男児の模範として復活を果たしたまさにそのとき、少年たちは経験で勝るアメリカの大人から金星を挙げ、選手、野球、そして日本野球の流儀としてのサムライのイメージが脚光を浴びた。第8章ではここから話を始める。その後、野球は即座に全国の公教育制度に普及し、新聞や都市部の交通機関は収益と人気を目的に野球を売り込んだ。学生の遊びから始まった野球は、単なる教育の一環ではなく娯楽の要素も備えたエデュテインメントになった。学生選手は日本男児の鑑《かがみ》として扱われると同時に、大衆娯楽の華ともてはやされた。この章では、都会化と近代化の進む二〇世紀初頭の日本に野球が果たした中心的な役割を紹介する。その流れが、戦後日本で娯楽の王様となるプロスポーツの複雑な礎《いしずえ》を築いた。

日本ではじめてプロリーグが組織されたのは一九三六年。新聞各社と鉄道各社が、アマチュアの枠を超えたスポーツの商業価値を追求しようとしたのがきっかけだった。タイガースも創設当時からある七球団の一つで、リーグはすぐ八チームに拡大した。第二次世界大戦によって日本が荒廃すると、大幅なリーグ再編と新規参入が行なわれ、一九五〇年には現在のかたちのプロ野球が発足した。プロ野球を日本スポーツの主役へ押し上げたのは、スタジアムや夜間照明、そしてスポーツ日刊紙とテレビという二つの強力な新メディアだった。わたしが足を踏み入れた九〇年代後半のタイガースワールドは、まさに時代を映す鑑だった。第9章では、プロ野球の発展の構造の中にタイガースを置きながら、先行する数十年のタイガース史を振り返る。とはいえ、タイガースの歴史はすでにさまざまに取り上げられているから、わたしの関心は記述の仕方のほうにある。タイガース関連の書籍や記事、新聞は、〝猛虎〟と〝ダメ虎〟という両極端の表現を行き来する傾向が強いのだ。そして最後に、タイガースのスポーツワールドと日本社会の変化、とりわけ先に紹介した二つの構造的変化とを結びつける。一つめが会社組織の構造と協調主義で、二つめが、東京への一極集中の時代に生じた地方の発展とイデオロギーのゆがみだ。どちらも阪神タイガースのスポーツワールドの中核を成すテーマだから、この第9章で解明していこう。

時代の終わり?

すべての民族誌が、フィールドワークから一〇年寝かせないと世に出してはいけないなどと言うつもりはない。そうだとすれば、学術論文はいつまでたっても完成せず、教授の地位は危うくなり、我々の長期的な取り組みは頓挫《とんざ》して、理解に至ることも、それを伝えることもできなくなる。わたしもフィールドワークの最中から阪神タイガースと日本野球に関する執筆を始めていたし、終了後もそれは続いた。それでも、本書の刊行に時間を要したなかで、一〇年後にこのスポーツワールドへ舞い戻ることとの大きな価値に気づき始めた。この本は、わたしにとって人類学的現在を扱ったものから、過去を扱ったものへと変化した。それが最後の第10章の話題であり、ここでは本書で紹介してきた阪神タイガースのスポーツワールドがもはや存在しないという問題に取り組む。結論から言えば、この世界は根本的に変わった。ゆえにこの章では、その主な要因を特定したい。

あとからわかったことだが、わたしが主にフィールドワークを行なっていた一九九六年から二〇〇三年は、阪神タイガースの世界にとって極めて重要な期間であり、あの時代にあの場にいられたことは僥倖《ぎょうこう》だった。あれは七〇年代初頭に端を発する一つの時代、すなわちタイガースが関西プロ野球の魂になると同時に、暗黒期へ突入していった時代の最後の日々だった。その流れには二〇〇〇年代はじめに歯止めがかかり、OBではない二人の名監督が就任し、久万オーナーが退任し、そしてチームは久々のセ・リーグ制覇を達成した。二〇〇〇年代末には別の重大な変化も起こった。

フィールドワークはたいてい密度の濃い体験になる。だから人類学者は、フィールドで過ごした長い時間を大げさに捉えがちだし、民族誌を著す際には、時代の転換点だと捉えたい誘惑にかられる。わたしは、研究の開始時点ではプロ野球には素人だったし、調査は五シーズン以上に及んだから、タイガースをその文脈で捉えようとは思わなかった。タイガースワールドの歴史的な境界と、特別な意義は少しずつのみ込んでいった。そうした理解は、ある部分ではフィールドワーク以前のタイガース史を調査し、インタビューを行ない、文献を読むなかで得たものである。またある部分では、いまこの瞬間に本書を執筆していて、あの時代のあとに続く一〇年以上の文脈の中に当時の阪神タイガースを置いたことで得られたものでもある。

その後のタイガースには、さまざまなことが起こった。二〇〇三年と二〇〇五年に優勝し、その後も惜しいところまでいったシーズンがある。重要なのは万年最下位のイメージが払拭されたことだ。常に本命とはいかないが、優勝争いの常連にはなった。皮肉なことに、そのおかげでファンや球団の失望は強まり、往年のファンや解説者の中には待ち望んでいたタイガース時代の到来に面食らい、チームへの関心が薄れている人がいる。

また、関西は依然として不況だが、互いに矛盾するようにも思える二つの大きな変化が起こり、チームは生まれ変わった。まず、球団がグッズ販売やイベントに力を入れ、大型補強を敢行するようになった。一方で二〇〇六年には親会社の阪神電鉄が突然、ライバル企業の阪急ホールディングスに経営統合された。関西のプロ野球シーンも刷新され、二〇〇五年にはパ・リーグの二球団が合併してオリックス・バファローズが誕生した。

応援団の自治権は狭まり、甲子園球場にも大幅な改修が加えられ、観戦体験は様変わりした。スポーツ紙やテレビでの報道は続いているが、デジタルメディアや衛星放送の登場で、紙媒体の売り上げやテレビの視聴率は落ちている。競合するサッカーやメジャーリーグへの注目度も上がっている。

つまりタイガースワールド、ひいては日本のプロ野球界全体を取り巻く大きな変化は、わたしのフィールドワークが終わったあとに起こっている。ゆえに、校了の遅れに何か救いがあるとすれば、あのころと何が変わり、何が変わっていないかを振り返って解釈し、最後の章の話題として取り上げられたことだと考えている。

第2章

タイガース野球のリズム
――スタジアムとシーズン

プロのチームスポーツでは、球場と試合、シーズンが基本的な時空を形成する。タイガースワールドもそうで、この世界では甲子園球場が要であり、時間の中心であり、心の拠りどころでもある。毎シーズン、ここでタイガースの試合がプレイ、報道、応援される。

しかし、一時的な時間と空間のリズムはほかにもある。タイガースが甲子園で試合に臨むのはシーズンのおよそ半分で、残りの半分はロード戦だ。シーズン前のキャンプもあれば、普段の練習もある。甲子園近くの選手寮には、ファーム所属選手のおよそ三分の二が暮らしている。球団オフィスや親会社、関西周辺に拠点を置く通信社の運動部、全国津々浦々にあるファンのための呑み屋、試合や情報を地域の各家庭へ届けるテレビのセットも存在する。空間だけでなく時間も彩り豊かだ。一試合は約三時間、計九イニングだが、その中にも多くのリズム（投球、打席、イニングなど）があり、また試合はシリーズやシーズン、キャリアといった繰り返される直線的な時間枠の一単位にすぎない。

その時空には因果関係もあり、表舞台と同様に多くの舞台裏がある。練習と準備には試合をはるかに上回る時間がかかるし、オフィスや記者会見、客席、居酒屋でのパフォーマンスもある。一二の〝ホーム〟グラウンドにはいくつものライバル関係が築かれる。野球は三つの一時的なリズムが組み合わさったスポーツだ。まず、打席での静止と行動、攻撃と守備、表のイニングと裏のイニングといった周期的なインターバルの集合。次に、一つの投球のあとには次の投球が続き、一人の打席が終われば次の打席が、一試合が終われば次の試合が、一シーズンが終われば次のシーズンが始まるといったサイクルの繰り返し。そして最後が直線的な時間だ。試合が終わればチーム記録と選手のスタッツにデータが追加され、シーズンは毎年続き、選手はキャリアを重ねる中で新人から先発、ベテラン、元選手、そして場合によってはコーチや解説者になっていく。スタッフやメディア関係者が組織のヒエラルキーを上がっていく流れもある。

この複雑な時空が、タイガースワールドをまとめるサスペンスとドラマの肝となる。選手や記者、ファンを突き動かすスタッツとストーリーを生み出し、〝ソープオペラ〟としてのこの世界をかたちづくる。物語と数字の組み合わせが何時間、何日、何年も続くサスペンスを生み出し、必ず訪れる敗北の痛手を和らげる。それが不可欠なのは、サスペンスが期待を生むからだ。この章では、まずタイガースワールドの中心である甲子園での試合にスポットを当て、次にこのメロドラマのカギであるタイガースの時間と空間を見ていこう。

阪神甲子園球場

スポーツをプレイし、観戦する場所はさまざまだ。人工的な空間もあれば、自然の中もある。専用の場所もあれば、裏庭や校庭、公園、ストリート、山の斜面といった仮の場所もある。しかし〝スポーツ劇場〟の中心が一定の枠で囲われたスタジアムなのは間違いない。スタジアムは大衆レジャーやエンターテインメントのための近代建築であると同時に、オリンピアのスタジアムやローマのコロッセオ、メソアメリカの王室球戯場など、古代世界の娯楽空間の焼き直しでもある。

スタジアムという無機質な構造物は、空間的な広がりを持った一時的なコミュニティーの力によって定期的に、どこよりも沸き返る。試合には数万人もの人が訪れ、多くは常連だ。スタジアムは娯楽と食べ物、逃げ場所、ファッション、秩序、移ろいゆく人間関係を提供する。観戦体験だけでなく、スタジアムそのものにも深く多様な感情が渦巻く。そこには恋愛や口論、親子の絆、友情、仕事、婚姻、喧嘩などのすべてがある。レジャー会場であると同時に仕事場でもあり、少数の働く姿を観て多数がリラックスする。こうした特徴は特に野球に当てはまる。野球は試合数が多く、社会的な活動が何度も繰り返されるため、そうした活動が深くスタジアムへ刻み込まれる。

この二〇年間、関西にはプロ野球の球場が主に四つあった。オリックス・ブルーウェーブが本拠地としていたグリーンスタジアム神戸は、広い運動公園内の球場で、近鉄バファローズが九〇年代終盤まで本拠地としていた藤井寺球場は藤井寺市中心部にあった。その後の一九九七年に新設した新たな本拠地、大阪ドームは、ショッピングモールやエンターテインメント施設に囲まれた市中心部の派手な球場だ。そして大阪の西端を少し出たところに位置するのが、域内で最も有名な阪神甲子園球場である。

わたしが関西入りした一九九六年、甲子園は一九二四年の開場から七〇年近くがたつなかで、建設当時の姿をほぼ保っていた。中等学校の全国大会が開催されるようになったことを受けて、一九二九年に一塁側と三塁側に客席が増設されたが、つたに覆われたレンガの壁や、天然芝の外野、バックネット裏にある木造露天の記者席、すすけた選手控室は、プロアマ問わず過去の戦いの鮮やかな記憶を宿しつつ、時代を超えたオーラを放っていた。二〇年代の超近代建築は、九〇年代にはシャビーでノスタルジックな場所となっていた。

甲子園での試合

甲子園でも、他会場でも、試合のリズムは変わらない。最初はじらすように始まり、徐々にペースと激しさが増して、熱狂とともに終演するとそそくさと幕が下りる。この数十年、プロ野球はおおむねナイトゲームで行なわれ、午後六時か六時半にプレイボールとなる。甲子園は六時スタートだが、球場は第一球が投じられるずっと前から慌ただしくなる。夜勤の警備スタッフが通用門を開けるのが午前七時。まずは清掃員、グラウンドキーパー、売店関係者が現れ、午前中は誰もいないスタンドと廊下に清掃員の作業音がうつろに響く。コーチ陣がミーティングの予定を立てに現れるのがたいてい一一時ごろで、トレーナーは部屋の用意を整える。そのころには外野席下のオフィスでフロント職員が仕事を始めており、新聞の番記者も隣接する記者室へ早くも姿を見せる。

選手は午前遅く、車やタクシーで自宅から三々五々集まってくる。敵チームは正午過ぎにホテルからバスでやって来る。日本の古いスタジアムで一つ特筆すべきは、小さな控室と狭いスペースに選手が押し込められることだ。タイガースも、相手も変わらない。近代アメリカや日本の新しい球場には、広いロッカールームや快適なラウンジ、エクササイズ設備、巨大なテレビといった選手のためのアメニティーが備わっている。一方の甲子園では、選手は関係者入り口から入り、階段で二階へ上ると、小さな事務室や選手食堂の並ぶ狭い廊下を抜け、高校生でも不満を言うのではないかというような控室に入った。二〇〇平方メートルの空間に二五人がひしめき、ロッカーは金網と鉄棒で区切ったブースだった。スペースは狭く、くつろいだり、トランプで遊んだりするのは難しい。球場に日々集まる

［写真1］甲子園での阪神タイガースの試合前練習の様子。著者撮影。1999年7月位

人間の中で、社交スペースに最も恵まれないのが選手というのは皮肉な話だ。

甲子園での野球自体は三時間か四時間の試合だが、試合前の準備には午後いっぱいを費やし、チームごとに一定のリズムとパターンがあった。タイガースではまず、正午ごろに選手がトレーナーのもとを訪れて軽傷の手当てやマッサージ、テーピングを済ませる。それから狭いジムで体を動かし、小さな選手食堂で食事を取る。午後の早い時間には監督やコーチを交えた全体ミーティング、それからグループごとの個別ミーティングに出席する。投手と捕手、内野手、外野手がそれぞれのコーチとスコアラーのもとへ集まって映像に目をとおし、対戦相手の近況を聞いて、ゲームプランを確認する。

選手とスタッフはそのあとグラウンドへ出て、準備体操をしてから守備練習や打撃練習に臨む［写真1］。両チームは交代でグラウンドを使い、タイガースには二時から四時、相手チームにはそのあと四時から五時半が割り当てられた。セ・リーグではグラウンド練習は二時間までと定められているが、内野スタンド下の打撃ケージやブルペンを備えた土の室内練習場はいつでも活用できる。タイガースの場合は、グラウンド練習後に再度ミーティングを行なうことが多かった。

この時間は、報道関係者がグラウンドやダグアウトへ入り、記者仲間や選手からじっくり話を聞ける重要なタイミングでもある。記者室に新聞の重鎮コラムニストやカメラマン、ラジオとテレビの技術スタッフら報道関係者がやって来て、試合にもよるが五〇人から六〇人のメディアがウォーミングアップ中のチームのまわりに集まり、同業者やコーチ、選手と、ときに気さくに、ときに真剣に言葉を交わしてネタを集める。打撃ケージのうしろに仁王立ちしている監督とヘッドコーチに近づいて話を聞くのは、熟練の記者と解説者だ。夕方のニュース用に短いインタビューを取り、ゴシップと意見を交わす。一方で広報スタッフが駆けずりまわり、選手やコーチのもとへ記者を連れて行き、あるいはメディアから選手を守る。

観客用入り口の開門は午後四時だが、対戦相手が読売ジャイアンツの場合はなんと二時に開く。自由席の観客は多くが早めにやって来て、南向きの外野スタンドで午後の日差しに焼かれながら試合開始を待つ。お気に入りの選手の練習を近くで見ようと、早めにスタジアム入りするファンもいる。

多くの面で、午後の時間は雰囲気や予測を生み出し、試合展開へのプレッシャーと期待を高め、〝主演俳優〟たちの気持ちをゲームに向かわせる。こまごましたことが無数に起こる。たとえば、プロ野球のベンチ入り上限はメジャーリーグと同じ二五人だが、メジャーでは入れ代わりがさほど激しくないのに対し、プロ野球では一軍と二軍の行き来が頻繁だ。午後も遅くになって、はじめてベンチと先発のメンバーが貼り出される。練習が間もなく終わる五時一〇分には、グラウンドキーパーが整備を始め、選手は控室へ戻って試合用ユニフォームに着替え、監督二人が先発表を交換する。当時のセ・リーグでは、この瞬間まで先発投手がわからず、ここで相手を混乱させるのが常套手段らしかった。

試合開始が近づくと、進行が一定の定型に収束していく。観客の入場が続くなか、応援団はもう外野席に陣取り、ダグアウトから追い出されたメディアは席につき、売店は人であふれ、スピーカーで先発が発表される。ファンが応援歌を歌うなか、メンバーがグラウンドへ散り、そして午後六時ちょうど、最初の打者が打席に入り、球審が「プレイボール」を宣言する。そしてそこからの約三時間、集まった全員が、ダイヤモンドへ熱い視線を注ぐ。

試合は一定のリズムを持ったシンプルなものだ。三つのアウトから成るイニングが九回繰り返される中に、複数のプロットと不規則に折り重なるリズムが詰まっている。しかし、スタンドに詰めかけた観客の大歓声も、タイガースの試合体験の重要な要素だ。応援団については第6章で詳しく解説するが、ゲーム中は球場全体で、リズムと観客をコントロールしようという球団側と応援団とのあいだの微妙な綱引きがあった。

たとえば試合開始時には電光掲示板でアニメーションと音楽とともに選手が紹介されるが、応援団はそこに自分たちのつくった応援歌をかぶせる。マスコットのトラッキーやラッキーがアクロバティックな動きを披露しても、ほとんど見向きもしない。逆に球場側は、試合中にスクリーンで客席の様子を映し出す際、応援団にはあえてカメラを向けない。

［写真2］7回にジェット風船を飛ばすファン。著者撮影

アメリカでも日本でも、七回のイニングは特別だ。アメリカでは〝セブンイニング・ストレッチ〟があり、「私を野球に連れてって」や「ゴッド・ブレス・アメリカ」が流れる。

甲子園ではタイガースの選手に注目が集まる。ファンは負けているなら逆転の、勝っているならリードを守るためのエネルギーを選手へ届けなくてはならない。七回は〝ラッキーセブン〟でもあり、攻撃が始まるとサスペンスはいっそう高まる。当時は多くの観客が、応援歌の「六甲おろし」を歌ってから〝ジェット風船〟（形は〝コンドーム風船〟と言いたくなるもの）を飛ばした［写真2］。色とりどりの無数の風船が、花火のようにスタジアムの夜を彩り、お祭りムードを高めるとともに、スタンドが一体となって選手に最後の一押しをする（スタッフが風船を片付けて試合が再開するまでには数分を要する）。

スタジアムの音で圧巻なのは、複雑で統制の取れた応援（そこに個々のファンの厳しい野次が交じる）だが、注意して聞いていると、熱帯雨林のようにもっと雑多な音が耳に飛び込んでくる。選手たちが談笑する一方で、監督やコーチは指示を叫ぶ。球審は大げさな声とジェスチャーで判定をコールする。記者席ではメディアがノートPCを叩き、ラジオとテレビの実況がそれぞれのブースで冗談を飛ばす。バックネット裏では〝〇〇七〟と呼ばれるスコアラーたちが記録をつけ、メモを取る。通路では売り子が声を張り上げて商品をアピールする。

スタンドの売り子の多くは学生だった。売り上げはかなりの額にのぼり、しかも給料は歩合制なので、当然、担当の場所と商品をめぐる競争がある。ビールが最も割がよく、球場関係者によれば、人気のカードでは一日に最大三万杯（三五〇ミリリットルと五〇〇ミリリットルの二種類があり、それぞれ米ドルで四ドルと六ドル程度）が売れるという。ビールの売り子はサーバーを背負ってスタンドを歩き、大きなカップに注いでまわる。ワイン（こちらもサーバーから注ぐ）やウィスキーを販売する売り子もいた。

そしてにおい！　観客を迎える食べ物のにおいは、球場体験が感覚的なものだということを改めて教える。音だけでなく、そこには油とぬるくなったビールのにおいも充満している。こうした嗅覚的、聴覚的、触覚的刺激の凝縮が、甲子園という特別な空間をつくりあげ、多くの観客を惹きつける。

ゆえに観客は、雰囲気にあてられてお祭りに出かけた気分になる。売店も屋台に似て、店員の制服は五〇年代や六〇年代を思い起こさせるし、商品はたこ焼きやお好み焼きなど大阪伝統の人気メニューだ。これらが混然一体となって地元のお祭り的な雰囲気をつくり出し、観客もタイガースのグッズやファッションで派手に着飾り、騒ぎ声をあげる。

食べ物、飲み物、そしてタイガースグッズは観戦体験の一体感を生み出すが、場内収入は球団にとっても重要だ。わたしのフィールドワーク期間中、甲子園にはだいたい一一〇軒ほどの売店とレストラン、喫茶店が営業していた。数は少ないが応援グッズの売店もあった。

甲子園のスタジアムフードで最も有名だったのはカレーライスで、こちらは四〇〇〇杯（さらにルウのテイクアウトが二〇〇〇杯）ほど売れる日もあるとのことだった。串で売るイカ焼きや焼き鳥も有名だった。寿司は意外に人気ではなく、麺類やおにぎりのほうがはるかに売れ行きがよく、またつまみとしてはナッツや乾き物などが一般的だった。

試合が終わりに近づくと、記者たちは席を離れてグラウンドへ下り、最後の一球が投じられるや、監督や選手の談話を取りにダグアウト裏へ向かう。同時にグラウンドでは、タイガースが勝利したならお決まりのルーチンが行なわれる。まずは勝利の立役者に対する〝ヒーローインタビュー〟。それから二体のマスコットが観客を盛り上げ、次いで応援団が選手たちの名前を叫び、「六甲おろし」（何度も歌うときも）の音頭を取り、日によっては活躍した選手の応援歌を歌ってから、万歳三唱で締めくくる。その間に記者たちは、控室へ戻る選手を捕まえてコメントを取ろうとする。

こうして試合開催日は夜遅く、熱狂のうちに慌ただしく幕を閉じる。清掃員がすぐにスタンドへ現れるなか、スタジアムから吐き出された観客は、阪神線やバスに詰め込まれて家路につく。選手もさっと解散し、ロードチームもすぐにバスでホテルへ戻る。タイガースの選手はコーチ陣と少し話し、トレーナーのチェックを受けなくてはならない場合もあったが、こちらもシャワーを浴びるとそそくさと着替えを済ませる。最後まで頑張るのは記者たちで、彼らはがらんとした薄暗い記者席で、ノー

ＴＰＣにかじりついて記事をつづった。

タイガース野球の一年の流れ

タイガースワールドの時間は、重層的で直線的な流れの繰り返しである。先ほどの試合開催日の時間は甲子園で、あるいはタイガースが〝ロード〟となる球場で繰り返される。

たとえば二〇〇〇年、タイガースは四月一日の開幕からシーズン一三五試合を戦い、一〇月末の肌寒い晩にシーズンを終えた。プロ野球のシーズンは長い。これより長いのは世界を見渡してもメジャーリーグくらいしかなく、こちらは二〇〇〇年、ほぼ同じ七か月間でレギュラーシーズン一六二試合を戦い、チームによっては三種類のプレーオフに出場した。対して米バスケ（ＮＢＡ）は八二試合で、女子のＷＮＢＡは三二試合、アイスホッケー（ＮＨＬ）は八二試合で、アメリカンフットボール（ＮＦＬ）は一六試合だった。日本では、二ステージ制を採るＪリーグが全三〇節で争われた。

広い意味での〝野球シーズン〟はもっと長い。シーズン前には、キャンプやオープン戦が組まれた二か月間の〝プレシーズン〟があり、終了後には王者を決めるための〝ポストシーズン〟がある。二〇〇三年のタイガースは、セ・リーグ優勝を果たしたあと、日本シリーズ七試合を戦い、二月から一〇月末までに合計一六五試合をこなした（ＭＬＢは最大で二〇〇試合に達することもある）。

こうした極端な長さが、選手やチーム、ファンに影響する。たとえば練習と試合の割合。アメフトなら、試合は一週間に一回なので、残りの六日は休養と準備に充てられるし、プロバスケもスケジュールが最も過密な時期でさえ、試合は週に最大三試合か四試合だ。対して毎日のように試合が行なわれる野球では、体の回復や作戦の準備がままならないだけでなく、選手や監督は前日の敗北や勝利からすぐに気持ちを切り替えることが求められる。

プロ野球の場合、MLBよりも試合数は三〇ほど少ないが、一年をとおした忙しさは上かもしれない。アメリカでは、選手やスタッフ、記者、ほとんどのファンは、一〇月末から二月中旬にかけて長い〝休暇〟を取り、その間ファンはNFLやNBA、NHL、あるいはカレッジフットボールやカレッジバスケを観る。フロリダでのウィンターリーグもあるが、注目度は高くない。対して日本では、一一月に入ってもチームは練習を続け、野球はスポーツ紙の一面、あるいはスポーツ番組のトップで報じられる。多くのアメリカ人は、これが両国の差だと安易に考える。我々アメリカ人が健全なシーズン日程を組み、多様なスポーツライフを楽しむ一方、一年を通じて同じ競技に注目が集中する日本のスポーツは味気ないと思い込む。これこそ、我々にとって野球が〝楽しみ〟なのに対し、日本人にとって野球が〝仕事〟であることの証拠だと考える。

日本スポーツで野球が突出した存在感を放っていることは否定のしようがない。それでも、野球人気と日本人の粘り強い国民性とのあいだの因果関係はまた別の話だ。日本のスポーツライフは、サッカーを中心に回っているイタリアやブラジル、アルゼンチン、あるいは野球が絶大な人気を誇るキューバ（春から夏にかけてはMLB、冬には国内リーグに関心が集まる）に近いと考えるほうが正確だ。もっと言えば、こちらがスポーツワールドの基本形だ。ほとんどの国では、人気を独占する国民的スポーツが絶対的な中心に位置し、その周縁をシーズンの短く、観客も少ない各種スポーツが彩る構造を取る。アメリカのように、各種〝メジャー〟スポーツが複数の中心を形成する国は少数派なのだ。

日本人にとってのスポーツ界のメトロノームは、やはりNPBだ。そこに相撲の本場所と夏の全国高校野球選手権もカレンダーの区切りとなり、Jリーグが野球に挑み、そしてワールドカップサッカーやアジア大会、夏や冬のオリンピックが定期的に挿入される。競馬と競艇、競輪の三大ギャンブル、またプロレスとプロボクシングも定期開催されているが、大きく報じられることは少ない。どれも大きな収益があり、観客も多いが、アメリカと同様に快く思わない人が多いのが実情だ。こうした各種スポーツの上に野球が位置する。ほぼ半世紀にわたり、一年を通じてスポットライトを浴びてきた野球には、比類なき露出とステータスがあり、同時にニュース素材としての価値を維持する義務もある。

その価値の一端を担うのが、シーズンの明確なリズムだ。野球のシーズンでは、心地よく繰り返される枠組みの中で絶え間ない変化が起こる。ＭＬＢにも有機的なサイクルがある。冬に準備を整え、春先につぼみからやがてシーズンの開花に至ると、長く暑い夏を通じて迫力と注目を増した戦いは、秋に激しい優勝争いとして結実し、ついには頂上決戦たるワールドシリーズに行き着く。日本のプロ野球も似たリズムを刻むが、独自の要素もいくつかあり、一年を通じたメディアやファンからの注目はＭＬＢより高い。ここではわたしが体験した、タイガースのシーズンの基本的な流れを追おう。

一月　プレシーズンの〝自主トレ〟

日本のほかの多くの企業と同じように、タイガースの親会社とフロントも、約一週間の正月休みを終えると、一月四日ごろに始動した。六日ごろには関西の三球団（現在は二球団）の球団幹部が一堂に会する新年会があり、近鉄バファローズの幹部からは、この集まりに顔を出すのは気が進まないと言われた。三球団の社長の記念撮影が終わると、記者団はタイガースの社長と監督に群がってコメントや新シーズンの展望を聞き出そうとし、横に立つ残り二球団の人間には目もくれなくなるからだ。年明け早々から関西圏はタイガース一色だ。

選手の契約期間は法的には二月一日から始まるが、一月中には練習（自主トレ）を国内外の各地で始める。故郷へ戻る選手もいれば、暖かいリゾート地（九州と沖縄、グアムが特に人気）へ向かう選手もいる。二〇〇〇年なら、新庄剛志と船木聖士はフロリダでデトロイト・タイガースが実施していたリハビリ合宿に参加した。スポットライトの味が忘れられず、いつもタイガースネタを探しているメディアの注目を浴びようと、ちょっとした演出を施す選手もいる。たとえば一九九七年、背番号七をまとう今岡誠は、無数のカメラを向けられるなか、一月七日の午前七時七分に始動した。その数日後には、例の亀山が、「勝負の一年」と新シーズンでの巻き返しを誓い、女子プロレス団体との合同自主トレを発表した。

地元ファンもタイガースを消費して正月を過ごす。一月はテレビ局にとって厳しい時期だから、各局はベテラン、新人を問わず選手を招いてトーク番組やゲーム番組、バラエティー番組に出演させ、視聴率を競い合う。新庄や和田豊といったスター選手がくだらない寸劇に興じ、おしゃべりに花を咲かせる様子に、チームに入れ込むファンは複雑な想いを抱く。出演は選手の地位を物語るが、番組を一緒に観た地元のファンの一人はこう言った。「選手がもう少し真剣になってくれたら、チームもマシになるのに！」

一月上旬は祈りの時期でもある。関西の一年で最も重要な祭事の一つが、新年の十日えびす、通称〝えべっさん〟だ。幸運を呼ぶ七福神の一柱であるえびすさまは、「親であるイザナギとイザナミに流し捨てられ、西宮へ漂着した」と伝えられ、西宮神社は関西のえびすさまを祀る神社でも特に人気がある。片手に釣り竿、片手に鯛を持ったえびすさまは商売繁盛の象徴であり、神社の「商売繁盛で笹持って来い！」の呼びかけに応じて、地元の商店主や会社経営者は古い笹を返し、新しい笹を受け取りに神社を訪れ、同時に新シーズンの阪神タイガースの活躍を熱心に祈る。関西の景気はチームの成績に大きく左右されるからだ。

一月のフロントとコーチングスタッフの仕事は、おおむね春季キャンプの手配とマーケティング、放送権の交渉となる。新しいチームスローガンを打ち出すのもこの月だ。たとえば一九九七年なら、吉田義男監督が新シーズンのスローガンに「ハッスル、ハッスル、ハッスル」を掲げた。本人から聞いた話では、その年の新外国人選手フィル・ハイアットの発案だったらしい。これは第一印象よりも賢明なスローガンで、「ハッスル」は日本に定着していたし、三は日本では縁起のいい数字だった（監督いわく「ハッスル三連発」）。

一方で一月は、前年から持ち越した厄介な仕事を仕上げる時期でもある。その代表格が契約更改だ。

年俸アップを求める選手との激しい交渉は数回に及び、新年までもつれ込んだ契約更改は悪い意味で話題になる。二〇〇四年から二〇〇五年にかけてのオフでは、井川慶がポスティングでのメジャー移籍を要望し、一月中旬には一面で扱われる大ニュースとなった。最終的には年俸大幅増での残留で決着したものの、フロントには痛手だった。

中旬には、コーチングスタッフが編成会議を再開する。一番の目的は、選手を〝一軍〟〝二軍〟〝負傷者〟にひとまず振り分け、選手たちに現時点での立ち位置を示すことだ。最初のスタッフミーティングも開かれ、月末の最終会議で振り分けが確定する（もっとも、情報は事前にメディアへリークされて議論の的になる）。

ファンがよく注目する話題の一つが、新外国人選手の背番号だ（新人は契約した秋の時点で背番号が決まる）。タイガースでは、契約順に空いている番号から選手本人が選ぶのが通例で、二〇〇〇年の場合、四人のアメリカ人選手が選べる番号は四二、四九、六一、六二、六九の五つしかなかった。トニー・タラスコが四二、グレッグ・ハンセルが四九、ロベルト・ラミレズが六二を選んだ。ハワード・バトルは以前から下一桁が九の番号をつけるようにしていたが、六九は嫌だったので特別に九九が許可された。六一と六九は、前年解雇されたダレル・メイとマイク・ブロワーズがつけていたため、ジンクスを気にしたわけだ。

月末が近づくと、選手は合同自主トレで汗を流す。荷物のパッキングは選手が行なうが、発送は用具係の仕事だ。関係者とオーナーは廣田神社を参拝してチームの健康と成功を祈願し、キャンプに出発する。一九九九年には、リップサービスに長けた野村克也新監督が祭壇の前に立ち、二拍手をしてから、神さまに対してざっくばらんにこうお願いした。「あなたからすれば、自分の力はゆっくり効いてくればいいんでしょう。ですが神さまも目を覚まさなくちゃなりません。あなたは十何年間も眠っていらっしゃった。目を覚ましてください！」

しかし廣田神社の神は、そのシーズンもずっと眠りこけていたのだった。

二月 春季キャンプ

二月は合同キャンプの月で、各チームは一日からキャンプインする。タイガースは、四〇年にわたって安芸市をキャンプ地としていた。高知市から車で東へ一時間の場所に位置する人口五〇〇〇人ほどの小さな町で、球場は市内の西側の山の麓《ふもと》につくられており、主に三つの施設があった。最上級のメイングラウンド、二つの練習グラウンドとブルペンを備えたサブグラウンド、そして室内グラウンドである安芸ドームだ。

キャンプインは選手にとって興奮に安堵、不安、期待といった感情の入り交じる瞬間だ。昨季好調の選手ならその継続を、失意のシーズンを過ごした選手なら再起を期す。そしてもちろん、二月のスポーツ紙は、キャンプ情報と少し早い分析記事で埋め尽くされる。担当記者と解説者が一二球団のキャンプ地を巡回し、生の情報をファンに届ける。

外国人選手はキャンプ開始から数日、ときには一週間ほど遅れて現地入りし、メディアにネタを提供する。二月のタイガースキャンプは一種のサーカスだ。親会社の職員、ゲストの企業関係者、メディアの特派員の大集団が毎日現れては去って行く。ある年など、広報から関係者ごとに色分けした帽子が配られた。つばが青いのがメディア用で、黄色が特別ゲスト、白がタイガースOB、帽子そのものが青いのが広報、黒と紫に金のロゴが入ったのがスカウトとコーチ陣以外の球団スタッフ、そして黒地に〝HT〟のロゴが入ったのがコーチングスタッフという割り振りだった。

二月のキャンプ報道はきめ細かで、同時に極めて前向きだ。一面にはチームを絶賛する記事が躍り、記者から聞いた話では、基本的に暗い話題しかないシーズン中の記事よりも楽しいそうだ。だからキャンプのムードを表す形容詞として〝明るい〟という言葉が頻出する。そうした明るさは、ある意味ではキャンプ全般の性質でもあり、シーズンのリズムの必然でもある。まだ実戦レベルでのチームの本当の姿は明らかになっていないから、期待は高い。コンディショニングや一軍争い、レギュラー争いなど、関心もチーム内に向いている。

キャンプの一日は長い。スケジュールは常に大差なく、七時半に起床して軽く体を動かし、一〇時から五時まで、一時間のお昼休憩をはさんでみっちり練習した。夜は練習やミーティングの時間だ。同時にキャンプは、各監督が自分のスタイルを浸透させ、イメージをファンに刷り込む場でもある。たとえば藤田監督は、参加必須の夕方練習や、服装規定、髪型の決まり、オフの日の禁止事項などを通じて、選手を厳しく管理するスタイルを示した。翌年に就任した吉田監督はそうした規則を緩め、夕方練習を自由参加とした。野村監督は、クラシック音楽はアルファ波によって選手の右脳を活性化させるという奇妙な理論の下、スピーカーからクラシック音楽を流しながら練習を指揮した。

コーチ陣は判で押したように、そうした練習スケジュールを組むのは〝心技体〟をバランスよく鍛えるためだと口にする。キャンプは〝クール〟に分けられる。コンディションアップと軽めの投球練習の一週間が終わり、次のクールが始まると、試合形式の練習や〝シート打撃〟、紅白戦が組まれるようになり、直接的な選手間競争が始まる。和田の日記によれば、このあたりから選手は一軍入りや開幕スタメンを意識し始める。キャンプの焦点が自分自身との戦いからチームメイトとの戦いへ移り、選手は首脳陣やメディアに自分の力をアピールする。

キャンプのもう一つの特徴が理不尽な〝千本ノック〟だった。一人で一〇〇〇個のゴロを処理しなくてはならない千本ノックは、選手にとっては一種の耐久レースであり、完遂できなかった選手は疲労と屈辱にまみれるが、実際にはわたしが取材した日々で本当に一〇〇〇本のノックを受けた選手はいなかった。各クールの最終日には〝全員ノック〟もあった。選手はいくつかのグループに分けられ、メイングラウンドの六つのエリアに配置される。各エリアには、正面に三分間、左寄りに二分間、右寄りに二分間といったかたちで打球が飛んできて、選手はそれを処理する。コーチ陣はメガフォンを使って選手に指示を出し、厳しい言葉を投げかける。メジャーならやらないであろうメニューだが、常軌を逸しているというほどではなく、わたしとしてはアメフトのシーズン前の練習を思い出した。プロ野球では、ノックの嵐は一種のキャンプの名物であり、メディアやファンの注目を大いに集めていた。

二月は選手以外にとっても過酷だ。コーチングスタッフの一日は選手よりもさらに長く、トレーナーも毎朝早くから夜遅くまで忙しく過ごす。早朝からテーピングを巻き、日中はグラウンド脇に立ってけがの状態を観察し、アクシデントがあれば駆けつけ、ホテルへ戻れば自室を治療室がわりに、マッサージや治療をときには深夜まで続ける。メディアも常にチーム周辺をうろつき、写真や記事のネタを探してまわる。

三月　オープン戦シーズン

プロ野球に参戦したアメリカの選手は、よく日本のキャンプは長くてストレスがたまるとこぼすが、その大きな理由は目的の違いにある。アメリカでは、コンディショニングと練習、オープン戦がすべてキャンプに含まれ、そのすべてを通じて状態を上げていくことを目的とする。対して日本では、一か月間をみっちりキャンプに費やし、そのあと本拠地に戻ってオープン戦という第二の〝プレシーズン〟に臨む。つまりアメリカよりもオープン戦の重要度が高いのだ。

キャンプを打ち上げたタイガースは関西へ戻り、今度は一か月間のオープン戦期間に入る（日々の通常練習は続く）。結果に大きな意味はないが、競争は激しさを増す。それを煽るのがコーチングスタッフだ。彼らはポジションを争う選手たちに並んで練習させ、先発をシャッフルし、評価を下し、予定を発表して、選手にアメとムチを与える。開幕までには六五人から七〇人の支配下選手が二八人の一軍登録へ絞り込まれる。誰が入るのか、そして誰がスタメンを勝ち取るのかが、再生と成功への期待に満ちた三月の大きなテーマになる。

プロ野球チームは真剣にオープン戦に取り組むが、日本人は何事にもまじめだからという解釈は単純に過ぎるというもので、そこにはもっと具体的な事情がある。アメリカではキャンプ終了とともにメジャーの登録メンバーが決まり、ほとんどがマイナー行きを命じられる。対して日本では、首脳陣が三月まで選手の品定めをしているから、気を抜いているひまなどないのだ。

オープン戦の後半には、ほとんどのチームが実験を終え、主力をグラウンドへ送り出すようになる。それでも自主トレからキャンプ、そしてオープン戦前半と、一〇週にわたって競争を続けてきた選手たちは、まだ首脳陣の評価を気にしなければならない。

四月 シーズン開幕と〝スタートダッシュ〟

まずは球団による西宮神社での〝必勝祈願〟が行なわれ、球団オーナーと球団社長、フロント職員、そして一軍の選手が正式にえべっさんへお参りする。トレーナーだけ参加が義務づけられていなかったのは、彼らの手が必要になること自体が縁起が悪い、つまりトレーナーの〝商売〟（選手のケア）が繁盛しては困るからという事情があったが、一九九六年の藤田監督はルールを変え、チーム一丸の雰囲気をつくるほうが大切だとトレーナーも含めた全員での参拝を始めた。以来、タイガースはその方式を踏襲している。

その晩には、繁華街のホテルで〝激励会〟が開催されるのが定番だった。オーナーと球団社長、監督による挨拶で始まり、最後は全員で六甲おろしを歌って終わる。一九九九年の激励会では、久万オーナーがジャイアンツとの開幕三連戦全勝を命じると、野村新監督が二つのことを約束してメディアを食いつかせた。一つは最下位脱出、そしてもう一つが八月まで優勝争いに絡むこと。この時期にしては控えめな約束だったが、それでもすぐにわかるとおり、タイガースにとって難題だった。
オープン戦終了からレギュラーシーズン開幕までには少し間があり、その間にスポーツ紙やテレビ番組は新シーズンの展望を特集する。春季キャンプやオープン戦の手ごたえをもとに順位を予想する。タイガースの下馬評は総じて低かった。早春のような楽観的な報道は消え、現実的な見方がされるようになっていた。

当時の開幕戦は、四月第一週の金曜か土曜というのが通常だった。各チームが目指すのは、〝開幕ダッシュ〟を飾ること。戦略、データ、縁起などが組み合わさって〝初もの〟の特別感を演出する。初安打に初アウト、初出塁、初ストライク、初得点。好調の波を掴み、維持するのは大変だから、どのチームもあの手この手で勢いをつけようとする。

日本のプロ野球シーズンの日程は、週、カード、サイクルという細かなグリッドで構成される。レギュラーシーズンは四月から九月までの二七の週（節）に分けられ、さらに各週の火曜から日曜までが、〝カード〟という三連戦のシリーズ二つに分けられ、そして対戦相手ごとにカードをまとめたものが〝サイクル〟と呼ばれた。つまり一サイクルはカード×九で二七試合となる。

こうした日程には、別の重要な側面もある。一九五〇年代に各地のスタジアムに照明が設置されて以来、プロ野球はナイトゲームが主流になった。土曜や日曜はまれにデーゲームが開催されることもあるが、試合のおよそ九五パーセントは夜開催で、中継が始まるのは想定視聴者が仕事から帰り、テレビをつけるであろう時間帯から。つまりプロ野球の試合は、生観戦でも、テレビ観戦でも、働く男性の夜の楽しみという位置づけだった。

ナイトゲームの多さには不満の声も多く、スタジアムの近隣住民の中には、歓声や煌々《こうこう》とした照明が迷惑だといって訴訟を起こす人もいた。またナイトゲームの場合、延長戦にもつれ込むとほとんどの人が公共交通機関で帰れなくなる。この二つが原因で、リーグは試合時間の短縮を強いられ、ときには引き分けでゲームが終わることもあった（日本人が白黒はっきりつけるのを嫌がる民族だとかいう話は思い込みであり、まったく無関係だ）。

五月 〝見極め〟の時期

スタートダッシュの期待と興奮が収まると、選手のふるい分けが始まる。日本ではゴールデンウィークがあるから、固定ファンを掴みたいテレビ局のはたらきかけで、タイガース対ジャイアンツの伝統のカードが組まれることも多い。外国人助っ人の本格的な見定めも始まる。四月はお試し期間で、外国籍選手は、プロ野球のリズムになじむのに苦労する者もいれば、データがないことを武器に絶好のスタートを切る者もいる。いずれの場合も、五月に基本の評価が定まり、強みと弱みが明らかになる。

九〇年代と二〇〇〇年代初頭のタイガースでは、低迷続きのチームにファンが不満をため、そのいら立ちと怒りが噴き出し始めるのが五月半ばだった。たとえば一九九六年、五月のあるシリーズは新聞で「なんでやねん　阪神低迷」と銘打たれた。二六日のヤクルトスワローズ戦では、いくつかの応援団がトランペットを吹くのをやめ、二八日の甲子園での横浜ベイスターズ戦では集団ボイコットも発生した。そして六月一日のスワローズ戦で敗れると、ファンの一団がチームの泊まっているホテルを取り囲み、藤田監督の解任を訴えるメッセージを掲げた。藪恵壹や平塚克洋といった主力選手も、タクシーでホテルを離れる際に囲まれた。「あんな恥ずかしい負け方しといて、なんもなかったみたいにメシ食い行こうなんてどういうつもりや！」とファンは叫んだ。エレベーターでは山崎一玄も捕まった。

六月 変化への一手

五月がふるい分けの時期だとすれば、六月は行動、つまり大幅な変化を起こす最後のタイミングになる。一九九六年のタイガースなら、藤田監督解任がメディアとフロントの一部で話題になり始めたのが六月であり、一〇日後にはスランプに陥った二人の外国人（グレン・デービスとスコット・クールボー）が解雇された。直後に半年間の契約でケビン・マースとクレイグ・ワーシントンが加入。各紙は大々的に報じ、ワーシントンは「業師」、マースは「大砲」と呼ばれた。ファンは〝虎の救世主三二番マース〟や〝燃えるインディアンの血　二八番クレイグ〟と書かれたメッセージを手に、空港で二人を出迎えた。

六月は負傷が理想のスタメンに影響し始める時期でもあり、監督やフロントは駆け込みトレードを模索する。開幕前の負傷から戻ってくる選手がいる一方、試合中のけがや持病でファーム落ちする選手もいる。九八年前半のタイガースでは、負傷により投手陣が崩壊した。先発三人とリリーフ二人が登録を抹消され、二人の新外国人左腕（ダグ・クリークとダレル・メイ）もファームで調整中だった。吉田監督は新人二人を先発に抜擢したが、結果は惨憺たるもので、監督は三好一彦球団社長に戦力補強を要請したが、時すでに遅しだった。打線も湿りがちで、五月二八日までに監督は二八通りの先発オーダーを試したが、ベストの布陣は見つからなかった。

六月は株主総会が開催される時期でもあり、そこでは幹部や取締役の異動に関する重要な決断が下され、七月一日から正式に施行される。

七月 折り返し地点

ＭＬＢと同じように、プロ野球でもシーズン半ばにオールスターゲームによる中断が入る。オールスターは主にファン投票で選ばれた選手がセ・リーグ代表とパ・リーグ代表に分かれて戦う祭典だ。アメリカでは一試合だが、日本では三試合が行なわれることもあるため、シーズンはまる一週間休みとなる。そこで球団とメディア、そしてファンは、シーズン全体の流れに目を向け、今後を見極めようとする。これは、毎日試合が行なわれる割にシーズンが長い、つまり一試合の重要性が薄い野球の長所でもあり、短所でもある。パターンが定まる一方で、シーズンの趨勢《すうせい》が定まってくると選手もファンも気持ちが野球から離れていくのだ。

だからこそ、七月は試合の統計的、心理的な重要性が増していく時期でもある。球団はファンの関心をつなぎとめ、チームは選手の士気を維持する必要がある。どちらもタイガースにとっては至難の業だ。このスポーツワールドの住人は、チームが序盤どんなに好調だろうと夏には尻すぼみになるとわかっている。ここから順位が大きく変動することはまずなく、差はいっそう開く。

選手のモチベーション、メディアの注目、ファンの関心を保つため、この時期に持ち出されるのが数字にまつわる争いだ。最も一般的なのが勝率五割のラインをめぐる争いで、スポーツ紙は五割以上のチームを〝貯金〟がある、五割以下を〝借金〟を抱えていると表現する。当時のタイガースでは、七月になると借金をこつこつ返済し、借金地獄に陥らないことが最大の目標になった。一位との差が示されるメジャーの順位表と違って、プロ野球では一つ上のチームとの差（ゲーム差）も示される。これもまた、弱小チームのモチベーションを保ち、現実的な目標を与える仕掛けとなる。

八月 タイガースの〝死のロード〟

シーズン前の激励会で野村監督が話したように、少なくとも八月まで優勝の可能性を残すことは、どのチームにとっても一つの目標であり、メディアの関心や夏休みシーズンの集客を保つにも必要になる。それでも八月上旬には、各チームはペナントレース生き残り組と脱落組に分かれる。やる気にばらつきが生じるのは、野球のリズム上、仕方ない。八月から九月を通じて、プロ野球の両リーグでは激しいペナント〝レース〟が展開され、チームは一つ、また一つと脱落していく（同時にAクラス入りや最下位の回避、あるチーム相手のシーズン勝ち越しなど、次の目標やライバル関係も生まれる）。

一方でタイガースにとっては、蒸し暑い八月は特に過酷な時期となる。ホームの甲子園で夏の全国高校野球選手権大会が開催され、ほぼ三週間にわたって球場を使えなくなるからだ。そのためタイガースは、プロ野球の日程でも最長のロード連戦に乗り出すことになる。〝魔のロード〟や〝死のロード〟と呼ばれ、実際、チームの成績はこの時期に毎年落ち込む。ファンとメディア（そしてチーム）は苦戦を覚悟しつつ、苦しい日々を記録に刻む。選手は文字通り家《ホーム》へ帰れず、球団職員の話では、家族や友人、リラックスできる場所から離れ、チームメイト、そして（近くにいた記者を指しながら）〝この人たち〟とずっと一緒に過ごさなくてはならないこの時期は、精神的に選手を疲弊させるという。球団職員は、四月の過剰な期待、そして八月の過酷なロードがドラフトで不利にはたらいていると信じていた（証拠は見つからなかった）。

九月　ペナントレースと下位低迷

〝秋霖《しゅうりん》〟のなか進むプロ野球は、雨による中止と代替開催が入り交じってリズムに乱れが生じる。一カード三試合の定型が崩れ、各チームごとに消化試合数のばらつきが大きくなる。最終戦の日取りもまちまちになり、レギュラーシーズンのリズムが壊れる。当然、閉幕に向けた盛り上がりは生まれにくい。チーム数のあまり多くないNPBでは、これが関心と収入を保つための難題となっていた。MLBでは六つのディビジョンがあるから、少なくともいくつかのディビジョンでは優勝争いが最終盤までもつれ、球団とメディア、ファンを楽しませる。対してプロ野球では、関心が両リーグのペナントの行方に絞られるし、あるチームが独走している場合もある。

プロ野球の優勝争いで登場する耳慣れない複雑な用語が〝優勝マジック〟だ。基本的には、あと何試合に勝利すればタイトルを獲得できるかを示す数字で、シーズン閉幕が近づくと、このマジックナンバーが報道の中心になる。ところが奇妙なことに、ファンや選手のすべてがマジックの由来を理解しているわけではない。マジックは自力優勝の可能性のあるチームのためのもので、要は優勝決定日を知らせるものである。確たることはわからなかったが、その発想の裏には、自力と他力本願という仏教的な考え方があるようだった。

優勝マジックがラストスパートをかける上位のキーワードだとすれば、Aクラス死守とBクラス回避が中位球団の目標となる。ところがタイガースにはこの目標すら難しく、チームはもっぱら最低限のプライドを保ってシーズンを終えるための二つの目標、すなわち最下位の回避とライバルであるジャイアンツに対するシーズン勝ち越しを目指していた。首位から大きく離されてシーズンを終えても、ジャイアンツに勝ち越せれば誇らしく思えた。

もう一つ、ゲーム差が大きく開いた場合の戦略とレトリック（またファンの関心と選手のモチベーションを保つ仕掛け）が〝土台づくり〟、つまりいまのシーズンをあきらめて来シーズンに向けた準備を宣言することだ。具体的には、有望な若手をファームから一軍に上げ、いまの選手の放出の方針を固め、来たるドラフトに向けて空きをつくる。秋を迎えたタイガースでは、ほとんどの場合この作業が中心となった。当時の監督は、この時期になると必ず土台づくりをメディアで口にし、球団は編成会議を実施し、そこでまとめたドラフトの方針を明らかにした。スタッフをアメリカに派遣し、新外国人選手を探す動きもあった。スポーツ紙は、解雇の危機にある選手（〝微妙な選手〟）を紹介し、選手は球団幹部から正式に解雇を通達される（〝戦力外通告〟）のを恐れた。九〇年代に〝死神〟役を担っていたのは西山和良で、九月末にファーム施設を訪れると、選手たちは西山の「あの車」が駐車場にとまっていないかといつもそわそわし、特にフロントによる編成会議の翌日（会議があったことはスポーツ紙の報道でわかっている）などは気もそぞろだった。こうした選手たちはよく、球団の内情に通じているトレーナーの部屋を訪れていた。

一〇月　苦しい閉幕

当然ながら、二〇〇〇年代初頭のタイガースにとって一〇月は暗澹《あんたん》たる月だった。一〇月はまだペナントレースに生き残って関心と集客を保っているチームと、最後に少しでもスタジアム収入を搾り取り、戦力評価を下し、次のシーズンへの展望を明るくしたいチームとのコントラストが鮮明になる月でもある。首脳陣は少しでも明るいムードを出そうとし、ベテランや微妙な選手は肩たたきを引き続き警戒する。甲子園でさえ、シーズン最後のこの数週間は満員にならないことがあった。終盤戦は順位にあまり関係しないが、それでもAクラス入りを狙うチーム、最下位は避けたいチーム（タイガースはおおむねこちら）にとっては大切だ。個人記録のかかった選手や、契約更改に向けて成績を少しでも伸ばしたい選手にとっても意義は大きい。また二軍の選手も、一軍から声がかかって自分の力をアピールする機会が訪れるのを待っている。

一方そのころファームでは

一軍がシーズンを通じて公式戦をこなす一方、あまり日の目を見ないファームの選手たちは、長い練習と短めのシーズンという日々を過ごす。鳴尾浜のファーム施設では、タイガースの支配下登録選手の三分の二が、春季キャンプを終えた三月から通常練習を開始する。鳴尾浜球場は甲子園と似たサイズに設計されており（スタンドはない）、となりには選手寮のほか、ブルペンと打撃ケージ、ウェイトルームを備えた屋内練習場があった。ファームにも、二軍監督にコーチ、トレーナーとサポート職員という専属のスタッフがいた。タイガースは、有望な指導者にまずは二軍監督を任せ、その後一軍監督に昇格させるやり方を好んだ。

日本でファームのシステムが始まったのは一九五〇年代で、当時は登録人数もずっと少なかった。それから数十年がたち、ファームは学校を卒業したての若者をプロのリズムに慣れさせる育成の場、負傷者のリハビリの場、そして一軍には少し届かない選手を囲い込む場として機能していた。二軍の選手に実戦経験を積ませるため、一二球団のファームチームは、イースタンとウエスタンに分かれてリーグ戦を戦う。当時は四月から九月まで八〇試合を行ない、九月末に単発のファーム日本選手権で日本一を決める方式だった。

わたしが話を聞いたファームの選手に共通していたのが、二軍につきものの味気なさと、待つことの不安だった。ファームの予定は一軍より日中寄りで、午前の早い時間に始まり、休憩をはさんで夕方に終わった。試合のない日は午前一〇時から一二時まで練習し、昼食後も練習が続いた。練習試合は驚くほどきっちりした形式で行なわれた。職員が外野のスコアボードを操作し、スピーカーを使った先発のアナウンスもあり、本塁裏のエアコンの効いた部屋では、担当者が詳細なスコアをつける。審判はたいてい、けがでファーム落ちしている一軍選手が務め、試合は彼らがふざけるときだけ盛り上がった。〝タイガース・デン〟ことファーム施設は住宅地の中にあり、観客は少なかった。ほとんどは子どもや定年退職した男性、休憩中のトラックやタクシーの運転手だった。

試合が終わると、選手は質素な食堂へ向かい、麺類やサラダ、サンドイッチ、果物、コーヒー、ジュースなどから成る食事を取る。二軍投手コーチだった古沢憲司は、若い選手の食生活について、食べたいものだけを食べ、栄養を考えることを知らないといつも愚痴をこぼしていた。寮の健康的なメニューやトレーニングランチは不評だそうで、古沢は選手の体の弱さを問題視していた。九〇年代後半には球団が栄養士を雇い、メニューを改善しようとしたこともあったが、栄養士の女性は選手の関心が低いことに嫌気が差し、仕事を辞めてしまった。食事後はたいてい一時半から三時まで練習があり、多くの選手はその後もウェイトルームや打撃ケージにこもった。

孤独感を口にする選手もいた。何しろファーム施設は繁華街から離れていて、寮とグラウンドはとなり合っているし、練習は毎日続く。甲子園まではほんの数キロメートルの距離だが、二軍選手が一軍のナイトゲームを観に行くことはめったにない。一軍と二軍の物理的な近さと精神的な遠さには奇妙な対比があった。

九月下旬にウエスタンのシーズンが終わると、ファームの選手は短い休暇を満喫し、それから四国へわたって二週間の練習と短期リーグ戦（黒潮リーグ）に臨む。

一一月と一二月 チームの再構築

プロ野球では、一一月から翌年二月のキャンプインまでの三か月間がオフとみなされるが、その間も野球はスポーツ報道の中心であり続ける。競馬の注目レースやマラソン大会、相撲の大一番などは一面を飾ることもあるが、それでも二〜四面を占めるのはプロ野球の話題で、タイガースの近況はテレビでもトップで扱われる。

一一月には二週間の秋季キャンプも実施される。場所は基本的に甲子園で、タイガース・デンや安芸で練習漬けの日々を過ごしてきた若手にとっては、これが甲子園の土を踏む最初の機会になることもある。シーズンの締めくくりは、甲子園で一一月末に開催されるファン感謝デーで、数万人のファンが球場を訪れて選手によるトークショーやプレゼント企画、競争などを楽しんだ。

とはいえ、一年の最後の二か月で最も重要なのは人事だ。一一月上旬のドラフト会議の前には、スカウトが「リストアップ」した上位指名の候補がさかんに報じられる。ドラフト後は話題の中心が入団交渉（高校の監督への挨拶の電話や、甲子園での写真撮影など）に移る。トライアウトにスタッフを派遣して、他球団を解雇された選手から掘り出しものを探すこともあれば、FA宣言をしたスター選手の獲得を目指すこともあり、その両方がニュースのネタになる。ほかにも、他球団とのトレード交渉やアメリカへのスタッフ派遣などでフロントは忙しい年末を過ごす。しかし最大の任務は六〇人近い選手との契約更改だ。

これは一二球団共通で、毎年の人事については第3章で詳しく取り上げるが、プロ野球とメジャーの違いをいったん指摘しておきたい。先にも述べたとおり、アメリカではワールドシリーズが終わったとたん（場合によっては終わる前から）、メディアとファンの関心は他競技に向く。対して（少なくとも二〇〇〇年代初頭までの）日本では、オフにもプロ野球に対抗できるスポーツはなく、ちょっとした移籍さえもが魅力的な記事になった。タイガースワールドでは特にその傾向が顕著で、チームの成績が毎年振るわないがゆえ、関西のファンやメディアはチームの向上を願って必死に補強の動向を追った。年末も、スポットライトを浴びるのはタイガースだった。その中で選手たちは、年明けとともにまた〝自主トレ〟を開始し、そしてまた新しい野球年が幕を開けるのだ。

甲子園のその先――広大なタイガースワールド

甲子園での試合はタイガースワールドの中心だが、同時にタイガースの試合はテレビ局や関西の居酒屋と食堂、各家庭に置かれた無数のテレビなど、試合が中継される無数の場所でも展開される。また甲子園での試合は全日程の半分であり、残りはロードゲームになる。各スタジアムには独自の規格と雰囲気、空間があり、観客がいる。遠征は移動と滞在、自由時間の繰り返しで構成される。

球場以外にも、この世界には多様な場所が存在した。球団の練習施設やタイガース・デンの練習グラウンド、沖縄、九州、四国の春季／秋季キャンプ施設。外野席の下には、フロント職員が働く手狭なオフィスがあった。新聞のスポーツデスク、テレビのスタジオ、ファン行きつけの呑み屋、親会社など、タイガースを消費し、生産し、参加する場所は無数にあった。番記者は毎晩のように記者席に坐り、試合の概要を慌ただしくタイプし、ノートPCをネットにつないで編集部へ送信する。編集部は文章を校正してグラフィック部へまわし、そこで写真と表が添えられて朝刊用の記事ができ、街の別の場所で刷られた新聞は市内全域のキオスクへ配達され、数時間後にはそこで通勤客が新聞を買い、関西中の列車で目をとおす（またまわりに見せる）。しかもこのパターンは、タイガースワールドが見せる無数の〝顔〟や回路の一つにすぎず、住人はさまざまなルートで物語や感情、解説を継続的に生み出し、回覧し、体験する。

感覚的な世界と時間軸

甲子園球場の光景と音、におい、タイガースをめぐる活動の多様な広がり、そして試合開催日とシーズンの流れ、所属選手のキャリアなどを見ていくと、この世界がさまざまな感覚を豊かに刺激し、地理的にも複雑で、いくつものリズムが同時発生している場所だとわかる。これらの空間や感覚、リズムは、深遠かつ独特な体験を生み出すものとして、タイガース野球に必要不可欠な要素となっている。この世界に引き寄せられたさまざまな人たちのあいだにつながりと愛情、絆を生み出すのはそうした体験だ。

集団の中で五感が刺激されることで、観客は帰属意識やアイデンティティー、親密さを手に入れる。甲子園に毎日のように足を踏み入れ、内野の赤土や外野のきれいに刈り込まれた緑の芝、汚れたプラスチックの座席、スタジアム内のコンクリの通路を見て、においをかぎ、触れることで、球場は特別な場所となっていく。過去の体験がこれから起こる出来事に対する期待と興奮を高める。ラジオやテレビの視聴者にとっても、観客の歓声やアナウンサーの声、広角の映像などが一体感と抗いがたい魅力を生む。甲子園はそうした感覚のトリガー、あるいはタイガースという仕事、観戦体験を周囲へ波及させる震源となり、チームがなければ出会うことのなかった人々をつなげていく。選手にとっては、キャンプとオフは〝甲子園前〟と〝甲子園後〟の位置づけとなり、毎シーズンのホームゲームとロードゲームの繰り返しが寄せては返すリズムを生み出す。記事と編集部からの指示は甲子園に詰める番記者と新聞社のオフィス、印刷所をつなぐ。そしてテレビ番組と日刊紙は、甲子園での活動と、居酒屋や列車、居間でタイガースを追う人々との結合組織となる。

またこの世界には、直線的な流れとサイクル的な流れが複雑に絡み合った一過性のリズムもある。試合は一回に始まり、中盤をへて終盤のイニングへ向かい、ときに延長を経由して決着がつくが、次の日にはまったく新しい試合が始まる。シーズンはほとんど生き物のようなかたちで進むが、一つのシーズンが終われば、翌年には新たな生が始まる。選手の打席には必ず結末があるが、数イニング後にはまた別の打席が訪れる。選手の統計記録は時間とともに積み重なってキャリアを形成し、長く現役を続ける選手もいれば、若くして見切りをつける選手も、けがで突然キャリアの終わりを迎える選手もいる。タイガースやライバルチーム、野球そのものの歴史という、もっと長い時間軸もある。日本に野球が紹介されたのは一八七〇年代で、プロ化以降でも一九三六年以来の歴史がある。

こうした直線的な進行と終わりなき繰り返しの相互作用は、長いサイクル中の短いサイクルという入れ子構造によって複雑さを増す。ある打者への一連の投球が打席となり、三アウトまでの一連の打席がイニングを成し、そして表と裏のイニングを合わせたものが、九回のうちの一回となる。一試合はシリーズ三連戦の一つであり、シリーズの繰り返しがレギュラーシーズンを構成する。

あらゆる時間のパターンがそうであるように、こうした流れが人々の意識にのぼることはほとんどない。野球の時間意識は〝無意識〟だ。それでも、こうしたパターンは試合によってつながったすべての人の心に刻み込まれ、サスペンスを持続し、敗戦の痛手を和らげる。何しろ〝負け〟は、阪神タイガースワールドの圧倒的な中心テーマだった。

ある意味で、敗戦は普遍的なテーマであり、失敗への対処は近代スポーツの命題だ。勝ちたいという選手の意志や、勝ってほしいという観客の想い、そして〝勝利こそがすべて〟というスポーツの本質に反して、スポーツではほぼ全員が最後には負ける。プロ野球では、毎年日本一に輝けるのはたった一チームだ。ほぼ負けるという現実のなかで、勝利への幻想を維持することがスポーツの構造であり、時間軸を継ぎ足していく原動力となる。

ほかのスポーツと同じように、プロ野球にも各種の個人タイトルがあり、チームの結果とは別のところで選手に見返りをもたらす。同じように、チームに対しても五割ラインにAクラス入り、最下位の回避、シリーズ勝ち越しなど、モチベーションを維持するためのさまざまな仕掛けがある。これらがチームの前に提示され、ある目標の達成が不可能になると、次の目標が現れる。さらに、チームの前には次の試合、次の月、次のシーズンがあり、たとえいまの試合、いまの月、いまのシーズンで失敗しても、期待感は消えない。こうした無数の時間軸が世界の住人たちを試合に夢中にさせ、サスペンスを生み出し、不満を解消する。このような結末がいつまでたっても訪れない構造は、ソープオペラに似ている。だからこそ、ワシントン・ポスト紙で長くスポーツ記者を務めたトム・ボスウェルは、一九八三年のエッセイのタイトルを「ワールドシリーズは人生の縮図」としたのだろう。

このパターンはおおむね普遍的だが、タイガースでは特にくっきり描き出される。この世界では甲子園が特殊な意味を持ち、チームが関西中の仕事場や遊び場に無数のつながりを生んでいた。ここからは、そうした場所と、そこで働く人々に焦点を当てよう。

第3章

グラウンドの選手たち
——ルーキーからベテランまで

プロのスポーツ選手を、ファンはさまざまな感情とともに見つめる。驚嘆、喜び、敬意、嫉妬、そして怒りといった感情が、選手のとてつもない才能や業績、高給、〝ゲームで遊んで〟お金がもらえる幸運、知名度などに向けられる。彼らのプレイに入れ込むことで、わたしたちはときに誇らしさを、そして頻繁に失望を味わう。

　わたしは本書で、阪神タイガースの野球は膨大なキャストが登場するスポーツワールドであることを伝えようとしている。キャストには読者のみなさんも含まれる。なぜなら、この世界はみなさんとともに現在進行形でかたちづくり、維持するものだからだ。それでも、この世界の中心が球場で繰り広げられる戦いであり、そこでプレイする二つのチームと九選手たちであることは否定できない。九〇年代日本のヒップホップ文化を研究したイアン・コンドリーは研究の中心に〝現場〟、すなわちクラブをはじめとするラッパーやダンサーの晴れ舞台を据えた。そして、タイガースにとっての現場は甲子園のグラウンドだ。この章では、選手とその特徴、キャリアに焦点を当てる。そして次の章では選手を鍛え、規律を植えつけ、評価を下す監督とコーチ（元選手がほとんど）に目を向ける。その両者が、タイガースという現場のパフォーマーとなる。

　もちろん、〝選手《プレイヤー》〟という呼び方はあいまいだ。スポーツは遊び《プレイ》であり、ファンが熱中するのは楽しみのためだ。しかし同時に、どんなレベルでもスポーツを真剣にプレイすることは重労働で、精神的にも肉体的にも負担は大きい。プロ選手は努力家であると同時に賃金労働者であることが宿命づけられている。高校や大学を出てタイガース入りする選手は、ほとんどが学校で十年以上ほぼ休みなく野球をプレイし、プロ入りに向けた過酷な競争を生き残ってきた者たちだ。しかしやっとたどり着いたプロの世界でも、終わりなきトレーニングとふるい分けの日々が待ち受けている。

プロのスポーツ選手のキャリアは苛烈な競争であり、先行きが不透明で、決定的に短い。日本の野球選手も例外ではない。日本のプロスポーツ選手は、この国のサラリーマンと同じように組織に忠誠を誓い、組織と密な関係を築いていると思われがちだが、それは間違いだ。雇われる立場である点や、キャリアの流れなど、さまざまな面でプロ野球選手はメジャーリーガーとそう変わらない。それは、ある意味ではプロスポーツ選手がそもそもリスクのある仕事だからでもあり、またある意味では、プロ野球がメジャーを参考にしてつくられたからでもある。

それでも、プロ野球選手に特有の職場環境もあるから、この章ではタイガースでプレイした選手たち、特に九〇年代終盤から〇〇年代初頭に所属した選手たちの基本的な特徴とキャリアパスを紹介しよう。NPBとMLBでは、一軍の試合のベンチ入りメンバーが最大二五人と定められている。しかし、もう一つ重要な区切りがあり、メジャーではほかに〝サブ組〟の支配下登録選手が四〇人、タイガースをはじめとするプロ野球チームでは最大七〇人の支配下登録選手がいる。たとえばタイガースでは、一九九六年の開幕時には六五人、二〇〇三年は六八人が登録されていた。これはどの球団も同じで、全一二球団で一〇年以上ものあいだ、プロ登録は六五人から六八人ほどの狭き門となっている。

ほかにも、選手は各種の成績ノルマや条件、契約、ドラフト順、ボーナスの上限といった複雑なシステムで区分けされている。どれも外部の人間には複雑怪奇だが、選手とチームにとってはキャリアを決定づける重要なものだ。選手生活を理解するには、組織内での立ち位置を理解することが欠かせない。

その一つが控え選手の扱いだろう。ＭＬＢでは、メジャーリーガーとマイナーリーガーとのあいだには非常に大きな差がある。近年のＭＬＢ球団が抱えているマイナーのチームは三個から六個。それぞれに個別のオーナーがいて、組織的にも独立し、本拠地も離れていて、選手の力量に応じてＡＡＡからＡまでの階級構造がある。

こうしたマイナーリーグのシステムに人材を送り込むため、メジャー各球団は毎年のドラフトで高校生や大学生、他国の若手といったアマチュア選手を大量に獲得する。たとえばボストン・レッドソックスは二〇〇一年のドラフトで四七人を指名し、全員がいずれかのマイナーチームに割り振られた。上位指名の中には多額の契約金を受け取った選手もいたが、ほとんどの選手が雀の涙ほどの額を受け取り、安月給、長距離移動、安ホテル、試合また試合の過酷な生活が待つマイナーリーグへ送り込まれた。そのうちメジャーのキャンプに招待されたのはごくわずかで、公式戦に出られた人数は言わずもがな。若者たちはレッドソックスに指名されたことにワクワクし、誇らしい気持ちになったかもしれないが、ドラフト指名＝レッドソックス入りと考える過ちは犯さなかった。

このあたりが日本では大きく異なる。ドラフトの指名数は圧倒的に少なく、二〇〇一年のタイガースの指名選手はたった五人で、一二球団平均も同じだった。もちろん、五人の新人は二軍であるファームからスタートし、新シーズンに一軍へ定着した選手は一人もいなかった。それでも、彼らは六八人の支配下登録に入っていて、構造的にも、心理的にも、阪神タイガースの一員だった。甲子園にほど近いタイガース・デンで練習し、試合に臨み、結婚していない場合はそこで暮らした。

重要なのは、タイガースが一八歳の若者から殿堂入り候補のベテランまでを抱える大所帯のチームで、所属選手は能力も、経験も、年齢層も幅広い点だ。ファームの監督とコーチは一軍監督に従属する存在で、毎日選手たちの状態を報告する。鳴尾浜で（シーズン終了後はときに甲子園で）練習し、一軍スタッフが決めたメニューをこなす。一軍と二軍の行き来も激しく、午後にファームの試合に出ていた選手が甲子園でのナイトゲームに呼ばれることも珍しくない。多くの面で、プロ野球チームの構造はＭＬＢよりもアメリカンフットボール（ＮＦＬ）に似ている。

こうした巨大組織ゆえ、我々アメリカ人はプロ野球チームを従順で個性のない平均的な選手の集団、つまり日本の企業イメージに近い組織と考え、フリーエージェントのシステムと給与格差を理由に選手が頻繁にチームを移り、球団への忠誠心も薄い、小規模なＭＬＢ球団とは異なる世界だとみなしがちだ。そう思うと、ポスターや集合写真の表情さえ同じに見えてくる！

〝終身雇用〟は日本の労働環境を表す有名なフレーズで、国内外で称賛と批判の両方を集めたが、我々はいまこそ、日本の二〇世紀経済は終身雇用という一言ではまとめきれないことを理解すべきだ。しかし実際には、激しい競争社会であるはずのスポーツ界についても、心地よいセーフティーネットが用意されているプロ野球はいかにも〝日本的〟だという見方は根強い。

そうした見立ては完全な間違いではなく、一部のチームや選手には当てはまる。実際、タイガースの選手生活やキャリアはアメリカの野球選手よりも定型化され、チームを替える余地は明らかに少ない。それでも、彼らのキャリアは圧倒的に短く、不安定で、予測不能であり、ファンの大半を占める一般の会社員とはまったく異なる生活を送っている。一九三七年から九七までのあいだに、タイガースに一軍登録されたのは七三一人（投手二二八人、野手五〇三人）だったが、投手の四人に一人はたった一年でプロを去り、五六パーセントは五年もたず、一〇年以上続けられたのはたったの七パーセントだった。野手も同様に厳しく、五〇三人のうち一九パーセントが一軍でのプレイ期間が一年に満たず、五一パーセントが五年以内に引退し、一〇年以上も一軍に残れたのは八パーセントにすぎなかった。

わたしの知る選手のほとんどが、こうした先の見えない生活と評価の乱高下に強い不安を抱いていた。たまの成功と失敗続きの日々のなか、まわりからちやほやされることで、選手は全能感と屈辱感、熱意と倦怠《けんたい》、誇りと苦々しさのあいだを行き来する。中込伸もはじめて会った一九九七年、また後年にもこうした不安を口にした。当時まだ二七歳だった中込は、その時点で肘に三回メスを入れ（一回はアメリカの有名なフランク・ジョーブ医師の手術を受けた）、長引くけがの影響で一軍登録と抹消を繰り返していた。体には気を遣い、毎日十種類のビタミンの錠剤を摂取し、飲み物は緑茶とミネラルウォーターに限っていた。肘は常に不安で、毎日スローイングをしないと勘が鈍ると思う一方、いままでどおり投げ込んでいたらすぐにまた肘が壊れるのではないかという怖さも感じていた。

こうした矛盾する感情の揺らぎに拍車をかけるのが、見過ごされがちなプロ選手の性質、すなわち同僚とコーチ、メディア、そしてファンの厳しい目だ。どんな企業の社員でも、成績が約二〇ものパフォーマンス指標に照らして評価、記録され、新聞で毎日公開され、一般に大量に出回って毎日果てしなく議論されることは考えられない。

ところがタイガースの野球選手はまさしくその状況にある。タイガースでプレイすることは、プロ野球の世界で読売ジャイアンツの一員になることの次にすばらしく、次につらい経験だ。称賛はあっというまに罵声に変わるが、注目は続く。試合中はメガフォンごしのファンの声援に奮い立ち、しかし情けない負け方をしようものなら、苛立ったファンから今度はメガフォンのつぶてを浴びる。選手が妻子を甲子園に呼ばない理由で最も多かったのは、口汚く野次られる自分を見せたくないというものだった。

入団

たとえば一九九六年のシーズンをスタートさせようとしていた六五人の選手には、キャリアの平均年数が五・六年で、新人選手も四人いれば、プロ二〇年目となる投手の久保康生や、一八年目の石嶺和彦もいた。ベテラン二人はどちらもほとんど出場機会がなく、四人のルーキーに至っては一軍での出番が一度も訪れなかった。八木裕は三一歳になるプロ一〇年目の選手で、一塁のレギュラーだったが、彼は例外で、ほとんどの選手は一軍の在籍年数が五年を切っていた。

複雑なスタッツと同様、野球の細かな歴史や契約の細部もまたコアな野球ファンには大好物、大多数にとっては退屈な代物だが、もちろん選手にとってはプロ生活の礎なので、最低限の基礎は知っておかなくてはならない。最も基本的な点として、プロ野球選手は完全な被雇用者、つまり企業の継続的な社員ではなく、税制や労働法上は個人事業主だ。コーチ陣や一部のフロント職員と同様、交渉をへて毎年の契約を結ばなくてはならず、給与所得の控除は受けられないし、労働保険や厚生年金の対象にもならない（けがをした場合は手当が出る）。所得は個人事業主として申告する。

その一方で、プロ野球一二球団は支配下選手に対する独占的な権利を有し、選手は球団に〝保有〟されている。ある意味で、選手の契約条件は日本の多くの大手企業の社員の反対と言っていい。そこは契約社会であり、被契約者が絶対的に不利な立場にある。

プロ野球球団が選手を獲得する方法は三つある。高校生や大学生や社会人の〝新人〟アマチュア選手と契約する、他球団のプロ選手をトレードや自由契約で獲得する、そして外国籍選手を加えることだ。たとえば二〇〇三年シーズンの開幕時点で、プロ野球には一二球団合計で八〇五人の支配下登録選手がいた。そのうち七四八人が〝通常契約〟の選手、つまりドラフト、トレード、自由契約で獲得した選手だ。全員が統一された契約書にサインし、年俸だけが唯一の大きな違いの〝日本選手〟（契約上の分類であって、人種を指すわけではない。日本の高校や大学を卒業したが、日本国籍ではない選手もいる）である。残りの五七人が外国人選手で、こちらには少し異なる規則が適用される。タイガースの場合、開幕時点の六八人のうち六三人が日本人選手で、五人が外国人だった。まずは通常の契約を結んでいる日本選手、続けて外国人選手の順で見ていこう。

プロ入りは困難を極める。日本には硬式野球部のある高校が約四〇〇〇あり、各部には二〇人から八〇人ほどの部員が所属している。大学の野球部は五〇ほどで、社会人チームの数はそれよりも多い。つまり、毎年数万人がプロ入り可能になる。ところが二〇〇四年一一月のドラフトで指名されたのは八二人で、一軍で複数年プレイできた選手はその中でも一握りにすぎない。つまり、野球のプロは日本一の難関と言われる東京大学や、最も競争の激しい国家公務員や一流企業よりも倍率が高い。これが、多くの人が「普通の仕事」とのたまう野球という仕事だ。

各チームは複数人のスカウトを抱え、さらにアマチュアの各レベル（高校、大学、社会人、他国のリーグ）に人脈を築いて、才能ある若手を発掘、評価、勧誘している。野球界には、若手は高卒を獲るべきか、それとも大卒や社会人の経験を積んだ選手を獲るべきかという議論が昔からあって、わたしが話を聞いた阪神のスカウト陣の中でも意見は割れていた。ただしプロ野球全体でみると、新人の年齢構成は割合に均等で、たとえば平均的な年だった一九九九年にドラフトで指名され、はじめて契約を結んだ選手は七四人。そのうち二九人が高卒の一八歳で、二二歳の選手はほとんどが大卒、残りは社会人だった。

新人にとって最大のアピール材料は、全国高校野球選手権への出場経験だ。特に上位に進出した実績は永遠の勲章となる。

キャリアのスタート

リーグ戦形式のプロスポーツチームのオーナーは、利益を追求するがゆえに矛盾を抱える。一方ではチームに毎試合勝ってほしいし、ある程度まではそれが利益につながるが、同時にサスペンスを継続的に生み出し、お金を払う側である観客（そしてメディア）を惹きつけるには、各チームの戦力バランスを保つことが広くリーグの利益になる。最高の選手も獲得したいが、平均年俸が上がるのは困るし、他チームの選手を引き抜きたいと思うと同時に、自チームの選手に対しては契約の条項（解除金）で縛って無理な引き抜きを牽制する。

こうした矛盾ゆえに、各球団は一定のルールの下で行なわれるドラフトに力を入れるが、制度は日本とアメリカの双方で論争の的になっている。特に指名順だ。ドラフトの意義が戦力均衡だとすれば、原則としては、一番弱いチームに一番有望な選手を選ぶチャンスを与えなくてはならない。

日本で一九六五年にドラフト制度が導入されたのは、年俸のつり上げ合戦と戦力の固定化によるファン離れを防ぎたいからだった。しかし導入からの数十年で、制度は人件費の抑制のほうでしか効果を発揮していない。ジャイアンツのオーナーを務めた正力松太郎が指名順は抽選とすべきだと言い張ったこともあって、戦力を均衡させる効果は導入後すぐに有名無実化した。六七年以降に採用された箱から封筒を選ぶドラフト抽選は、メディアにとっては絵になるおいしい場面だが、弱小チームの救済にはほとんどなっていない。

一九七八年には制度が変更され、抽選は指名が競合した場合のみ、交渉権を与える目的で実施されるようになった。この方式は選手の意向を無視したものだとして反発も大きく、当時の強豪であるジャイアンツと西武ライオンズも、抽選のせいで勧誘の努力が無駄になると批判した。実際、両チームのオーナーはドラフト制度そのものを撤廃し〝自由市場〟をつくりだすはたらきかけをしていた。

そうした圧力を受け、一九九三年には新たにドラフト一位と二位の大学生、社会人選手を対象とした逆指名制度が導入された。選手の側が入りたい球団を宣言し、意中の球団以外から複数の指名を受けたものの入団交渉に応じる意思がある場合、交渉権の抽選を行なうという仕組みである。二〇〇五年まで実施され、九四年には契約金の上限が一億円プラス出来高五〇〇〇万円と定められた。

この変更は、興味深い結果をもたらした。逆指名を宣言されなかった球団が、その選手を強行指名するということが起こらなかったのだ。交渉の余地を残すチームを絞り込める制度は選手の利益になるはずだが、そうした状況にはならなかった。逆に夏や秋のうちに球団が意中の選手からの逆指名を取り付けるという不正が横行し、物議をかもした。契約金の上限は年俸を抑えるものだったはずが、余剰分を別のかたちで渡す行為が横行し、制度は形骸化した。有望選手の裏金は莫大な額にのぼり、スポーツ紙はうわさに跳びついた。たとえば一九九七年のドラフト前には、ジャイアンツがその年一番の新人と言われた高橋由伸に数億円を支払ったらしいと伝えられた。タイガースのフロントによれば、実際の額はもっと多いとのことで、後見人への相談料のかたちを取ったとはいえ、それだけの額をどうやって送金できたのかと不思議がっていた。

こうした悪名高い出来事の数々を取り上げ、逆指名制度で一番得をしたのはシステムを巧みに利用して最高の選手をかき集めたジャイアンツだと主張する人もいる。それは言い過ぎにしても、阪神ら他球団がドラフト戦略でジャイアンツ・コンプレックスを強めていったのは確かだ。一九九八年六月、タイガースのスカウト陣と編成部は、秋のドラフトに向けたシーズン最初の準備会議を開いた。そして一一〇人の候補選手について話し合い、三人の大卒選手が上位指名にふさわしい（スカウトいわく「特Aランク」）ということで意見が一致した。ところが会議の中心は、ジャイアンツがその三人に関心を持っているかだったという。そして結局、ドラフトでは三人のうち誰も指名しなかった（ジャイアンツは二選手を獲得）。

戦力補強は注目度の高い活動で、そこでのタイガースの失敗はメディアにとって格好の攻撃材料、フロントにとっては不安の種だった。毎年九月になると、タイガースはドラフトの指名リストを公表（またはリーク）し、メディアはこれを「ラブコールを送る」と呼んだ。問題は、阪神がたいてい高嶺の花に手を出してやけどをし、ジャイアンツに獲物をかすめ取られることだった。高橋由伸もそう。タイガースの興味が伝えられたとたん、ジャイアンツは彼に猛アタックをかけた。そのためタイガースは自尊心を傷つけられただけでなく、別の選手に候補を切り替えて説得に入らなくてはならなくなった。

プロの水になじむ

晴れてプロ契約を勝ち取った選手は、新生活にいち早く順応する必要があるが、これが容易ではなく、話を聞いた選手はみな、アマとの差を甘く見ていたと認めた。ほとんどの新人は、学校の部活で厳しい監督の下、過酷な練習をこなし、ほぼ一年じゅうトレーニング漬けの日々を送って、そして学校ではヒーローとして持てはやされてきた選手だ。つまりタイガースに手厚くもてなされ、巨額のボーナスを提示され、全国紙で扱われる身だった。

ところが契約書のインクが乾くか乾かないかのうちに、彼らはチームのスターや注目の的から、ルーキーという最下層民へ転落し、注目を浴びることはほとんどなく、ベンチを温めるのが主な仕事になっていく。そして一人の監督ではなく、多数のコーチ陣の厳しい目にさらされるようになる。そこにあるのは、フォア・ザ・チームの名を借りた練習に明け暮れる日々だ。シーズンは学生時代より断然長く、メディアは断然かまびすしい。

おもしろいことに、選手は誰一人口にせず、コーチだけが指摘した順応すべき点が一つある。高校や大学のトーナメント方式と、リーグ戦形式の違いだ。トーナメントでは、次戦へ進むには勝つしかなく、負けたらそこで終わりだ。対してほぼすべてのチームスポーツで採用されているリーグ戦では、すべての参加チームがシーズンを通じて同じ日程をこなし、最もよい成績を残したチームがタイトルを獲得する。それゆえ、最高成績のチームでも数多く負ける。プロ野球の場合、優勝チームでも勝率は六割そこそこだ。部活では一つの負けが一大事だが、プロではその日のうちにショックを振り払って切り替えなくてはならない。指導者やベテラン選手が言うには、こうした〝プロ意識〟(日本でたびたび使われるフレーズ)をいち早く身につけることが、一番難しい部分だそうだ。これは野球の戦略の問題でもあり、同時に姿勢の問題でもある。全高校球児の憧れである甲子園優勝をはじめ、トーナメントで生き残るには、皮肉にも勝つより負けないこと(〝負けない意識〟もよく使われるフレーズ)が重要視され、リスクを避ける守備的な戦い方のほうが結果が出やすい。ところが、敗戦が当たり前のプロではもっと積極的に勝ちにいく必要があり、リスクの捉え方がまったく違う。わたしには(そしてコーチにも)選手の頭の中を覗くすべはないが、それでもプロ意識は重要なフレーズであり、コーチは彼らのプロ意識の有無を評価している。

選手生活

チームなのだから全員が固い絆で結ばれていると思うかもしれないが、アメフトチームはフランス外人部隊ではない。まず、アメフトチームは実際にはオフェンスとディフェンスという、二つのチームをくっつけたものである。次に、選手には年齢と人種、地位（ポジションとそこでの実力）の別がある。それらを鑑みれば、チーム内で数人の親友がいれば幸運というもの。ある意味で、アメフトのシーズンとは勝利という一つの目標のチームをまとめあげる力が、チームをばらばらにしようとするさまざまな要因に勝るかどうかの戦いなのだ。

NFL選手のアフマド・ラシャードが、キャリアの晩年に語ったこの言葉は、あらゆるプロスポーツに通じるものがある。もっと皮肉めいた言い方もある（メジャーで有名なのは「選手が二五人いたら二五台のタクシーが呼ばれる」というもの）が、重要なのは、一流チームではチーム内の競争と団結が同時に求められる点だ。確かにわたしがフィールドワークを行なった時期のタイガースではチーム内不和が目立っていたが、それはさほど興味深くもなければ重要でもなかった。大切だったのは、タイガースの六五人の選手それぞれに固有の能力と立ち位置、キャリアの事情があることだった。たびたび驚かされたのは、多くの選手がチームメイトの生活をほとんど知らず、コーチと監督もまったく把握していないことだった。控室やグラウンドには、親密さと縁遠さという相反するものが同時に存在している。選手はよく冗談を言い合う（少なくとも控室やトレーナー室では）。全員にあだ名があり、「○○さん」といったかしこまった呼び方をされることはない。監督には「監督」、ヘッドコーチには「ヘッド」を付けるが、そのほかのコーチにはあだ名がある。みんなでゴルフに行くこともある（チーム主催の慈善コンペもあれば、一部の選手がプライベートで出かけることもある）し、麻雀やカラオケを一緒に楽しむ選手もいる。それでも、わたしが話を聞き、観察した限りでは、選手が試合後やオフに一緒に過ごし、友好を深めるケースは予想よりずっと少なかった。

これは何も選手の仲が悪いという話ではなく（同僚を罵《ののし》る者はほとんどいない）、そういう時間も空間もないのが実情だった。シーズン中、選手たちは昼ごろに球場入りして、すぐ準備運動をし、ミーティングに出て、トレーナーに診てもらう。試合が終わるのは夜遅くで、たいていの選手は早く帰って寝たいと思う。球場で一息つこうにも場所がない。メジャーリーグのクラブハウスならたいてい広々としていて、ソファやトランプ用のテーブル、ラウンジ、ウェイトルームなどの設備が整っているから、同僚とゆっくり交流できる。しかしタイガースの場合は、狭いロッカールームがあるだけで〝クラブハウス〟はなく、しかもわたしの高校時代の体育館よりも薄暗かった。ロッカーは金属のケージと服をかけるフックでしかなく、くつろげるスペースはどこにもなかった。廊下の先には食堂があるが、こちらも味気なく、テーブルと椅子は画一的だ（メニューもサンドイッチに麺類、牛乳、ジュース、お茶くらいしかなかった）。舞台裏で一番広いのはトレーナー室で、気楽な会話の場は自然とそこになった。それゆえ選手の生活の中心にはトレーナーがいて、選手の生活を一番よく知り、理解しているのはトレーナーだった。

独身から結婚、家族づくり

タイガースの新人は、フロント幹部やファンのほとんどの給料をはるかに上回る巨額の契約金を受け取る。わたしたちは、そうした突然降ってわいた大金が選手に与える影響にばかり目を向けるが、プロスポーツ選手、特にタイガースの選手にとって難しいのは、地元メディアとファンの視線とうまく付き合いながら生活していくことだ。家を見つけ、車を運転し、家族をつくるといったごく当たり前のことが、意図的に、また意図せずして注目の的になる。大阪は夜の魅力にあふれた街で、おいしい食べ物屋もあるが、日本では飲酒運転が厳しく取り締まられるうえ、大手メディアは情報屋とフリーランスのカメラマンの巨大なネットワークを築いている。そのため、タイガースのフロントとコーチ陣は選手の球場外での行動に神経を尖《とが》らせ、メディアに注意するよう言い聞かせている。

新人のほとんどは未婚だが、他球団と同様、タイガースも一般企業の独身寮に似た選手寮を備えている。清潔で、機能的で、格安で、監督者がいる（当時の寮長はチームＯＢだった）。未婚のルーキーは、一定期間をこの寮で過ごす必要がある。

話を聞いた選手の中には、便利な寮で野球に集中できるのはありがたいと言う者もいれば、生活を管理されているようで窮屈だ、あるいは街から遠いと文句を言う者もいた。

九〇年代から〇〇年代初頭にかけての日本は、人口増加が止まり、初婚年齢が急激に上がって、出生率の低下に国がパニックを起こし始めていた時期だった。ところがおもしろいことに、プロ野球選手は遠征ばかりで将来も不安定なのに総じて早婚で、同世代の若者と比べても妻帯率は高かった（もちろん、どの選手が誰とデートしたとか、付き合ったとか、結婚したとかいった話はスポーツ紙で事細かに報じられる）。それでも、家族のプライバシーは守られている。選手の伴侶や子どもを球場で見たことは一回もない（もっとも来ること自体はあるようで、球団がバックネット裏に席を用意するという）。また、選手がたびたび学校訪問などに参加する一方、夫人が慈善活動に従事するところも見たことはない。日本のほとんどの職場と同じように、仕事とプライベートは明確に区別するのが暗黙の了解になっている。その大きな理由が、ナイトゲームが幼い子どもにとっては遅すぎる時間だということ、そして家族に観客の野次を聞かせたくないということだった。

外国人助っ人——救世主から戦犯へのサイクル

外国籍選手（そして少数の外国人監督）の活用はプロ野球の大きな特徴だが、実績を残せる選手は実に少ない。外国人の登録人数と起用法の規則は、一九五一年からの五〇年あまりでかなり様変わりしていた。一九九六年以降に登録人数の制限は撤廃されたが、二五人の一軍ベンチ枠に含められるのは四人までと定められていた（九六年と九七年は三人）。助っ人の圧倒的大多数はアメリカ人で、たとえば二〇〇〇年シーズンの開幕時に登録されていた計六三人の外国人選手のうち、アメリカ国籍が三六人、ドミニカ共和国が五人、ブラジルとプエルトリコ、ベネズエラが各四人、韓国と台湾が各三人、そしてオーストラリア、カナダ、中国、パナマが各一人だった。アメリカ人の多くは若手で、マイナーでプレイしているがメジャー昇格はまだ遠そうなので、日本で高給をもらいながら実績を残したいと考えていた。メジャー球団を解雇され、ほかに行き場がない選手もいる。いずれにせよ、日本の球団からはそれまでよりはるかに高い年俸と出来高が提示される。

一九九六年から二〇〇三年までの八シーズンにタイガースが契約した外国人選手は合計三六人で、

各シーズンの人数は四人（九六年）から八人（〇〇年）と多岐にわたる。在籍期間は短く、二八人は一シーズン未満でチームを去った。二シーズン目の契約を結べたのはわずか八人で、三年残った選手は一人しかいない（二〇〇〇年から二〇〇二年に在籍した投手のグレッグ・ハンセル）。短命ぶりはまだ続いているが、現在は何人か成功を収めた選手もいる。

助っ人獲得は大失敗に終わることもあれば、両者に実りをもたらす場合もある。フィールドワークの期間中に最も問題になったのがマイク・グリーンウェルだった。グリーンウェルは一九八五年から九六年までボストン・レッドソックスでプレイし、メジャー一二年という抜群の実績を持っていた。そのためタイガースの球団社長の肝いりで、三億円超という異例の高年俸で一九九六年一二月に契約したが、すぐに問題を起こすようになった。春のキャンプを途中で離脱し、背中を痛めたことを理由にアメリカからしばらく帰ってこなかった。四月に再来日し、無気力に数試合プレイしたものの、自打球を当てて足の骨を折ると、五月上旬に大々的な記者会見を開き、その場で引退を宣言してフロントを当惑させた。本人の申し出で年俸の四割は返したが、球団の損失は（金銭的にも、宣伝面でも）大きかった。結局グリーンウェルは、七試合の出場で約一億八〇〇〇万円を稼いで去って行った。

日本の試合を追う西欧のメディアや識者が、外国人選手（特にアメリカ人）を重宝するのは仕方ない。何しろ彼らの意見や体験談は、数少ない生の情報だ。それでも、彼らの話は大きな誤解を招く可能性もはらんでいる。外国人助っ人は非常に興味深い（そして実にバラエティー豊かだ）が、タイガースのソープオペラというもっと巨大な枠に当てはめて考える必要がある。

タイガースの日本人選手やフロントから外国人選手の存在や価値、問題について意見を聞くなかで、よく耳にしたフレーズが二つある。それが〝特別扱い〟と〝救世主〟だ。当時のタイガースの（またほとんどの球団の）外国人助っ人は、あらゆる意味で通常の日本人選手とは別格の扱いを受けていた。契約書は個別につくられ、規格化された〝通常選手〟とは一線を画した。同程度の実績と経験を持つ日本選手と比べても年俸は格段に高く、練習での注目度も段違いで、チームの練習日程や方針から外れても許された。安芸キャンプでは助っ人だけがリゾートホテルに泊まり、ほかの日本人選手は別の質素な宿泊施設を使っていた。専属の通訳をつけ、プロクター&ギャンブルが所有する神戸のコンドミニアムに自分と家族用の部屋を用意してもらう者もいた。新幹線移動の際も、外国人だけがグリーン車で、ほかは普通車。ロードでの宿泊先も別のことが多かった。

こうした好待遇と貢献度のギャップが多くの軋轢《あつれき》と疑念を生み、助っ人のモチベーションとインパクトの評価を難しくしていた。球団スタッフは、ほしい助っ人を獲るには特別扱いをし、要求に応えることが必要だと強調する。わたし自身は、外国人選手からはたまに話を聞くくらいで、彼らと密な交流をしていたわけではない。それでも外国人とメディアやコーチ、他選手とのやり取りは間近で観察し、練習やウォーミングアップもチェックしていたから、多くの助っ人が、新チームや異なる練習ルーチン、そして日本の暮らしに早くなじめるようにという、球団の配慮に感謝しているのはわかった。一生懸命に頑張ってチームになじもうとし、監督やコーチの指示を忠実に守っていた。驚いたのは、話を聞いた日本人選手のほとんどが助っ人の特別扱いに不満を持っていなかったことだ。多少は不公平でも練習する姿やプレイを間近で見られるなら構わないと考える選手もいたし、用具の扱いや練習メニュー、食生活、技術を積極的に知りたがる選手もいた。アメリカ人をチームメイトに持ち、間近で長く見られる機会は、特別扱いの十分な見返りになっているようだった。

外国人選手を指すのによく使われる言葉は〝救世主〟だ。新しく加入したアメリカ人が来日すると、ファンはときに空港まで出迎えに行って、〝新たな救世主〟を歓迎する。ところが実際は、わたしのフィールドワーク期間にやって来た三六人のうち、大きなインパクトを起こせた選手はほとんどおらず、ファンの怒号を浴び、短期間でチームを去って行くのがお決まりだった。そしてそれがまたメロドラマのエピソードとなり、スポーツ日刊紙の一面で展開された。

そして外国人にはもう一つ〝戦犯〟の要素があった。タイガースでは、助っ人の期待外れぶりが急速に明らかになり、苦しむ彼らに歩調を合わせるようにしてチームの成績も下降し、やがて自堕落で自分勝手な態度、やる気のなさへの痛烈な批判のなかで助っ人が放出されるサイクルが繰り返された。

しかし、不当な戦犯扱いという（選手本人や米メディアからみた）ステレオタイプな見方、また逆に自分勝手な問題児という見方（こちらは日本のスポーツ紙にありがち）に跳びついてはいけない。助っ人の扱いは、チームスポーツにおける責任の所在の難しさを典型的に表している。特に弱小チームでは、原因究明へのプレッシャーと戦犯扱いされないための努力が拮抗している。マイク・グリーンウェルやダレル・メイの問題の原因はどこにあるのか。球団の見通しの甘さか、能力の衰えか、人間性か、コーチの指導力不足か、大きすぎた文化の違いか、不運（想定外の負傷）か、はたまたそれらの組み合わせか。一番人気は〝特別扱い〟だが、それでも球団内、メディア、ファンのあいだでの議論は永遠に終わらない。

引退後の過ごし方

全般に短いプロキャリアを終えたタイガースの選手たちは、限られた技能しか持たず、中途採用では〝本物〟の会社で一流の仕事に就くのは不可能だと言われていた当時の日本社会で、どこへ行ったのだろうか。多くの選手は、現役時代の実績に乏しくとも野球界に残りたいと強く願っていた。野球が大好きだからという以上に、ほかの選択肢が考えつかないからだ。引退後の暮らしについて話を聞いた一〇人以上の選手たちは、みな「残りたい！」と口にした。つまりなんとかして自分の意志と才能をアピールして、タイガースやほかの一一球団にポストを確保したいと思っていた。

アメリカでは、メジャーやマイナーでの経験を持つ元選手には、リトルリーグや高校、大学のチームなど教える場が無数にあるから、さまざまな可能性が開けている。ところが六〇年代から〇〇年代初頭の日本では、プロ選手がアマを指導することはできなかった。六〇年代初頭のある事件がきっかけで、アマ組織が（選手だけでなく、コーチやアンパイアとしても）プロ経験者のアマへの出戻りを禁止していた。

引退したプロ野球選手には、大きく分けて三つの道がある。まず大物選手は、メディアと契約してスポーツ紙やテレビ、ラジオの解説者や評論家になる（掛け持ちも可能）。契約は一年更新で、一般的な報酬は二〇〇〇万円ほど。これはタイガースのコーチの年収とほぼ同額だ。そのままメディアに残ることもあるが、多くは何年か解説を務めたのち、コーチとして現場復帰することを狙っている。そしてごく一部が一二個しかない監督の椅子を手に入れ、再び激しい競争の世界へ戻ってくる。

次に、現役時代の成績はいまひとつだが人間性が評価されている一部の選手は、打撃投手やスカウト、事務方などとして球団に残る。わたしが話を聞いた選手たちは、そのためには文句を言わず頑張る姿を見せなくてはならないというプレッシャーがあると言っていた。

そしてほとんどの元選手は、畑違いのビジネスの世界へ跳び込んでいった。

一九九六年の場合、解雇された一二人（うち二人はアメリカ人で、シーズン途中にクビになった別の二人の代役として加入）のうち、スターだった中西清起（プロ一三年のベテラン）と石嶺（一八年）は全国メディアでの解説の仕事を見つけた。中西は朝日放送と日刊スポーツでしばらく働き、二〇〇四年に投手コーチとしてタイガースへ復帰。石嶺は毎日放送で解説を担当し、二〇〇五年に中日ドラゴンズの投手コーチに就任した。嶋尾康史も毎日の解説の仕事を見つけたが、一年後に俳優の道へ進んだ。ほかに一定の実績を残していた元投手三人は、アシスタントコーチや打撃投手として球団にとどまり、残る四人は野球を離れ、うち三人が建設会社と保険会社、小さな飲食店に就職し、一人が家業を継いだ。

『別冊宝島』が二〇一二年に発行した特別号では、一九八〇年から二〇一二年に引退したり、解雇されたりしてタイガースを去った四二四人（つまり退団人数は年平均で一三人）のその後の足取りが紹介されている。それを活用してもサンプルとして十分ではないが、それでも九六年は割合に典型的な年だったようだ。特筆すべきは、かなりの数の元選手が飲食店ビジネスに参入し、関西の有名店で働いたり、域内や故郷の町で自分の店を出していたことだった。

最後に、タイガースにも他球団と同じように〝ＯＢ会〟、つまり同窓会的な元選手の集まりがある。

ＯＢ会員は、バッジを呈示すれば甲子園へ自由に出入りし、通用口を使える。中にはＯＢ用の部屋があって、見るとだいたい数人が時間をつぶしたり、テレビで試合を観たりしていた。それでもＯＢ会のうわべの付き合いに意味はほとんどなく、特権を利用する元選手はごく少数だ。ＯＢ会の重要な役割は、球団の内部政治を左右する派閥づくりである。

契約更改

甲子園でのタイガース戦を観に行くと、プレイボールに前後してほぼ必ず背の高い、タイガースのジャケットを着た白髪の男性が現れ、記者席の左下隅の席について周囲の記者と静かに挨拶を交わしていた。そして試合が始まると、ノートを広げて記録をつけ始める。男性の名前は石田博三。元タイガースの選手で、一九八一年にフロント入りし、〇二年に退職するまで選手の〝査定担当〟を務めた。最大の任務は契約更改で、そのために石田はシーズン中は全試合を観戦してメモを取り、シーズンが終わればメモと公式スタッツに齟齬《そご》がないかを確認していた。

契約更改は一一月末から決められた順番に従って進み、日程が公開されるやメディアはそれを使ってオフ序盤の記事を作成する。まず登場するのは扱いが楽な若手選手で、一日に三人から四人と話し合う。球団オフィスの一室に呼ばれた選手は、部屋に入って石田の前に坐り、各種スタッツやよかった試合、悪かったプレイに照らした球団の評価を聞く。そして翌シーズンの提示年俸が書かれた紙を示される。数字を受け入れて署名してもよく、特に若手はすぐにサインする（〝一発サイン〟）。逆に納得できないデータや提示額への不満を示す者や、評価の見直しを期待して、「もう一度話し合いましょう」と言う選手もいる。

年俸は選手にとっては死活問題だ。昔は上げ幅、下げ幅ともに制限がなかったが、九〇年代終盤に選手会とオーナー陣との話し合いの結果、減俸の限度額が設けられた。それでも幅はかなり大きく、年俸一億以下の場合は最大で二五パーセント、一億以上なら三割ダウンを提示されることもある。

石田自身は極力目立たないようにしていたが、契約更改は一二月を通じてニュースでさかんに取り上げられた。報道陣は記者室や甲子園の裏口にたむろし、選手から交渉の進展に関する談話を取ろうとする。新聞はそれを連日記事にし、ひと悶着《もんちゃく》があれば一面で報じ、現状や球団の提示額、選手の希望額を示した詳しい図を掲載する。有名選手との交渉が始まる一二月の第一週になると、関心はいっそう高まる。特に好まれるのは〝保留選手〟の記事だ。彼らは増額提示を受けても、石田が示したデータや理由、年俸に異を唱える。坪井智哉はルーキーシーズンの一九九八年に見事な成績を残し、年俸一億から二億八五〇〇万円への大幅アップ提示を受けた。すると坪井は「ありがとうございます。ぼくの考えにかなり近いです」と言い、「では契約成立かな?」と石田が促すと、「きょうは球団の考えを聞きに来ただけです。もともとそのつもりでした。また次回に話しましょう」と答えた。少なくとも部屋から出てきた坪井はそう話し、翌日の各メディアはこのやり取りをこぞって伝えた（結局、二回目の交渉でも石田は提示額を変えず、坪井もその額でサインした）。

坪井のすぐあとに契約更改に臨んだ山村宏樹は、前のシーズンに一軍定着を果たし、一億円の大台超えを狙っていた。そして石田が九二〇〇万円を提示すると押し黙り、そのあと四〇分間、さまざまなスタッツを示す石田に対して無反応を貫いた。

契約更改では、四割もの選手が二回目以降に進み、一五パーセントは三回目に突入する。そして毎年数人が四回目以降の〝越年〟にもつれ込む。球団側が譲歩し、年俸アップを提示する場合もあるが、ほとんどの選手は一月上旬から中旬までにサインする。

こうしたときに形式的で、ときに激しいオフの年俸交渉は、野球そのものと比べれば脇のエピソードでしかない。それでも、そこには評価と納得の小さくも重要なドラマがある。契約更改は選手と球団の不安があらわになる場であり、タイガースワールドの特徴が端的に表れる。

日本では、成績を測ってふさわしい見返りを決めるのに〝査定〟という言葉が広く使われる。球団側にとっては、透明で、客観的で、公平な評価指標を定めることがもちろん重要だ。そのために、石田のようなフルタイムの査定担当を雇い、毎試合の選手のプレイをいくつものカテゴリーに分けて記録し、処理、分析して年俸の根拠にし、選手に提示して納得してもらう。石田が言うには、投手なら先発でもリリーフでもまずは投球回数や防御率のような基本的な指標から始めるが、そうしたわかりやすい指標の中に五〇近い評価ポイントを設定して査定を微調整しているという。

ところがこうした濃密なデータがあっても、客観的で非の打ちどころのない判断を下し、選手に自分の現在の価値とその理由を認めさせるのは容易ではない。五〇項目に分けたところで、正当性を示すのは難しい。〝走塁阻止〟とはいったいどういう意味で、そしてそれは四球の少なさより二割重要なのか、それとも七割増しなのか。走者が生還しなかったのは、本当にその投手のおかげなのか。こうした無数のポイントが、あらゆる野球人気国のあらゆる球場で延々議論されているが、結論は出ない。出たとしても反対意見や別の意見は消えず、ゆえに新しいデータや指標が毎年のように登場する。タイガースワールドを分析してわかったのは、こうしたデータが選手の査定や試合中の決断の根拠になりえないことではなく、そもそも全員が納得する指標などないことだった。野球の世界では、誰もがデータという土台の上で身を寄せ合っている。誰もが行動し、決断を下すためにデータを欲している。しかし、勝因や敗因が誰に、どの程度あるかを細かく振り分けるのは不可能だ。これはチームスポーツの根源的な矛盾である。チームスポーツでは選手という多数の専門家が頻繁に試合をし、データが次々に増えていく。しかし競技は複雑なチームプレイの集合だから、特定の人間の関与だけを抽出するのは難しい。

こうした査定への不安が、プロスポーツチームには漂っている。タイガースもそうだ。一方でこのチームの契約更改に特有の事情もある。まず、球団は交渉の詳細を明かそうとしないが、同時にその内容を選手がメディアに漏らすことにはさほど過敏ではない。年俸を公表することはないが、〝推定〟年俸をメディアが掲載するのは止めない。理由は、契約更改がドラフトやトレード、新戦力の獲得、春のキャンプと同様に、球団への関心を維持し、ストーリーラインを次のシーズンにつなぎ、ファン（そして球団自体）を翌年へスムーズに移行させるのに便利だからだろう。

さらに言うなら、査定が多くのファンにとって魅力的なのは、ファン自身の社会人生活の中心にも査定があるからだ。ファン自身の人事考課や昇進にも査定はある。適切な業績指標をつくり、誰かに適用し、結果を示すことは、ファンにもなじみ深い話題だ。そして九〇年代は日本経済が苦しかった時代で、歯止めのかからない景気後退が大企業をも直撃していた。〝リストラ〟は、単に労働力の削減だけでなく、仕事の保証がなくなることも意味していた。この傾向は関西では特に強く、地域の経済界を構成する中小や下請けの企業は、リストラの影響が真っ先に及んだ。大学四回生はメディアの言う就職〝氷河期〟に直面し、中堅社員は突如として大量に首を切られ、求人が限られるなかで転職の必要に迫られた。個人主義を推し進め、年功序列に替わる歩合制を導入すべきだという意見が多く聞かれた。タイガースの選手の話からも、似た状況に置かれていることが伝わってきた。

また、六〇人以上の選手の年俸総額を妥当な範囲内に収めるのも難しい。それでもジャイアンツの予算がタイガースを上回っているのは明らかで、差は年々広がって二倍や三倍になっていった。これもよくニュースで取り上げられ、関西人が「最初からハンデがあるも同然ですわ」と嘆く原因となっていた。

チームのためのプレイ、球団のための労働

日本一の人気スポーツとしての地位を一世紀にわたって守る野球は、エンターテインメントであると同時に社会の縮図でもある。そのため、二〇世紀末の日本は〝努力は才能に勝る〟とか〝集団の成功に尽くせばいずれ自分に利益が返ってくる〟といった企業的な価値観がプロ野球にも浸透してきた時期だという見方がされることがある。もちろん、ファンは年俸八〇万ドルのスター遊撃手を年収八万ドルの課長である自分と同一視はしなかったし、査定の手順や収入額、組織構造、会社からの期待、上司や同僚との関係の具体的な細部は野球チームと一般企業では大きく異なっていたが、それで

も基本部分には相通じるものがあり、そこが（またタイガースでは特に情報が豊富なことは）大きな魅力になっていた。

それでも、野球は次の五つの特徴を持った特別な仕事であり、一般企業の構造をそのまま当てはめるのは難しい。まず、ここまでタイガースの選手で見てきたように、野球は〝職業〟ではあるが不安定で長く続けられるものではなく、三〇代後半まで現役でいられる選手はごくわずかだ。九八年のタイガースの選手の平均年齢は二七歳で、三五歳以上はわずか四人だった。また、大企業のように同じ職場（チームなど）でずっと働き続けるのも難しい。九八年で言えば、一一人がトレードなどで他チームからやって来た選手で、そこに新人と外国人を合わせると、そのシーズンにはじめてタイガースに登録された選手は二一人にのぼる。逆に言えば、離職率が三割に達するということだ。

次に、野球選手の業績は一般の社会人よりもはるかに広く人目にさらされ、また細かく評価される。タイガースの職場査察の厳しさは、一般企業の幹部職でも比較にならない。

三つめの違いとして、野球は年齢と能力が比例しない世界ゆえ、タイガースのスポーツ組織は構造が不安定だ。九八年に所属した選手の年齢は、一九歳から三六歳までさまざまで、プロ歴もゼロから一四年、年俸も四万ドルから一五〇万ドルとばらけている。成績も千差万別だ。しかしそこに、年齢や経験と成績との相関関係はなく、両者はほぼ無関係に変動する。年配選手が高い給料をもらっているとは限らず、高給取りが好成績を残すとも限らない。

これは年功序列の日本企業のモデルにはそぐわない。野球選手の年俸は、成績を入念にチェックしたうえで毎年の契約時に変動する。負傷のリスクもあるため、組織が人的資源を管理するのはさらに難しくなる。九八年のタイガースではピッチングスタッフがシーズン序盤から故障禍に見舞われ、引退を強いられる者もいた。

四つめの違いは、野球選手に求められる技術が、活用機会の極めて限定される職人技だという点だ。その部分で、野球はゼネラリストな労働力が好まれる日本の一般企業とは対照的と言える。野球には投手と捕手、内野手、外野手がいて、それぞれに固有の技能が求められる。しかも各ポジションの中にも細かな区分があり、デュルケームの言う近代労働の有機的細分化の極北の様相を呈している。投手だけでも、右投げと左投げ、先発にロングリリーフ、ワンポイント、抑えの区別があり、速球派もいれば技巧派もいる。内野手なら捕球と送球という共通のスキルがある一方、一塁手、二塁手、遊撃手、三塁手に求められる素養は明確に異なり、二つ以上のポジションをこなせる選手は多くない。

もちろん、こうした野球スキルは反復練習によって磨くものであり、一部の基本技術は一般的な練習や指導を通じて伸ばすことができるが、プロで長く生き残れるだけの卓越した能力を身につけるには、自分なりのスタイルを確立しなければならないことも多い。激しい競争のなかで、選手はなんとかして自分の武器を探し、そしてそうした取り組みとチームメイトとのライバル関係は、チームプレイや共通目標に深刻な悪影響を及ぼしかねない。

しかも、監督とコーチに具体的な指導力があるとも限らない。だから若手投手はベテランに得意球を教わり、球種を増やそうとする。師弟関係が生まれるが、しかしベテランが自分の武器を〝盗まれる〟ことを嫌がらないとも限らないから、チームには緊張が走る恐れがある。そこに目上の人間と下の立場という企業組織の定型はない。

最後に難しいのは、失敗、特に勝利に失敗することへの恐れだ。野球のようなチームスポーツでは、安定して勝てる確率は高くない。もちろん、一試合でみれば半分の選手は勝者になるが、シーズンでみると王者になれるのはたったの一チームで、残りは敗者としてシーズンを終える。野球では敗北の影が常につきまとい、しかもそれが目に見える数字として提示され、チームの士気や会社のイメージ、企業の権威を損なう。負けから関心をそらす方法もあるが、逆にその努力が、強豪でも勝ち続けられない事実を証明している。露出の機会が多く、しかも負け続きの当時のタイガースでは、特にこの傾向が顕著だった。

第4章

ダグアウトにて
——監督とコーチ

タイガースがシーズンはじめに撮る集合写真を見て、最初に印象に残るのは、上下関係とヒエラルキーの構造である。封建領主たる監督のまわりを側近が固め、さらにその周囲に選手＝兵隊が配される。実際、吉田義男は一九五三年から六九年までタイガースで長くプレイした殿堂入りショートで、一二世紀の武将、源義経になぞらえた〝牛若丸〟というあだ名を持っていた。そうしたサムライにちなんだ異名が、チーム首脳は一種の軍司令部であり、領主＝監督に率いられた両軍による疑似的な合戦という野球の性質を物語っている。

写真ではわからない上下関係もあり、舞台裏にはヒエラルキーのさらに上層にあたる司令部が二つある。球団フロントとその上の阪神電気鉄道株式会社で、同社の上層部は球団に積極的に口を出した。プロ野球球団は、どこもこのチーム、フロント、親会社という複雑な指揮系統を備えている。ここからの二つの章では、この三層構造を分析しよう。まずこの章では、監督とコーチ陣という現場の指揮官に注目し、続く第5章ではフロントと親会社という事務方の職場を紹介する。親会社、フロント、チームの上下の関係以上に、会社という〝背広組〟とチームという〝制服組〟との関係は複雑だ。

当時の阪神タイガースは、監督の首をすげかえることを数十年にわたって繰り返していた。九六年から〇二年でみると、チームを指揮したのは四人（翌〇三年の暮れには五人目が就任した）。球団史を通じても平均在任期間は二年と短く、一九五〇年から二〇一七年までの六七年間に生まれた政権は二五、率いた監督は二二人にのぼる。うち一八人がOBで、通常はチームに長く在籍し、際立った実績を残し、知名度の高い人物だ。二〇〇〇年代前半に指揮した野村克也と星野仙一はタイガースでのプレイ経験がなく、この二人についてはあとで詳しく紹介する。残り二人は例外と言っていいだろう。

この章では九六年から〇三年にチームを率いた監督の経歴を簡単に紹介し、阪神タイガースのスポーツワールドにおける監督について、三つのテーマを抽出する。前線指揮官の華やかなイメージのある監督は、実際には三つの役割を担っている。チームをまとめて試合の作戦を立てる参謀、タイガースというブランドの顔、そしてチームからフロント、そして親会社へつながる企業的階層構造の中間管理職だ。監督は、野球指導者としての手腕と人気、組織への忠誠心のすべてが要求される難しい仕事である。これが一つめのテーマだ。

これらはプロ野球の全監督に共通の資質だが、タイガースではそこに元阪神の血の重視という傾向が加わり、監督選びの内向き志向につながっている。そして、そのせいで仲の悪いＯＢとその支持者による数十年来の派閥抗争が生まれている。これが第二のテーマだ。そして、指揮官としての職責と内部抗争の組み合わせによって生まれるのが第三のテーマ、すなわち野球監督というものの在り方だ。監督はユニフォームは着るが、実際にプレイはしない。

であるなら、監督は何に対して責任を負うべきなのか。チームの成功、あるいは失敗は、どの程度まで監督の力によるのか。これは、プロのチームスポーツにまつわる答えの出ない議論だが、それにもかかわらず、批判の矢面に立たされるのは常に監督だ。選手の成績と年俸の関係、そして監督の責任と就任・解任との関係は不気味なほど似通っている。しかし監督の責任の根本的な不明瞭さこそが、就任／辞任会見の感傷を強めているのである。

八年間に就任した五人の監督

わたしがフィールドワークを行なっていた八年間で、タイガースには五人の監督が生まれた。数の多さは、この時期のタイガースが暗黒時代であったこと（最下位が五回、五位が一回、四位が一回）を表している。そして成績不振が、監督への重圧と立場の不安定さに拍車をかけていた。

藤田平（一九九五年七月～一九九六年九月）

藤田平は高卒ドラフトで一九六六年にタイガースへ入団し、一九年間プレイした。チームが優勝する一九八五年のわずか一年前となる八四年に引退すると、すぐに朝日放送の解説者に転身し、メディアでの一〇年をへて九五年に二軍監督としてタイガースへ戻った。当時の一軍を率いていた中村勝広は藤田の現役時代のチームメイトで、成績不振の原因としてフロントからの風当たりは厳しく、中村政権下のチームは最下位が三回あった。

フロントや当時の三好一彦社長の言いなりで、スポーツメディアから〝サラリーマン監督〟と揶揄《やゆ》された中村は、藤田ならもっとイニシアチブを取り、本物の経験と判断力をチームにもたらせると考え、声をかけた。その後、中村が九五年シーズン途中に休養すると、球団は藤田を一軍の監督代行に指名（ただし順位はまたしても最下位）。翌シーズンには正式な指揮官に昇格させたが、物議をかもす指導法はすぐに選手の反感を買った。解説者時代は客観的な広い視野で試合を分析していた藤田だが、九五年に復帰するまで、指導者としての経験はまったくなかった。

藤田は熱血漢だったが、そのやり方に選手が不満を抱き、確執がスポーツ紙で伝えられるようになった。藤田はチーム内でまったく信頼されず、選手は決断のほとんどを下す柴田猛ヘッドコーチのほうを監督と呼んでいたらしい。シーズンのはじめにはベテラン数人をファームへ落とし（ほかの球団ＯＢとの派閥争いに関係していたそうだ）、助っ人二人にあっさり見切りをつけ、独断でチームから外した。しかし代わりに獲得した二選手も、すぐにメディアを通じて批判するようになった。

シーズンが進むなかでも不振脱却の糸口は掴めず、球団の我慢がついに限界へ達した九月一一日、三好社長に久万オーナー、親会社と球団幹部を巻き込んだ長時間会談という、第1章でも紹介した騒動が巻き起こった。午前二時を過ぎても話し合いは決着せず、翌朝になってようやく折れた藤田監督は、「三好はアホや」と吐き捨てて去って行った。

この年は、藤田を主役としたドラマが果てしなく繰り広げられたシーズンだった。スポーツ紙でも、夕方のニュースでも、甲子園のファンの会話でも、話題の中心は藤田監督で、そして意見や評価はさまざまだった。それでも、そうした多様な解釈から事実を抽出し、誰かの話だけを重視し、個別の事件とチーム全体の低迷、そして藤田の孤立と解任につながったとされる派閥争いの原因を特定することは不可能だ。

重要なのは、藤田に亀山や新庄を罰する〝権利〟があったのか、あるいは試合で〝実際に〟指揮をしていたのが柴田ヘッドだったのか、藤田を監督に招聘《しょうへい》したはずの三好社長が約束を反故にして首を切ったのかとかいったことではない。大切なのは、人々の追うストーリーと語られている興味深い内容に、タイガースの階級構造や、監督に求められる資質、派閥間の断絶、そしてタイガースワールドの各職場とメディア、ファンが結びついていく過程が浮き彫りになっていたことだ。

吉田義男（一九九六年一二月〜一九九八年一〇月）

藤田監督の解任後、スポーツ紙五紙は新監督選定をめぐる球団内部の駆け引きを二か月にわたって追い続けた。四人か五人の有名OBから選ばれるのが既定路線で、各紙はただ過程を報じるだけでなく、自紙で解説委員を務める、または系列の放送局で解説者を務める人物を候補に推していることがわかっていった。

そして二か月後、親会社から指名された吉田義男がチームへ復帰し、史上初の三回目の政権を担うことになった。吉田の経歴は、関西の野球ファンのあいだでも特に人気だ。一九三一年に京都市の貧しい地域に生まれた吉田は、母親と兄に育てられながら、地域や高校で野球に励むと、実力が認められて市内の有名私立大学に進学。さらに在学中の五三年にドラフトでタイガースに指名され、すぐに遊撃の先発を勝ち取った。そのまま一七年間の輝かしい現役生活を過ごし、六九年の引退後にはプロ野球殿堂入りも果たした。友人の助言に従って毎年何か月かを米国で過ごし、メジャーの研究を五年間続けた。その後の七五年の一回目の政権ではチームを中位から引き上げられなかったが、二度目の一九八五年には、タイガース史のハイライトと言える奇跡のシーズンの立役者となり、チームをセ・リーグ優勝と、一度きりの日本シリーズ制覇に導いた。

それゆえ、九六年に吉田がみたび監督に選ばれたのは自然なように思えるが、このときのチームは以前とは異なる難しい状況にあった。一九八五年の優勝は、吉田監督一人の力ではなかった。他球団やメディアの中には、八五年の吉田は運がよかった、つまり好選手の揃ったチームを任され、ライバルが弱かっただけだという声があった。その証拠として翌年にはすぐ中位へ戻り、八七年にはチーム最低成績を記録した。吉田は解説に戻り、八九年からはフランス代表の監督を六年続けた。一年の半分をパリで過ごし、野球の経験も人気も乏しいかの国で競技の普及に努めた。一方でそれは、タイガースと日本のプロ野球から離れることにもつながり、九六年の就任時には、年齢も含めて復帰を不安視する向きもあった。本人もとりたてて意欲的ではなかったが、三好社長の支持と、オーナーのたっての願いで、八五年の再現という難しい仕事に臨むことを決めた。

しかし、現実は甘くなかった。球団は補強を約束していたが、当時の大スター、清原和博の獲得はならず(ジャイアンツを選択)、マイク・グリーンウェルの騒動でも恥をさらした。シーズンを通じて苦しんだタイガースは五位に終わり、翌九八シーズンは再び最下位に転落した。その間、大きな騒動は起こらなかったが、選手とフロントからは不満の声が漏れ続けた。メディアの論調は批判的かつ冷ややかで、ファンが怒りを爆発させることもあった。

野村克也(一九九八年一〇月~二〇〇一年一二月)

一九九八年シーズンの閉幕が近づき、球団も吉田自身も続投を望んでいないことが明らかになると、スポーツ紙ではまたしても次期監督の予想合戦が熱を帯びた。候補に挙がるのは阪神のOB連……とここまではいつもどおりだったが、そこで久万オーナーの鶴の一声で、名将と謳われる野村克也に白羽の矢が立った。野村は吉田以上に歓迎された。同じように関西で苦しい幼少期を過ごし、大阪をホームとした南海ホークスに契約金ゼロの練習生として拾われると、そこからプロ野球史に残る名捕手に成長した。指導者としても南海とヤクルトスワローズで一七年の経験を持ち、スワローズでは九〇年代にセ・リーグ優勝四回、日本シリーズ優勝三回を経験した。タイガースとのつながりはなかったが、公言していたジャイアンツへの対抗心が久万オーナーを喜ばせ、懐疑的な層を納得させた。

メディアを使ったPRの感覚に長けた野村監督は、すぐに関西のメディアとファンの心を掴んだ。オープンしたばかりの五つ星ホテル、ザ・リッツ・カールトン大阪のペントハウスに入り、正式に就任すると日々の〝野村語録〟を増やしつつ、試合の前後には報道陣とコミュニケーションを取って自身の野球の流儀を広めた。わたしも何度も目撃したが、驚いたのは野村監督の繊細で、同時に大胆な人間性だった。野球界の賢人として、また自己啓発の導師として、監督は緻密なデータと抽象的な哲学に基づいた魅力的な格言を、ぶっきらぼうな口調で次々に紡ぎ出していった。

OB重視の掟を破ってまで招聘された野村監督に期待されていたのは、外国人助っ人と同じ救世主の役割だった。期待の高さを考えれば、メディアとの付き合い方は巧み（そしておそらく意図的）だった。飽くなきメディアに記事ネタを与え、自身に注目を集めさせて、選手を日々の批判から守った。

野村監督はまた、不景気にあえぐ関西経済の起爆剤でもあり、タイガースの収入を直接的に押し上げただけでなく、CM契約の話もすぐに舞い込んだ。関西の裕福な実業家たちが後援団体をつくり、デパート各社は監督人気にあやかったキャンペーンを実施した。その極致が、監督の五〇グラムの純金の像が一〇〇万円で売り出されたことだった。

ところが残念なことに、チーム成績は上向かなかった。野村監督は三年指揮したが、常に最下位。しかし、野村監督が阪神を去る要因になったのは、チーム成績ではなくメディアで（そして法廷で）数年にわたって繰り広げられた沙知代夫人に関する巨額の脱税騒動だった。多額の家計を一人で管理していた沙知代夫人は、二〇〇〇年ごろから脱税容疑で捜査されているとのうわさが出るようになった。専門家のあいだでも夫は何も知らないという意見が大半だったが、それでも疑惑はたびたび詳しく報じられ、そして夫人は二〇〇一年冬についに逮捕され、法人税や所得税を隠した疑いで起訴された。久万オーナーは野村監督の四年目続投を望んでいたが、本人からの辞任の申し入れを受諾するほかなかった。

星野仙一（二〇〇一年一二月〜二〇〇三年一一月）

またしても後任選びの音頭を取った久万オーナーは、またしても外部の候補、星野仙一に接触した。星野もまた殿堂入りを果たした大選手で、監督としてもセ・リーグの中日ドラゴンズを長年率い、結果を残していた。そして何より、野村以上に強烈な〝打倒巨人〟の想いを抱いていた。ジャイアンツへの対抗心は六八年、球団がドラフト一位での指名を約束しながら別の選手を選んだときに生まれ、その後はドラゴンズで長くプレイした。ドラゴンズは東京と大阪のあいだにある日本第四の都市、名古屋をホームとする球団で、チームも東京と大阪のライバル関係の中で板挟みの状態にあったが、憎らしさを感じていたのはもっぱら東京のほうだったようだ（七〇年代以降のドラゴンズの成績が、タイガースを上回っていたこともあるだろう）。いずれにせよ、星野を後任にする案はフロントとメディア、そしてファンから野村以上に歓迎された。

そして星野監督の下で、タイガースは長年にわたる低迷からの真の脱却を果たした。政権一年目で四位に食い込むと、オフには久万オーナーの力添えもあって大幅なメンバー刷新を敢行し、金本知憲や伊良部秀輝を獲得した。パ・リーグでプロ入りした伊良部は、日本人メジャーリーガーの先駆者の一人で、アメリカでは問題を起こし、成績もそこまで残せなかったが、二〇〇三年の星野監督は伊良部をうまく操縦した。金本は広島東洋カープで一一年を過ごし、すでに球界を代表する打者だったが、星野監督二年目の二〇〇三年は特大のインパクトを残し、タイガースのリーグ優勝の立役者となった（この話題は第10章でもう一度取り上げる）。ところが星野監督はシーズン中から体調が思わしくなく、普段なら目ざといスポーツメディアもこの件はあまり大々的に報じないようにしていたが、最終的には続投は難しいと発表するに至った。

岡田彰布（二〇〇三年一一月～二〇〇八年一〇月）

星野監督の退任を受け、球団は再び内部昇格に舵を切り、岡田彰布を新監督に指名した。二〇〇三年一〇月二八日、日本シリーズ敗退の悔しさが残るなか、タイガースは記者会見で星野から岡田への〝政権交代〟を発表した。二人は華やかさと権威の象徴である金屏風《きんびょうぶ》の前に立ち、久万オーナーを合わせた全員が笑顔を見せた。日刊スポーツ編集委員の寺尾博和が行なったオーナーへのインタビューによれば、こんな写真は八九年に村山実から中村監督へ移行したとき以来だという。

岡田監督は、タイガースのＯＢ好きの系譜に連なる人材だった。一九八〇年から九三年までタイガースでプレイし（つまり八五年の優勝にも大きく貢献した）、トレードで放出されたオリックス・ブルーウェーブで現役最後の二年間を過ごすと、そこでのコーチをへて九八年にタイガースへ復帰し、二軍監督として実績を残して星野監督の後任に抜擢された。就任一年目は不本意な結果に終わったが、二〇〇五年には日本シリーズ制覇こそ千葉ロッテマリーンズに四連敗を喫して逃したものの、二年ぶりのセ・リーグのペナントを獲得した。ファンやメディアからの不満が少なかったのも岡田時代の特徴で、タイガースを率いた五年間でほかには二位が二回、三位が一回。つまり、このころにはタイガースはAクラスの常連となっていて、当時は五〇年ぶりにようやく〝常勝球団〟へ戻れたと言われた。また岡田時代は、球団と親会社の組織、さらには日本のプロ野球全体に抜本的な変革が起こった時期でもあった（これも10章で再び触れる）。

野球監督の三つの顔　前線指揮官、ブランドの顔、中間管理職

プロ野球の監督には、封建領主というイメージが一般的かもしれない。保証された地位と絶対的な権力を享受し、リーダーの才覚には乏しくとも、築いてきた人脈に守られた人物。テレビの中継映像がこのイメージを助長する。中継では、ダグアウトのステップに足をかけ、あるいはベンチの端にゆったりと腰を下ろしてプレイを追い、指示を叫び、サインを出す両監督のアップがたびたび挿入される。会見でも登場するのは監督だ。

九六年から〇三年までチームを率いた四人の指揮官の表面的な知名度も、強く安定した立場を象徴

して見える。ところがそうした仮面の下には別の現実が隠れている。日本のプロ野球界では、ごく限られた元有名選手の中から、チームの顔としての価値があると球団に判断された（テレビと紙媒体がそのイメージを補強する）人間が監督に起用されてきた。にもかかわらず、ごく一部の例外を除いて監督の任期は短く、チーム一筋を貫くことはほとんどない（タイガースは例外）。そのうえ、彼らの権威は下からは我の強い選手、上からは会社の介入によって限定される。人間性や指導スタイルも多岐にわたる。たいていは尊敬され、ときに恐れられ、まれに嫉妬され、そして頻繁にいさかいを起こす。

こうしたジレンマの一つの大本が、野球以外のスポーツにも通じる「名選手は名監督にあらず」の法則だ。日本でもアメリカでも、選手としてはパッとしなかった人間のほうが優秀な指導者になるという説がある（この傾向はプロ野球よりメジャーのほうが強い。アメリカの監督は全般に指導の〝プロ〟が多いからだ）。要因としてよく挙がるのは、大きな成功を収めた選手は、才能が飛び抜けているゆえにあまり考えずにプレイしてきた点、あるいは現役時代にチームの主役だったがゆえに、脇役の重要性を理解していない点である。またシンプルに、スター選手はベンチから試合を分析する、あるいは監督の様子を観察する経験に乏しかった点も指摘される。もちろん、こうした主張もある程度は正しいが、両国のプロスポーツの構造的な違いも忘れてはならない。特に、アメリカではマイナーだけでも数レベルのチームがあるため、監督やコーチにも経験を積む場が多く用意されている。対して日本では、そうした場がファームの監督しかない。

ほかの基本的な仕事としては、以下のようなものがある。

・コーチやトレーナー、フロントスタッフと試合前のミーティングを実施する
・バックネット裏に立って午後の練習を指揮し、コーチや番記者の質問に答える
・新聞やテレビの試合前後のインタビューに応じる（一対一の独占インタビューも多い）
・テレビのカメラの前で、試合中ずっと見える場所で毅然とした態度を保つ
・折を見て戦術的な判断を下す。球種の指定、守備陣形の変更、盗塁指示、投手交代など

しかし作戦を指示したからといって、それで試合を支配できるわけでもなければ、チームの統制が取れるわけでもない。だからあいだを取り持つコーチが必要になる。コーチは軍隊で言うなら補佐官、企業で言うならヘッドコーチが副部長で、各種コーチが係長だ。

これらと同じように重要なのが、監督権限の意外なほどの小ささだ。監督は日々の練習を指揮し、試合の出場メンバーを選び、出場機会や昇降格を決める。しかしその一方で、所属選手自体を決める力は限られている。トレードも、補強も、ドラフトも、契約更改も、方針を決めるのは基本的にフロントだ。監督は毎シーズン、与えられたメンバーで仕事をするしかなく、それでいて自分が結果を残せるかは部下である選手の成績にかかってくるが、そこにはけがなどの不測の事態も影響する。藤田監督の解任騒動のさなかの日刊スポーツの記事では、食材がどうしようもなければ最高のコックでもおいしい料理はつくれないと書かれていた。しかしフロントは、腕のいいコックならそこそこの食材でもごちそうをこしらえると考えていた。

その部分で、阪神タイガースの監督は外国人選手と同様、批判にさらされやすくもろい立場と言え

る。つまり非常に目立ち、過剰な期待をかけられ、そして結果が出ないときには戦犯としてわかりやすく標的にされる。ただし、監督には助っ人と逆の面もある。プロ野球の全一二球団の中でも、タイガースは特にOB監督を好む球団だ。日本には〝生え抜き〟という言葉があり、本来いい意味のあるこの言葉が、ことタイガースに関しては頑固で偏狭というニュアンスがにじむ。これから話すとおり、タイガースではこの身内びいきが元選手、そして彼らを監督候補として支持するメディアどうしの激しい駆け引きを生み出し、それがまた騒動を必要以上に大きく見せ、任期を縮める要因になっている。

一方で、球団と親会社には別の好みもある。それは大卒の学歴だ。タイガースの監督は、数十年にわたって大卒ドラフトでプロ入りした選手が務めてきた。立命館大学を中退してプロ入りした吉田のような例もあるが、フロントが言うには、大卒が好まれるのはそちらのほうが見栄えがするからではなく、フロントや親会社の幹部の覚えがいいからだという。この傾向は、フロント内の大学閥の形成にもつながっている。次の章では、フロントと親会社という、チームの上にある職場について見ていくことにしよう。

第5章

オフィスの内情
――フロントと親会社

タイガースの二軍は、通常は昼間に試合をする。そしてファームの監督は、試合が終わると一軍監督にチームの状況や選手の出来を報告する。一軍監督も日々、球団社長と顔を合わせて現状を話し合う。そして社長は毎週月曜日、甲子園の事務所から、社用車に乗って大阪の梅田駅近くにある阪神電鉄本社へ向かった。そこは球団の保有企業であり、タイガースは傘下の無数のグループ企業の一つだった。メディアは本社でミーティングを行なう社長を毎週追いかけ、記者会見か発表を待った。月曜は基本的に試合が休みなので、記事ネタが必要なのだ。

このように、タイガースには三つの組織が段階的に上へ報告し、最終的に情報が組織の最上層へ行き着く構造があった。組織はそれぞれ独立しているが、チーム成績はグループ全体の権威にも関わってくるため、直接的な影響も及ぼす。日本のプロ野球球団は会社的だとの認識が西欧にはあるが、タイガースはその典型かもしれない。日本では巨大な運輸企業と新聞社が七つのチームを創設した一九三六年以来、企業が球団を系列会社として扱うチーム保有の在り方が基本的に続いている。ゆえに親会社や子会社という、日本のビジネス界に広く浸透した呼び方が野球の世界にも流用された。

その結果、ほとんどのチームが名前にホーム都市ではなく、企業名を冠した。たとえばヤクルトスワローズは東京にホームがあるが、当時はチームを保有するヤクルト本社の名前が入っているだけだった。阪神タイガースも同様で、球場のある西宮市はチーム名に含まれていない。というより、一九九七年のプロ野球一二球団のうち、一一球団が親会社由来のチーム名だった。アメリカ人はこの点を指し、野球の地域密着の精神が理解されていない証拠だと批判する。

しかしよく調べると、それだけの理由でこの慣行を否定するのは単純に過ぎることがわかる。

一九三六年に一リーグ制でNPBが発足してからの八〇年で、球団名の付け方は大きく変わってきた。阪神タイガースなら、親会社はもともと大阪タイガースというチーム名を付けたが、第二次大戦中の一九四〇年に外来語を禁止する政府の方針で、簡潔な〝阪神軍〟への改称を余儀なくされた。それが終戦後の四六年に大阪タイガースへ戻り、六一年まで使われたのち、阪神タイガースとなった。読売ジャイアンツをはじめとする他球団も似た経緯をたどり、近年はホームタウン名を入れる球団も増えている。阪神タイガースは元のチーム名を堅持しているが、〝阪神〟は単なる親会社の名前以上の意味を持つ。詳しくはあとで解説するが、関西と大阪で競争を繰り広げる大手私鉄五社は、グループの事業や自社路線の駅名に社名を添えてきた歴史がある。そのため関西圏の人々にとって、阪神（あるいは阪急や近鉄）は会社名であると同時に、場所を想起させるものでもある。

それでも、球団を親会社が保有する構造は、裕福な個人実業家がチームを保有するメジャーリーグとプロ野球とを分かつ決定的な特徴であり続け、それが多くの問題の呼び水だとするという意見もある。チームは採算度外視の広報ツールで構わないという親会社の方針のせいで、結果を残すことへの危機感が球団に生まれないという指摘だ。球団はグループの顔との認識は根強く、たとえば読売は新聞の購読者にジャイアンツ戦のチケットを抽選等で配っている。こうしたぬるま湯体質とおざなりな経営に拍車をかけるのが、親会社からの度重なる介入、もっと言えば、野球素人の出向幹部が専門的な球団運営の邪魔になる問題だ。理由については、日本社会には内輪のグループをつくりがちな文化があるからだと言う者もいれば、近代日本では会社組織の枠組みが支配的だったからだと言う者もいる。

こうした構造が、日本のスポーツ選手は悲しき〝サラリーマン〟、対してアメリカのスポーツマンはみずみずしい〝夏の少年たち〟という安直な表現につながっている感はある。アメリカ人は〝ボールで遊ぶ〟が、日本人は〝野球をこなす〟という見方。英エコノミスト誌はこう述べる。「アメリカ人にとって、ベースボールは楽しみや驚きである。派手なヒットに華麗なフィールディング、巧みな走塁。対して日本人にとっての〝野球〟は、完璧を目指す絶え間ない修練の道であり、相手を倒すことのみを目的として粛々と進められる」。日本の〝ワーカホリックな〟選手は自分を犠牲にし、規律を守って予定調和的にプレイするのに対し、アメリカのプロ選手は楽しむことが大好きな〝プレイボーイ〟で、スポーツの本来の精神を守っているという考え方だ。

しかしこうした先入観が、もっと細かく興味深い両者の共通点と差異に対する目を曇らせている。MLBをよく観察すれば、ほとんどのアナリストやファンが野球を巨大ビジネスと捉えているのは明らかだ。ロジャー・カーンがブルックリン・ドジャースを「夏の若者たち」と表したのは有名だが、同時にジョージ・ウィルは一九九〇年に刊行された魅力的なエッセイ集に『働く男』というタイトルを付けているのだ。オーナーと選手はいつも金のことを考えている。法廷闘争やストライキも典型的な無垢《むく》のイメージに矛盾する。

アメリカでも日本でも、野球は常にビジネスだ（だからこそプロスポーツと呼ばれる）。コニー・マックやジョージ・スタインブレナーといった個人オーナーと、読売や西武のような顔の見えない企業を対照するやり方は単純で、日本球界にもジャイアンツの正力松太郎や後任の渡辺恒雄、西武の堤義明、阪神の久万俊二郎のような、企業内部で帝王として振る舞いながら球界をつくってきた面々がいる。同様に、企業による保有や経営母体による介入から完全に自由なＭＬＢ球団も存在しない。選手だけでなく職員にも、会社に対する責務と個人の能力や野心との綱引きがあるのは明らかだ。

ゆえに、日本でもアメリカでも選手が労働者であることは変わらない。しかし野球をどんなビジネスと考えているかには大きな違いがあり、この章ではそこを浮き彫りにしたい。アメリカでは常に、オーナーや放映権、球場建設、フリーエージェント、サラリーキャップ、そして契約条項といった財政面が注目され、職場としてのチーム、組織としての球団が検討されることはあまりない。対して日本では、チームは仕事場で、社会的な上下関係とイデオロギー的な権威構造に組み込まれているという明確な認識があり、それが野球の〝プロ性〟の根拠になっている。その意味で、日本の野球選手は単なる労働者ではなく〝会社員〟なのだ。

一九六〇年代中盤から二〇〇〇年代初頭までの約四〇年にわたって、日本国民の関心をほぼ独占してきた二つのプロスポーツチームが読売ジャイアンツと阪神タイガースだ。そして、両者の置かれた立場は明確に異なっている。ジャイアンツには全国でスポットライトが当たり、対してタイガースのスポットライトは、明るさは勝るとも劣らないが局所的だ。ジャイアンツは親会社自体が超巨大企業で、球団収入への依存度は極めて低いが、タイガースの親会社にとって球団は生き残りに欠かせない資産で、タイガースがなければ阪神電鉄が企業として長く存続できたとは考えづらい。また、球団は夢のようなＰＲ素材であると同時に悪夢でもある。読売では犬がしっぽを振るが、阪神ではしっぽに犬が振られている。

フロント　制服組と背広組との交差点

チームに選手を組み込むのは監督だが、そのチームもまた、阪神タイガースという球団に組み込まれ、社長を筆頭とした多数のスタッフによって運営されている。球団は、MLBに倣ってフロントと呼ばれることも多い。

ところが、タイガースのフロントは二つの意味で表の顔ではない。まず、ファンにとっての顔であり中心なのは選手であって、球団職員ではない。選手のほうがはるかに高いステータスと年俸を享受し、フロントは裏方を務める。加えて、フロントは文字通り舞台裏にある。事務所は右翼席下の球場二階にある殺風景な空間で、地味な調度とリノリウムの床、灰色の金属の机を集めた〝部署〟はまさしく日本企業の趣だ。外野席で観戦するファンにフロントの場所を訊いても、知っている人はほとんどいなかった。

職員からは、自分たちの仕事のほうが選手よりも過酷だという愚痴を何度か聞いた。ほかの大企業の子会社と同様、彼らも親会社の厳しい要求や度重なる介入と、ままならない（というよりどうしようもない）チームの出来との板挟みに遭っている。また、かつての野球はスタッフにとっても選手にとっても半年間の仕事で、いまも季節ものの印象があるが、現在の野球は一年間の重労働で、時間的にも空間的にもフロントは選手より余裕がない。

八〇年代には、タイガースは一二球団でも最大規模のフロントを抱え、職員の数は七〇人以上を数えた。九〇年代終盤から〇〇年代初頭にかけては、四つの部署に分かれていた［図2］。ここからは、フ

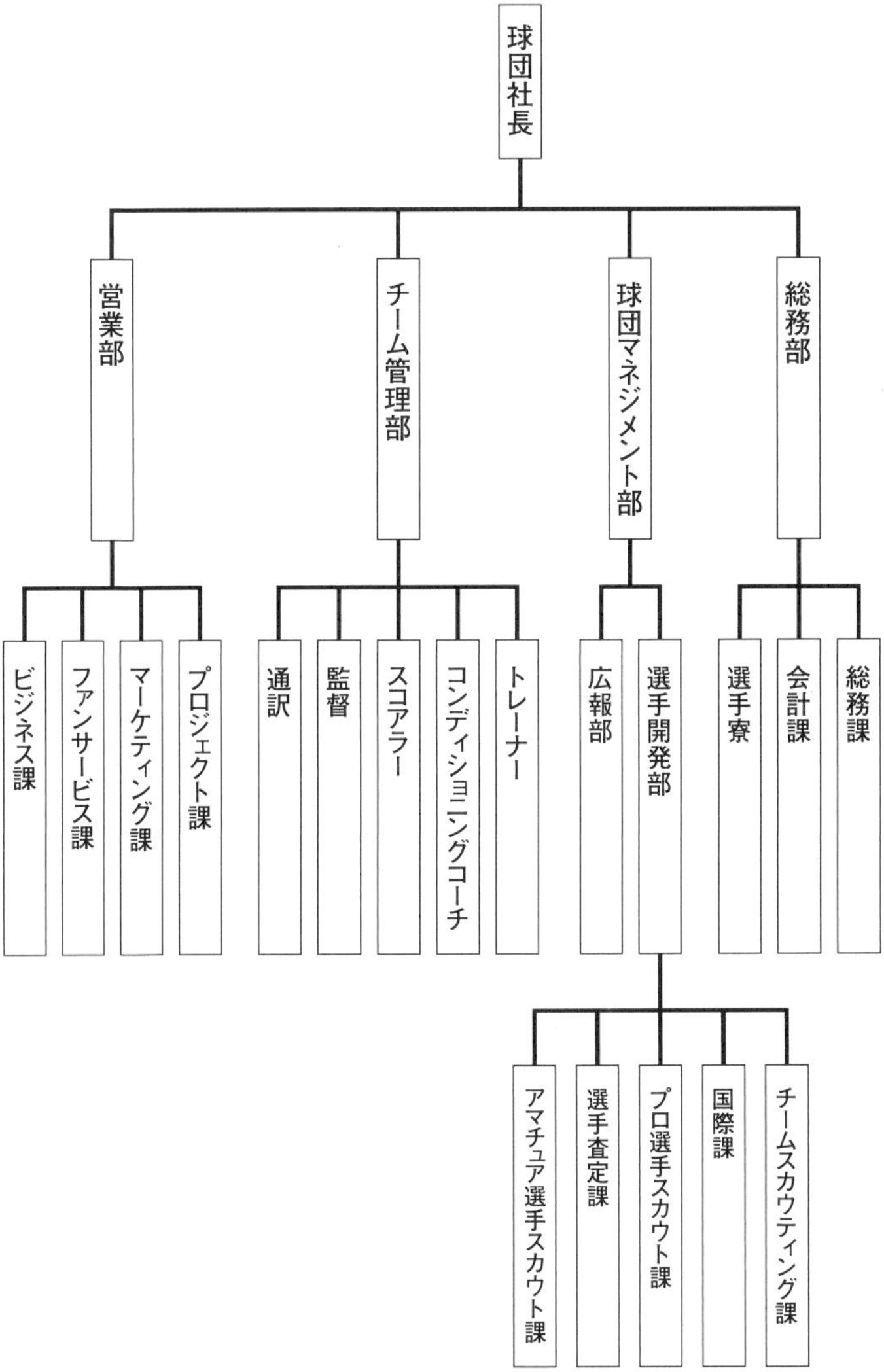

[図2] 阪神タイガースのフロントの組織図（1999年当時）。
著者によるフロントスタッフへの取材に基づいて作成

ロントの企業性を明らかにするために、各部署の構成と役割、部署を構成する課とグループを簡単に見ていくとしよう。

総務部は球団の財政、つまり予算と会計を扱う。あらゆる活動（年俸予算、トレード資金、設備投資など）の最終的なゴーサインを出す部署であり、資金の利用の権限を握っている。親会社とのつながりが最も深く、球団幹部の多くは阪神電鉄で財務関連の中間管理職を経験し、数年間の約束でタイガースに出向（これも日本企業ではよく使われる言葉）してきている。総務には三つの課があり、そのうち総務課と会計課がほとんどの仕事を受け持っている。特に前者は予算案をコントロールしており、大きな力を持っている。

営業部は四つの課に分かれる。ビジネス課は全般的な事務作業を担当し、プロジェクト課は主にテレビ放映権と肖像権を売り込み、チームや選手、監督に関する商業的な取り組みを管理する。両課のトップは親会社からの出向組だ。ファンサービス課では、三人のスタッフのうち二人が試合前のセレモニーやゴルフコンペなどの慈善イベント、年に一度のファン感謝デーといったプロモーション業務を担当していた。選手の後援団体や応援団と球団との橋渡しをするのもファンサービス課で、二体のマスコットとチアガールを採用、管理する仕事も任されている。マーケティング課は定期発行の豪華な会報誌を作成し、球団ホームページを運営して試合の実況速報などをする。最も難しい仕事は、球場のチケット担当者と連携して私設応援団向けにチケットを一括販売することだった。

残る二つの部署は多くの人数を抱え、チームへの影響力も強い。割合に小規模なのがチーム管理部で、ここはプレイの前提となるスタッフのための部署だ。マネージャー（メジャーで言うところの遠征担当)、用具担当、トレーナー、フィジカルコーチ、スコアラー、外国人選手付の通訳一名か二名が所属している。ほとんどはフロントオフィスにデスクを持たず、チームに近い場所に部屋を構えている。中間的な立場であることを示すかのように、ほかのフロント職員のように背広とネクタイを着けるでもなく、選手のようにユニフォームをまとうでもなく、タイガースのロゴが入ったウェアを身に着けていた。

チーム管理部については、特筆すべき課が二つある。まず、タイガースでは近年、五人のトレーナーを抱え、チーフトレーナーは球団に二〇年所属し、アメリカでスポーツ医学を専門に学んだ経験を持っていた。トレーナーたちは日々、選手の持病や急なけがを診て治療を施し(マッサージやスチーム、ジェットバスなど)、試合に向けた準備(テーピングや包帯)を整えさせる。チーフトレーナーは毎試合ベンチに入ってアクシデントに備える。コーチングスタッフ、さらには専属医師との連携も重要だ。

わたしのフィールドワーク期間中、常に話題になっていたことがある。それはプロ野球のトレーナーが総じて専門知識や資格を欠き、古くさいやり方に頼りがちなことだった。この件について論じる資格はわたしにはないのだが、来日してすぐ気づいたのは、トレーナーがチーム内で果たしている緩衝材的な役割の重要性と難しさだった。甲子園やタイガース・デンのトレーナールームに通うと、トレーナーが選手やその心情、体の状態について、このスポーツワールドの誰より幅広い情報を持っていることがわかった。負傷を認めたくない気持ちと受け入れざるをえない気持ち、けがに対する理解と無知とのあいだで揺れ動いている彼らの心をどうケアするかは、けがの治療とはまったく性質の異なる問題だ。選手は首脳陣に（さらには仲間や自分自身にも）けがを隠したがるが、同時に回復も必要としている。だからトレーナーには治療と配慮の両方を求める。その一方で、コーチ陣は選手の状態を正確に把握しなければならず、こちらもトレーナーの選手に関する詳しい知識に期待している。そのためトレーナーはたびたび板挟みになり、選手を思うべきか、チームや球団の利益を優先すべきかで頭を悩ませる。

もう一つ非常に興味深いのがスコアラーだ。スコアラーといっても仕事は得点の記録だけでなく、集めるべきデータは質も量も膨大になる。当時は八～一〇人のスコアラーが所属していて、全員が観察眼や分析力に光るものがあったチームOBだった。試合では、最低二人のスコアラーがバックネット裏の小さな部屋に陣取り、細かく記録を取る。球種にコース、プレイごとの守備陣形。そしてそのデータと、別のスコアラーが撮った映像を合わせたものが、コーチングスタッフのための分析素材となる。残りのスコアラーは、次に当たるチームと次の次に当たるチームの試合に派遣され、同じようなデータを集める。

そのデータをもとに、コーチングスタッフは試合前の入念な準備を行なう。スタッフミーティングや選手を交えた作戦会議はシーズン中ほぼ毎日開催される。チームの中にも、国外の識者の中にも、対戦する五チームの顔ぶれはほとんど変わらないのだから無駄な慣習だという声があった。これに対して一部のコーチやスカウトは、プロ野球ではメジャーよりも登録人数が多く、基礎練習が必要になる機会も多いから、ミーティングの回数も増えると主張していた（そうでないと手持ち無沙汰になるコーチの数も多い）。

そして四つめの部署が、球団内で最も大きな力を持ち、同時に批判と論争の最大の的にもなっていた球団マネジメント部だ。マネジメント部は二つの部から構成されている（部の中に部があるのもおかしな話だが）。広報部の主な仕事は、メディアに対応し、インタビュー依頼を管理し、記事をチェックすることだ。広報担当は五〇年代からいたが、部署として設立されたのは八八年と割合に新しかった。きっかけは、吉田監督の解任騒動が物議を醸し、外へ出す情報を管理する必要があると球団が感じたからだった。広報部には、監督専属スタッフが一人、チームのPRイベントやメディア対応全般（インタビューや写真撮影の許可、放送条件の整理など）を担当するスタッフが二人、そして（参加するイベントやインタビューの割り振りなど）選手担当のスタッフが一人いた。職員は「（ジャイアンツやドラゴンズと同じように）うちは新聞は一紙としか付き合ってませんから」と言ってとぼけつつ、実際には各社横並びの原則（〝平等原則〟と呼ばれていた）を打ち出し、実行していた。

しかし、マネジメント部の主役は選手開発部である。チームを編成し、選手の獲得と査定を行なう一種の人事部だ。ここは五つの職務エリア（組織図で言うところの部）に分かれる。

・チームスカウティング課は、実際には球界に精通した一人の人物を指し、そのスカウトが各球団の全般的な分析を行なっていた。助手に命じてプレスブックなどのメディア向け資料を準備させることも多かった

・国際課には複数の職員が所属し、アメリカとカリブ海諸国を中心とした外国人助っ人のスカウト、獲得を担当していた。当時のタイガースでは助っ人の外れが続いていたため、球団内外から厳しい

批判にさらされることも多かった
・プロ選手スカウト課は、プロ野球球団の選手たちを扱う。主な仕事は他球団とのトレードとFA選手の獲得だった
・選手査定課（第3章の石田たちもここの所属）はタイガースの選手をリアルタイムで査定し、シーズン末の契約更改という大仕事に臨む
・アマチュア選手スカウト課は高校や大学、独立リーグといったアマ球界の選手を評価し、ドラフトした

タイガースのフロントには、こうしたさまざまな役職が配され、上下関係を成している。大所帯だが、仕事内容や分類は他球団のフロント、もっと言えば一般の中規模企業と大差ない。組織図からは計り知れない日々のルーチンワークが多いのも共通点だ。部門をまたいだ会議の連続に、上からの指令、親会社に倣った帳簿管理に予算策定。つまり形式上でも、業務内容でも、タイガースのフロントは実に日本企業的な職場だった。官僚的で、事務的で、親会社とチームとに挟まれた中間組織。負け癖のついたチームと、そのチームに業を煮やして口を出す親会社とのあいだの戦場でもあった。ここからはその親会社を見ていこう。

久万俊二郎　阪神タイガースのオーナー

阪神タイガースの階級組織の最上層部は、外国人からすれば異例の構造を持つ。国外の識者はよく、メジャーリーグの球団が裕福な個人（または家族）によって所有、経営されるのに対し、日本では全一二球団が大企業の所有で、球団を子会社として運営していることを比較する。よくあるのが、メジャーでは（派手好きや無駄遣いのきらいはあるものの）野球の知識と情熱を持った冒険心ある人物が球団を取り仕切るのに対し、日本では顔の見えない企業が遠くから球団を管理しているという指摘だ。そしてそれを格好の材料に、個人主義のアメリカと集団主義の日本というステレオタイプな主張をする。しかし、そこには重要な視点が欠けている。それは、日本の野球組織の上層部にも才能と権威、エゴ、個性を備えた個人が存在していることだ。

タイガースのスポーツワールドはその典型例と言える。選手や監督の入れ替わりが激しいチームとは対照的に、タイガースでは一九八四年から二〇〇四年まで、二〇年にわたって一人の人物が〝オーナー〟を務めあげた。その男こそ久万俊二郎、同時期に阪神電鉄の社長と会長も務めた人物だ。一九八四年秋に就任した久万オーナーは、八五年の日本一を経験する幸運に恵まれたが、その後の一七年間は低迷の要因としてやり玉にあげられ続け、最後は〇四年、ドラフトの有力候補に対する裏金問題が引き金となって辞任した。

オーナーは属性ではなく正式な役職名である。プロ野球球団はすべて法的にも企業の所有物だが、統治の観点から、会社内の一人がオーナーに指名され、オーナー会議の場で球団を代表する。親会社の社長が務めることが多いが、会長（社長よりも上の役職で、通常は社長経験者が就任）のことも、また99めったにないが一般幹部のこともある。プロ野球ではオーナー会議が絶大な権力を持ち、コミッショナーやリーグ会長の権限はごくわずかだ。そして、こうした特権的な個人は確かに会社の利益を代弁してはいるものの、富豪が球団を取り仕切るアメリカのプロリーグとの差は言われるほど大きくない。当時は、久万とジャイアンツの渡辺恒雄が数十年にわたるオーナー会議の二大巨頭だった。

久万は一九二一年に神戸で生まれたが、高校は高知の学校に通った（高知での春季キャンプはそれが理由）。その後は太平洋戦争中に東京帝国大学の権威ある法学部に入学したが、仮卒業扱いで軍学校へ入り、戦争末期に海軍へ入隊した。阪神電鉄には四六年に入社し、三五年をかけて社長に上り詰めた。ほとんどの時期を財務畑で過ごし、球団経営の経験も、野球との縁もほぼ皆無だった。

久万オーナーが、ファンやメディアの批判の矛先が向きやすい人物だったのは間違いない。嘲笑や怒りの的になることもあった。自ら認めていたとおり、野球の知識はほとんどないままオーナーに就任し、メディアでは野球に興味がないくせに口だけはよく出す人物だ、独断専行のきらいがあると批判された。しかし久万オーナーには、チーム強化資金と親会社の本業とのあいだで資金投資のバランスをうまく取っている面もあった。バブル時代の八〇年代中盤にも慎重な経営を貫いた人物として、関西では非常に尊敬されていた。当時は交通、レジャー、小売り、運輸業界の各社が投機に精を出したが、阪神電鉄は久万のおかげもあって、関西を襲った九〇年代初頭の景気低迷をほぼ無傷で乗り切った。労使関係への配慮と交渉の巧みさでも知られていて、阪神電鉄は労使関係がかなりスムーズだという評判だった。グループの社長や会長としては、西梅田から梅田駅西側にかけての一帯を巨大なビジネス・商業エリアとして再開発する壮大な計画を推進した。

久万オーナーの功罪をこの場で評価することはできない。直接話をしたことがないし、九〇年代終盤まで彼が球場へ足を運ぶ機会はほぼなく、そもそも人前へあまり出なかった。メディアは事務所へ書面で質問状を提出し、後日ファックスで（おそらく部下がしたためた）回答を受け取った。というより、親会社の上層部はメディア、そしてこの舶来の人類学者と直接接触するのを避けていた。オーナーの考えを知る数少ない材料は、一九九三年に行なったタイガースに関する長い講演と、日刊スポーツのベテラン記者、寺尾博和がオーナーの退任後に行ない、同紙に七回にわたって掲載されたロングインタビューくらいだ。久万オーナーが表舞台へ出る回数はめっきり減っていき、逆にチームの失敗と球団の機能不全はオーナーのせいだという声は高まっていった。久万オーナーが諸悪の根源なのか、それともタイガースの利益とイメージの陰の守護者なのかはわからないが、それでもタイガースという会社のストーリーの中で、彼が主役を張り続けていたのは確かだった。

阪神電気鉄道株式会社（親会社）

タイガースのオーナーは久万俊二郎だが、もちろん構造的には、球団は阪神電鉄の子会社である。本社の事業は当時も鉄道路線の運営だったが、子会社の事業は交通、小売り、レジャーなど多岐にわたった。それらを総合して阪神グループと称し、かたちとしては〝親〟の下に〝子ども〟が集う家父長制の家族に近かった。

阪神電鉄も、日本ではおなじみの組織構造を取っていた。権力の最上層にいるのは取締役会の会長で、これは社長を務め終えた人物がスライドすることが多かった。副社長は三〜四人で、取締役は二〇～二五人。子会社にも取締役がいるため、日本の企業組織では最も強い社会的紐帯である兼任重役が生まれやすく、タイガースの球団経営もその影響を強く受けていた。親会社の取締役は多くが子会社に幹部として派遣され、タイガースでも七人の役員のうち三人が阪神電鉄からの出向組だった。ただし、ほかの三〇ほどの子会社と違ってその三人が阪神電鉄の会長と社長、そして取締役だったことからも、親会社がタイガースを重要視しているのは明らかだった。

阪神電鉄の企業哲学で、球団に影響する部分は二つあった。交通事業者としての強い自負と、学歴重視の企業風土だ。まず、チームは阪神グループの顔であり、同時に収益とブランド力の最も重要な源泉というのが一般的な見方に対し、親会社の幹部と一部の識者はその逆、つまり阪神グループの要諦は交通事業であり、会社は公共の安全と公共サービスを重んじる保守的なビジネス戦略を旨としていることを主張した。よくある建前にも思えたが、同時にチームをめぐる重要な決断に対する親会社の慎重すぎるほど慎重な姿勢に、そうした性質が反映されて見えるのも確かだった。それを実感したのは二〇〇三年の九月から一〇月にかけて、つまりタイガースが万年最下位からついに抜け出してセ・リーグのペナントを獲得し、関西中がタイガースフィーバーに沸いた時期だった。この時期、タイガース関連のものが一切見当たらない唯一の場所が、阪神電鉄本社のロビーだった。梅田駅を出発し、商店の軒先や道ばたの優勝セールの看板、タイガース一色のポスターの迷宮を抜けて本社まで歩いたが、あらかじめ知らなければ、そこが関西中をお祭りムードに巻き込んでいるチームの親会社だとは気づかなかっただろう。

ロスリーダーか、収益の柱か、はたまたキャリアの墓場か

プロ野球球団を所有するほかの企業と同じように、阪神電鉄もまた、チームを社内の士気上昇や、会社の全般的な〝イメージアップ〟に活用していた。そうした採算度外視のPR商品、すなわち〝ロスリーダー〟として扱われているからこそ、球団は強化に必要な専門知識やリソースを獲得できないのかもしれなかった。しかしわたしは常々、それは非論理的な考えだと思っている。チームが優勝したほうが企業のイメージも上がるはずだからだ。ジャイアンツや八〇年代の西武ライオンズ、九〇年代のヤクルトスワローズ、そして最近の東北楽天ゴールデンイーグルスは、優勝することで親会社に利益をもたらした。しかし、リーグや球団の財政が公開されていないこともあって、球団経営のうまみを判断するのは難しい。

また、タイガースはこのテーマの研究に向いていない。阪神電鉄は他球団の親会社とは比べものにならないほど小規模で、球団の収益とタイガースのブランドへの依存度が極めて高かったからだ。冒頭で述べたとおり、球団は阪神電鉄という犬を振り回すしっぽだった。

球団が親会社の利益（あるいは損失）にどれだけ寄与しているかを算出するのも難しい。タイガースのスポーツワールドにまつわるあらゆる事柄がそうであるように、球団経営も学者や記者の関心を惹く一方、確たる資料を欠く。球団は株式会社ではあるが、株は非公開で、財務の流れを追いづらい。阪神電鉄も、子会社との資金のやりとりを明らかにしていない。野球球団の場合、収入の中心は入場料収入と放映権、ダイレクトマーケティング、商標登録をしている商品のライセンス料になる。しか

しながら、入場料収入は本社の〝事業部〟に属する甲子園球場にも分配され、割合や理由は明らかにされていない。

収入のほとんどを子会社が保持していることから鑑《かんが》みるに、球団自体の採算は、球団経営に附随して生じる総収入と比べればそこまで重要ではないと思われる。肝心なのは、タイガースが甲子園でプレイし、そして甲子園に多くの人が集まることで、交通機関として阪神電鉄の列車やバス、タクシーが使われることだ。タイガースと甲子園は、みなに愛されているイメージのほうに大きな価値がある。こうした資産は、日本シリーズを制した一九八五年、あるいはセ・リーグ優勝を飾った二〇〇三年と二〇〇五年のタイガースのように、莫大な収入をもたらしうる。一九八五年の日本一が阪神電鉄にもたらした収入は、一説では四億ドルにのぼったと言われる。

タイガースがグループの中心であることから、わたしは当初、球団への出向は理想のエリートコースなのだと思っていた。ところがすぐ、企業内外の人間が逆の捉え方をしていることに気づいた。タイガースはグループの顔ではあるが、成功時よりも失敗時に注目される。それゆえ出世街道を邁進したい若手エリートにとっては、そうしたかたちでスポットライトが当たることは避けたかった。彼らは花形である交通やマーケティング、土地開発でキャリアを築きたいと思って入社し、その部門に配属されることを期待した。若手管理職の中には、タイガースへの出向を命じられたものの、それに大反対する父親が社内の知り合いにはたらきかけ、結局人事が辞令を撤回した者がいたそうだ。

記者や職員が言うには、出向組の多くが日本のビジネス用語で言うところの〝窓際族〟なのだという。とある記者たちは、出向組は〝運輸〟専門の社員か、または〝秘書〟の中から選ばれると明言していた。前者は鉄道路線の敷設《ふせつ》や改善を担当し、うしろ暗いところがあるのだという。毎日新聞で長く記者を務めた玉置通夫によれば、トラブルがあればルートを変更できるバス会社と違い、鉄道路線は可能な限りまっすぐ敷くことを求められるため、駅や沿線の開発プロジェクトは融通が利かない。立ち退きを拒否する人はなんとか説得しなくてはならないし、問題が起こっても軽々しいルート変更は不可能だ。タクシー事業も事故やけがによる保険請求のリスクがあり、百貨店の建設や年次株主総会の開催（もっと言うなら、小口で株を買って株主総会に姿を見せる悪名高い〝総会屋〟）にもプレッシャーがある。つまり、そうした事業を担当する人間、あるいは上司の尻拭いを求められる秘書は、結果として反社会勢力、具体的には関西中に存在する暴力団とのつながりが疑われるという。

こうした主張の真偽も確かめようがないが、興味深くはあるし、タイガースという仕事に深みを与えるエピソードであり、本書のテーマにも関連する。個人的には、阪神電鉄と久万オーナーには二つの絡み合った特徴があると考える。一つめは、親会社が公共サービスである点を非常に重視していたことだ。日本の私鉄各社は、「社会的責任を負った民間企業であるべし」という保守的な考え方を持っている。ＪＲや公営の交通事業者と異なる、競争力と収益力を兼ね備えた民間企業のイメージを打ち出すと同時に、市民の足という特別な社会的責任を負った企業の自負を持っている。だからイメージを守るために安全性と効率性、繊細なマネジメントを強調する。おそらく阪神電鉄もそうした強い使命感を抱いていた。

久万自身も、バブルに浮かれず保守的な姿勢を堅持した人物として知られていたし、労使交渉の手腕も評価が高かったという。また社長や会長として、梅田駅周辺の再開発に大規模な資金を投じ、オオサカガーデンシティ（戦前に流行った田園都市構想を彷彿《ほうふつ》させる名称）として結実させた。久万オーナーの財布のひもが固かったのは、どれだけタイガースが関西で人気で、会社のイメージに貢献しようと、周囲が思うほど親会社のチームへの関心は高くなく、出せる資金も限られていたからではないだろうか。

ところが同時に、親会社による度重なる介入もタイガースの永遠のテーマだった。選手間、あるいは選手と監督、フロントとのいさかいの裏には、たいてい親会社の存在があるようだった。フロントや親会社の職員からよく聞いたのは、球団の構造改革が急務だという不満だった。おそらく、わたし相手なら不満を漏らしても公にならないと思ったのだろう。公にしたいならメディアに話すはずだ。彼らの名誉のために言っておくと、みなただ不満を言うだけではなく、自分なりの改善案を持っていた。

実際に行動に出る者もいた。またしても最下位フィニッシュが濃厚になりつつあった一九九九年シーズンの終盤、ベテランフロントの一人が、自分たちから見たタイガースの問題の要因を書面にまとめ、三好球団社長に渡したのだ。コピーは渋られたが、最終的には一緒に話をしながら見せてもらえた。人事の問題を正確に把握し、さらに具体的な解決策も示したものに思えた。スコアラーが集めるべきデータの種類を増やし、フロント主導のキャリアパス教育を若手選手へ施し（コーチは野球は教えられるが、若手は人間性の面でも甘く未熟だという意見）、スカウトの業務を刷新し、通訳やスタッフの質を上げ、給料や就業時間のシステムをもっと妥当なものにする——。若い職員はサービス残業をしていた。「労力と才能、報酬が釣り合っていないんです」そう主張する彼に対し、わたしは大企業にあるような本物の人事部、つまり採用と教育、長期的なキャリア形成を担当する部署が球団にも必要だと返した。彼はうなずき、「ビジネス」を担当する職員は一人だけだとこぼした。

プロ野球球団は営利企業として経営されてきたが、会社の体裁を取るようになったのは一九六〇年代終盤から七〇年代前半にかけてと割合に最近だ。職員の数や部署、仕事は増えていったが、論理的に拡大したとは言い難い。企業組織ではあっても、その定型にのっとっていることはほとんどない。その難しさはファンにとっては魅力となる一方、球団をマネジメントし、採算の取れる経営をしたい人間にとっては不満の種となっていた。

背広組VS制服組 組織図の裏にある社内政治

官僚的な組織内の人間関係は、当然ながら組織図に沿って築かれるわけではない。必ず非公式な人脈図があり、そしてそれは組織図の権力の構造とは大きく異なっていることが大半だ。阪神タイガースにも複雑な社内政治がある。親会社、フロント、チーム首脳という三つのヒエラルキーがあると同時に、各層の内部にも緊張と層をまたいだ派閥がある。一九九七年なら、久万オーナー、三好球団社長、吉田監督、そして一枝修平ヘッドコーチという親会社、フロント、チーム首脳をつなぐ派閥があった。大学閥もあった（神戸大学と早稲田大学がとりわけ巨大）。

タイガースには深刻な内部分裂があり、それが七〇年代以来の内紛とフロントの肥大化につながっていた。わたしはこれを〝背広組〟と〝制服組〟とのギャップと呼んでいる。契約更改にスカウティング、トレード、ドラフト戦略、練習日程、遠征の手配、助っ人の獲得、広報戦略、マーケティングなど、両者はさまざまな面で主導権争いを繰り広げる。最終的な決断を下すべきは、野球歴に秀でたチーム関係者か、それとも学歴に優れるフロントか。身体能力や野球頭脳と、ビジネス経験や学業成績を兼ね備えた人間はほとんどおらず、それゆえどの仕事を制服組に、どれを背広組に割り振るかは難しい。年俸提示も、トレードも、ドラフトも、どれも〝野球的〟であると同時に〝ビジネス的〟であり、異論反論は永遠になくならない。

報酬や知名度の逆転現象も事態を悪化させる。選手は一般の会社組織に当てはめるなら平社員だ。にもかかわらず、〝上司〟たるフロント以上の注目を集め、高い給料を受け取っている。またフロント自体も、部署や課の違いによって分断されている。重要なのは、フロントには実質的に四タイプの職員がいたことだ。

- 親会社の正社員。二年から五年の期間限定の出向組で、予算や財務を取り仕切る
- 子会社である球団の正社員。元選手もいれば、選手経験のない者もいる
- 年単位の契約で働く球団職員（秘書や用具係、トレーナーなど）
- 期間契約で働く球団職員。ファンサービス担当や、季節性のある仕事の担当者

こうした違いが原因で、フロント内部には親会社と子会社、あるいは上からの指令とビジネス感覚と野球脳とのせめぎ合いが（繰り返し）生まれる。

社内政治には、学歴中心主義などの保守的な風土も表れていたようだ。タイガースを含め、複数の子会社へ出向した経験を持つある幹部は、阪神電鉄は（東大や京大などの）一流国立大学の卒業生を最重要視する傾向が顕著だと言っていた。次に好まれるのが有名私大（早稲田、慶應、同志社など）で、その下にややランクの落ちる国立大学、関西の公立大学（大阪府立大学など）、そして最後に大多数の私大（立命館や関西大学）と続く。彼によれば、同志社や早稲田、慶應の出身でも出世は部長クラスが限界なのだそうだ。

名門大学の卒業歴が重視される文化は、当然ながら学歴で劣る選手やフロント職員への態度に表れる。球団スタッフも出向組を「お上」と呼んでいたそうだ。阪神タイガースは隔絶と分断、軽蔑の渦巻く明確な上下関係に根ざした企業組織だった。オーナーや幹部は甲子園の観客や選手、それどころかフロント職員にとっても顔の見えない存在だった。アメリカの多くの球場にはオーナー席があって、本人の姿がはっきりと見えるが、甲子園では違う。親会社の幹部はバックネット裏の小さな部屋で試合を観戦する（何回か入ったが観やすいとは言い難く、見える範囲も狭ければ、音もほとんど届かなかった）。久万オーナーはめったに表に出ず、選手ともたまの行事以外では顔を合わせなかった。

日本の会社は、アメリカ企業ほど役職クラスと平社員とのあいだに壁をつくらないと言われる。たとえばメーカーでは、社員はみな作業着をまとい、幹部クラスも一般社員に交じって仕事をする。しかし、プロ野球球団の運営は違った。親会社にとって球団は子会社であり、同じ職場の一部では決してなかった。

第6章

スタンドの観客たち
――ディープなファンとライトなファン

「ふう！　また何事もなくシーズンを終えられました！　えらいホッとしましたよ。肩の荷が下りた気分ですわ！」

——右翼席のとある応援団の団長、藤田憲治が、一九九七年のシーズン最終戦後に口にした言葉

「お前らはゴミや！」

——球場関係者がタイガース私設応援団のメンバーに言い放ったとされる言葉

大阪と関西の人々は、主に四つの方法で阪神タイガースを追い、応援する。現地で観戦する、ラジオを聴く、テレビで観る、ニュースを読む。甲子園に欠かさず駆けつける熱心なファンの中には、ロード遠征中でもテレビ観戦はせず、翌朝の新聞で結果と内容を確認するだけの人もいた。しかし多くはテレビで観て新聞にも目をとおし、たまに球場で観戦するというように、四種類のメディアを自由に組み合わせてチームを応援する。

タイガースのスポーツワールドに参加する方法はほかにもある。各種応援団の一員になって球場で応援する、タイガースファンの集まる呑み屋で試合を観戦しタイガース談議に花を咲かせる、ネットのチャットルームを訪れる、タイガースものの漫画を読む、グッズを集める等々。そしてマニアから〝一見〟のファンまで、熱量や傾倒ぶりはさまざまだ。そして関西全域に消極的なファンとも言うべき人が数多くいる。ある人は「なんとなく」という言葉でその感覚を表現した。

わたしが関西で出会い、言葉を交わしたファンの話を総合しても、タイガースに愛着を抱く理由はそれぞれだった。一つには親しみやすさと近さ。タイガースはいつでもメディアに取り上げられ、試合が毎日テレビで流れ、ほとんどの選手を知っている。また一つには、両親や知り合いがタイガースを応援していて、自然とファンになっていた流れ。応援は地域や街、関西への愛情表現で、タイガースは地域のために「戦う」関西の代表だと感じる人たちもいた（この点はのちほどまた取り上げる）。試合そのものより甲子園での濃密な体験を楽しんでいる人たちもいた。

この章では、そうしたタイガースワールドへの多種多様な関わり方と、チームへの愛着をもたらす感覚的体験とそのかたち、人と人とのつながりを探索しよう。こうしたファン文化の類型は大衆スポーツに共通するし、米メジャーリーグやカリブ海諸国のリーグはもちろん、ほかのプロ野球球団にも当てはまる。それでもタイガースファンには、何度も驚かされた特筆すべき点が二つある。一つが甲子園でのお祭りムードの重要性で、甲子園のファンにとっては試合結果と同じくらい、試合中の出来事や観戦スタイルが満足感の源泉となり、常連は自分に甲子園の雰囲気をつくり出す資格や義務があると感じていた。連戦連敗のつらさを雰囲気を楽しむことで埋め合わせようとしているだけだと皮肉る者もいた。ある意味で正しい指摘（ファン自身も認めていた）だが、それでもわたしは、それ以上の何かがあると思っている。

そしてもう一つが、試合以外の部分へのすさまじい情熱だ。試合の周辺には、選手とコーチ、フロント、親会社、ＯＢといった人々の無数のエピソードがあり、それが（事実かは別にして）毎日の新聞やニュースで色鮮やかに描き出される。すでに話したように、タイガースは野球の試合の物語であると同時に、職場の関係性の物語でもある。おもしろいのはこの二つの特徴、つまり甲子園での感覚的体験の醸成と、複雑で終わりなき球団の物語の堪能とが、メロドラマという共通のトーンを持つことだ。祭り、ソープオペラ、メロドラマ。この三つが、一九九〇年代から二〇〇〇年代初頭にかけてのタイガースワールドを理解するカギとなる。

まずは球場そのものから始めよう。ここがタイガースワールドの物理的な中心であることは説明したとおりで、甲子園では毎晩、二人の監督の決断に従って選手が行動を起こし、試合が展開される。しかし甲子園にはもう一人、甲子園を埋め尽くす五万五〇〇〇の大観衆を統制していた個人がいた。その人物の名は森谷一夫。はじめて会った一九九六年には七五歳で、いつもライトスタンドの右端に坐っていた。タイガース私設応援団の本部長を二〇年にわたって務め、毎晩六時きっかりにやって来ては、腕を振りながら立ち上がり、「行けぇ！」と叫んでいた。そして彼の指示に、スタンドに散った団員が呼応した。大音量の応援歌が始まり、そしてその瞬間から、私設応援団はゲームセットまで球場の音を支配した。

当時は列車の駅を降りて甲子園に向かうと、メインの入場券売り場で二五〇〇～三五〇〇円で内野席の券が買えた一方、外周をぐるっとまわってスタジアムの裏手に行くと、そこにも小さめの売り場があり、外野自由席の券を一四〇〇円で買えた。そして裏門をくぐって入場すると、そこにはライトスタンドという別世界が広がっていた。

そこは阪神タイガースの各種応援団の領土だった。団員はスタンドを埋め、左翼席や〝アルプス〟スタンドにもあふれていた。タイガースのグッズやモチーフがそこかしこに踊り、黄色と黒のフェイスペイントやはっぴ、シャツ、ユニフォーム、はちまきの海がうねっていた。キャップをかぶった全員が小さなプラスチックのメガフォンを打ち合わせ、「かっとばせ」という便利な言葉を使いながら選手に大声援を送っていた。「かっとばせ、山田！」「かっとばせ、桧山！」「かっとばせ、和田！」

こうした派手で熱狂的なファンの解釈について、アメリカの記者や訪日客は、選手や監督、オーナーと同様、ある種の定型にはめて考えてきた。観光客はただそのスタイルを楽しみ、一方で専門家は、ノンストップで騒ぎ続ける彼らのせいで野球を〝正しく〟楽しめないと愕然とした。そして両者ともに、やはり日本人は集団に溶け込み、狂信的と言えるレベルまで指示に従わないと安心できないたちなのだとよく口にした。ところがスタンドにじっくり腰を下ろして応援に耳を傾け、ファンの話を聞くと、もっと複雑なタイガースファンの在り方が見えてきた。

「かっとばせ！」がすべてではない　統制の取れた応援の数々

甲子園の応援について、確かにわたしも最初は、やたらうるさいだけでなく一本調子だという印象を抱いた。選手が誰かにかかわらず、太鼓の音に合わせて「かっとばせ、や・ま・だ！」「かっとばせ、ひ・や・ま！」「かっとばせ、ま・こ・と！」と叫んでいるだけに思えた。しかし徐々に、歌詞やリズムに差があることに気づいていった。

「かっとばせ」の繰り返しは誰にでも使える最も基本的な応援だが、プロ野球の主力選手には専用の〝応援歌〟がある。応援歌は選手が打席に入ったときに始まり、終了とともに止む。投球数やファウル数は影響しない。出塁した際はそれを称えて短い別の応援が入る。たとえば桧山進次郎が適時打を記録したなら、「タイムリー、タイムリー、ひ・や・ま!」と叫ぶ。

それに付随するのがラッパと笛、太鼓、西洋式のバスドラム、フラッグ、横断幕を使った息の合った大音量の応援だ。パートごとに決まった立ち位置とオーケストラ的な役割があり、太鼓の演奏陣は下方の最前列に、トランペットとバスドラムは上方に陣取り、巨大フラッグ担当は最上層で、前の席の観客の頭をかすめるような高さで巧みに旗を振る。選手名の書かれた横断幕は、上段と下段のあいだの通路に掲示する。枚数は選手一人につき一枚までと決まっていて、その権利は選手ごとに個別の応援団に割り振られていた。

試合全体のリズムを左右する大がかりな応援もあった。たとえば試合前の応援と、試合開始時の選手名のコールには特定のパターンがある。相手投手が降板する際は「蛍の光」で送り出し、ラッキーセブンのタイガースの攻撃ではみなで勇ましいファンファーレに合わせて声を張り上げ、それから無数の風船を飛ばす。そして勝ったときは、立ち上がって各種の応援歌をひとしきり歌ったあと、テーマソングの「六甲おろし」と万歳三唱で締めくくる。

それは(欧州サッカーのような)バリエーションと調和を兼ね備えた応援で、一本調子の退屈なものなどではなかった。打者から打者、イニングからイニングへと応援歌がスムーズに切り替わる流れが、試合終了まで続いた。確かに歌詞はありきたりで、選手を英雄視する言葉に凡庸《ぼんよう》な激励の文句を組み合わせたものだ。洗練性と独自性はあるが絶賛はしたくない。それでも、ライトスタンドの応援の意図や効果を無個性で退屈な反復だと断じるのは明らかな間違いだ。

こうした絶え間ない声援は、自分たちが試合に積極的に関わっていることの表明だった。ゲームの中心である本塁から一〇〇メートル近くも離れた外野席に坐っていると、細かな投球や球審の判定を追う、あるいは内野席のように試合そのものの熱を共有するのは不可能だ。そこで外野のファンは応援を通じて〝ムードメーカー〟として試合に参加する。ムード〝リメーカー〟と言うべきか。彼らの応援は、静と動が入れ替わる野球本来のリズムを、声とジェスチャーを使った継続的なリズムで覆う。試合のリズムをインターバルからフローへ変換（というよりは移行）する。こうした積極的な関与が、ファンの役割やアイデンティティーでは重要だ。

そこにはもっと深遠な構造が隠れていると指摘する者もいる。スポーツ社会学者の高橋豪仁は、タイガースと広島東洋カープの応援のリズムを研究し、そこにある「三・七」の拍子は中世の農業歌に通じると主張した。それらが五穀豊穣《ごこくほうじょう》を願う神への祈りなのに対し、二拍の文言や歌は、神から人間世界への警句なのだという。高橋は、少なくとも象徴的には、応援歌は選手のためのものであると同時に、神聖な存在へのメッセージであると結論づける。チームに代わって勝利の女神へ祈りをささげる行為が応援歌だというのだ。

この説について、「かっとばせ」と桧山を促す観客に意見を訊いたが、賛同はほとんど得られず、むしろ否定的と言ってよかった。無理もない。彼らの応援はもちろん桧山に向けられたものだ。それでも、勝利の女神は日本に浸透した考え方であり、応援歌と神への祈りに象徴的なつながりが隠れているという主張は、完全に的外れとは言いきれない。

タイガース私設応援団の沿革――ただ坐っているだけではない

もう一つ、甲子園の外野席を訪れてすぐ気づくのが、不特定多数のファンの一体感だ。その場にいる全員が、黄色いジャージを着て白い手袋をはめた最前列のリーダーの指示に一斉に呼応しているように思える。そしてこの第一印象に隠れがちだが、タイガースの応援団は、長い歴史と近年の関西の状況に応じた緻密な構造を持っている。

関西の文化史に詳しい人なら、一七世紀や一八世紀の〝手打連中《てうちれんじゅう》〟をご存じかもしれない。手打連中とは、一般市民から成る特定の歌舞伎俳優の応援組織だ。揃いの衣装や座布団で団結した彼らは、息の合ったかけ声や複雑な拍手のパターンで登場する俳優を祝福した。劇場前や寺社の境内、往来などで対立する団体がいさかいを起こし、取っ組み合いの喧嘩が始まることも多かったという。

とはいえ、野球の応援の原点はそこにはなく、スポーツそのものと同じく海外に由来する。二〇世紀初頭、早稲田大学と慶應大学の野球部がアメリカへ遠征し、そこで現地の大学生の（特にアメフトの）応援に感銘を受け、使っているパターンや道具を詳細に書き留め、帰国後に自分たちの応援に採り入れた。やがて応援団は一つの部活動として独立し、激しくも規律正しい応援を通じて愛校心を示す伝統は、日本の高校や大学に広く受け継がれている。

詳しくは第8章で解説するが、その後の一九三六年、大企業の協力のもとで国内初のプロリーグが発足した際、学校野球というアマチュアリズムの理想に慣れ親しんでいた一般大衆は、金のために野球をするという考え方に不安感と不信感を抱いた。そうした懐疑の声を払拭すべく、各チームが学校野球から拝借したものの中に、組織立った応援団体（後援会）があった。当初の構成員は親会社の職員で、タダ券を渡されて球場へ向かい、旗やメガフォン、応援歌で会社のチームを後押しした（もっとも当時の記録によると、球場へ足を運んだ観客のほとんどは後援会には所属していなかったそうだ）。

現在のタイガースの各種応援団は、さらに時代を下った七〇年代中盤にルーツを持つ。それに先立つ六〇年代は、プロ野球の訴求力が拡大し、全国で視聴者や読者を獲得した時期だった。ナショナリズムの高揚と高度経済成長、テレビの普及によって都市部での〝大量消費〟が加速した。中でも野球は、スポーツ紙の大量創刊や人気野球漫画、何より六五年から七三年にかけてのジャイアンツのV9の勢いにも乗って大いに盛り上がった。テレビと読売新聞の全国規模の販売力を活用して、ジャイアンツという組織とその成功は、企業礼賛型ナショナリズムと経済復興の象徴となった。長嶋茂雄は日本一の有名人だった。

ところが肝心の球場、特に労働者階級の多い外野席は、テレビのゴールデンタイムの放送には向かないガラの悪い場所のままだった。一般の観客や非公式の応援団に賭け屋とヤクザが交じっていた。試合中の賭けは当たり前で、少なくとも一部の観客の関心（そして怒りの向く先）はそこにしかなかった。泥酔や喧嘩は日常茶飯事で、対立する胴元グループのあいだのいざこざも多く、観客がグラウンドへ乱入して審判や選手に話しかけることすら珍しくなかった。朝日新聞のベテラン編集委員の岸本千秋からは、彼がまだ若手だった五〇年代や六〇年代と比べれば野球ファンもずいぶん「品がよくなった」という言葉を何度も聞いた。往時のタイガースファンは相手チームのファンとよく殴り合い、気に入らない選手には容赦なく、試合後にはビールをダグアウトのほうへまき散らし、石をグラウンドへ投げ込み、客席で新聞を燃やしていたという。

岸本らが言うには、そうした状況が変わるきっかけになったのがテレビだという。テレビ局と球団、そして一般のファンは、映像を観てその印象の悪さを思い知った。そして関係者の話を総合すると、一九七四年を端緒《たんしょ》に八〇年代まで続いた努力の甲斐あって、九〇年代末には普通のファンがスタンドで協力し合うのが当たり前になったという。こうして観客席は反社会勢力のものから一般のファンのものへ戻り、ファン層が拡大し、試合への関わり方も変わった。

こうした観客の振る舞いの正常化と、日本社会全般が規律を取り戻していった流れとのあいだには、多少の関連性があるように感じる。当然だが、終戦直後の日本は混乱の極みにあった。五〇年代には労働組合が決起し、六〇年には日米安保の改定に反対する大規模デモが起こった。六〇年代にはベトナム戦争反対の学生運動が活発化し、七〇年代には不買運動や若者の暴走族化、成田空港建設をめぐる反対運動などのかたちで社会への不満が噴出した。これらと当時のスポーツ界隈のガラの悪さに直接的なつながりがあるとは思わないし（スポーツは政治とは無関係だ）、そうした主張も見かけない。しかし同時に、企業や政府にとって球場の治安は悩みの種であり、大規模な暴動はなんとか阻止したいと思っていた。そして甲子園球場で何より驚きなのは、球場に集う群衆の関心やエネルギーを自在に操っていたのが、スタッフや球団ではなく観客自身だということだった。

わたしが通っていたころの甲子園で言えば森谷一夫だ。早稲田出身、タイガース一筋の生粋のファンで、甲子園駅から一〇分ほどの沿線の駅近くで夫人と小さな呑み屋を経営していた。長いカウンターがあるだけのその店は、地元ファンのたまり場であり、タイガース情報の宝庫だった。シーズン中のホームゲーム開催日は夫人が店を切り盛りし、旦那のほうはスタジアムに駆けつけていた。

一九七三年、森谷は仲間とともにのちの〝阪神タイガース私設応援団〟を設立する。目的は、スタジアム中に散らばる小さな応援団を一つにまとめ上げ、頻発する暴力事件を協力して阻止し、「不祥事」ばかりの球場という評判を覆すことだった。最初は各団体が自分たちの流儀にこだわり、なかなかうまくいかなかった。七五年二月には、猛虎会や若虎会などが合流して私設応援団を自称するようになったが、人数は合計わずか一二〇人だった。ライトスタンドで存在感を示せる人数が集まったのは、しばらくあとの一九八〇年。その年に阪神タイガース私設応援団を正式に発足させ、団則を定めた。

外野とアルプススタンドをまとめるうえで、大きな障害になったのが全域が自由席だという点だった。協力しようにも一般の観客がまぎれていて、また酒が入っていることもあって小競り合いや取っ組み合いがしょっちゅうだった。ヤクザも完全に排除されたわけではなく、よくトラブルを起こした。そこで彼らは、通路際や横断幕をかける手すりのそばの席など、一部の席を団員で占めることにした。

私設応援団が勢力を増す大きなきっかけになったのが、一九八五年の史上初の日本一だった。関西はタイガース一色に染まり、入場券は入手困難になった。そしてシーズンが進むなかで客席の無秩序ぶりを憂慮した球場は、右翼席の一部を私設応援団に優先的に一括販売することを決断する。これにより、個々のファンにとっても、各種応援団にとっても、私設応援団に所属するメリットが生まれた。

そして九〇年代終盤までには、私設応援団は洗練された組織に成長した。構成する応援団は北海道から沖縄にまで広がり、四支部と四五の加盟後援会を合わせた団員数は一万人を超えた。球場での上下関係と管理の仕事を兼ねる役職の数は一〇〇以上にのぼった。加盟団体のあいだを取り持つ役もあれば、応援の音頭を取る役もあり、森谷翁の肩書きは統括本部長。その名のとおり、甲子園での出来事すべてを取り仕切るトップだった。指揮系統としては、彼の下に統括副本部長と統括副部長がいて、五人の副団長、リーダー長、二人の副リーダー長と続く。団長は実際に応援の音頭を取る六六人のリーダーを束ね、鍛え、評価する。その下には、隊長とトランペットや太鼓などの演奏陣がいる。年齢も地位も性別も驚くほどさまざまだったが、どの団体も上層部は圧倒的な男社会だった。六六人のリーダーの中にも女性は二人だけだった。

しかも、ライトスタンドの応援組織は彼らだけではない。私設応援団に加盟しないグループは以前から存在し、そのうちの二十数団体が集まって、八〇年代後半に第二の巨大応援組織、中虎連合会を設立していた。私設応援団との関係はおおむね良好で、森谷氏ら何人かはこちらの顧問も兼ねていた。また、かたちとしては非加盟だが私設応援団に協力してくれる団体が全国に二〇〇ほどもあった。

こうして、ライトスタンドには整然とした社会と指令伝達の仕組みが確立されていた。応援を先導するのは、最前列に立つ黄色のユニフォーム姿の私設応援団の〝黄ジャージ組〟だ。任期は二年で、異動は多い。彼らの下につくリーダーと演奏陣は、試合の前には必ず近くのお寺の境内で練習する。選手の応援歌制作も私設応援団の特権だ。近隣大学の音楽科で教鞭を執る人物など、何人かの顧問から素案があがってくると、何段階ものミーティングを一年にわたって重ねながら案を検討し、承認する。

中虎連合会は右翼席とアルプス席の中段に陣取り、私設応援団とともに横断幕や旗を管理していた。旗振りを含めた応援の内容は、二団体とスタジアム職員が相談して決めた。九二年ごろまでは試合中ずっと旗を振り続けていたが、ほかの観客の迷惑になるだけでなく、団体ごとの特徴も出せないということで、相談の結果、一部の選手の打席や試合の特定のタイミングで振る形式となった。

このように、甲子園のライトスタンドには、時間的、空間的広がりを持った社会構造と、二〇年の歴史を有する複雑な組織が存在していた。客席に秩序をもたらすべく設立されたのに、トラブルの種との批判を少なからず浴びていたのは皮肉な話だ。私設応援団の憲章には、阪神タイガースを愛し、整然と秩序ある応援をなすという応援団の意義が記されていた。日本一有名な球場という私的かつ企業的な空間を取り仕切るには物足りない、あいまいな文言だったが、それでも私設応援団はルールの執行者として、観戦体験を都会的にするべく奮闘していた。

声をからすだけではない　応援団の社会性

応援団のもう一つの隠れた特徴が、そこに熱狂と静寂が交互に訪れる脈拍のリズムがあることだ。具体的には、チームの攻撃回には応援して、守備時には休むのが甲子園の基本的な流儀になっていた。打席に立つ選手の応援歌はあっても、守備時の応援歌はなかった。好守に拍手が起こり、相手のホームランにため息や野次が出ることはあるが、ロードチームの攻撃時には応援の主導権は（人数のかなり少ない）左翼席のファンへ移行した。

ではその間、タイガースファンは何をしているのか。もちろん、食べて飲む。プロ野球の試合はほとんどがナイターで、甲子園では六時スタートが通常だった。ほとんどの観客は仕事先から直接やって来るため、甲子園は夕食の場にもなる。次の攻撃に備えた準備も行なわれるが、ほとんどの人はおしゃべりに興じる。各回の表は会話や情報共有の時間だ。ファンは応援団仲間と談笑し、あるいは別の団体と交流して、褒め合い、うわさ話を交わし、交渉をする。ライトスタンドの住人の多く、特に中小企業の関係者にとって、応援団や野球の試合はスナックや居酒屋のかわり、つまり会社のお金で酒を飲みながら交流を深める職場と自宅とのあいだの空間だった。グラウンド上でのアクションが〝インターバル〟に入っている際は、スタンドの時間もこうして緩やかになった。

中虎連合会に加盟していた平均的な応援団体、浪虎会を例に取ろう。九〇年代終盤から〇〇年代初頭にかけての浪虎会には二〇〇人ほどの有料会員がいて、多くは神戸本部に所属していたが、京都、岡山、名古屋、東京、富山にも支部があった。どこもタイガースが年に数回は試合をする場所で、各支部には訪れた団員をもてなし、席を確保する役割があった。甲子園では、会として一〇席を一括購入し、残りはメンバー個々で席を買い、中段の通路沿いを持ち場にしていた。桧山と山田勝彦の応援は浪虎会の担当で、トランペットが二人、太鼓が一人いた。最上段の通路にも巨大な旗を手にした経験豊富な団員が控え、桧山と山田の打順で旗を振っていた。

当時の会長である藤田憲治は、外洋船に修理部品を供給する神戸の小さな会社の五〇歳の社長だった。一〇人いる社員の何人かにチケットを渡し、ミニバンに乗せて会社から一時間かけて甲子園へやって来ていた。入場前に気に入りの店で夕食がわりの食材や飲み物を買い込むと、代金は毎試合一万円ほどにもなったが、会長は自腹を切ってそれを支払っていた。

団員の中には、航空会社やトラック会社、あるいはほかの船舶部品会社など、仕事で付き合いのある人たちが何人もいた。多くの応援団体がそうであるように、浪虎会もビジネスでの関係を維持する場であり、関西経済の中心である中小企業では特にその傾向が顕著だった。一方で、スタンドには大物の姿もあり、浪虎会のすぐ近くには大企業や大組織が母体となった団体もあった。

応援団は、人脈づくりに適している一方で負担も大きかった。野球はシーズンの長さも試合時間も限られるから、酒量や飲食代は一定の範囲内に抑えられる。しかし同時に、先ほどの藤田会長のような小さい会社の経営者にとって、活動はすこぶる効率が悪い。甲子園へ定刻どおりに着くには五時ごろに会社を閉め、車で甲子園へ向かって途中で食材を仕入れなくてはならない。帰宅も真夜中近くになるから、本人たちも認めるとおり、翌朝は始業からバリバリ働くというのは難しい。本人は、そうした日は年にたったの（！）六五日で、試合のない日は七時まで働いて埋め合わせすると言うが、食費や移動費はかさむ一方だ。滞りない運営の重圧もある。社員の中には義務感から試合に参戦している者もいたし、会長本人も、団員や周囲が安全で楽しく過ごせるよう、いつも気を配っていた。シーズン最終戦が終わったあと、一緒に大阪の繁華街へ向かい、団員の一人が経営する飲食店での打ち上げに加わらせてもらったが、藤田は明らかに安堵した様子だった。章の冒頭で紹介した「何事もなく」という言葉は、チームではなく、自らの団体にトラブルが起こらなくてよかったという意味だった。

とはいえ、浪虎会の全メンバーが仕事のつながりで結ばれているわけではなかった。ヤマハの音楽教室で電子オルガンを教えているという二〇代の女性もいれば、清掃員だという三〇代の男性、ＪＲの車掌、大阪の大学生たち（トランペットとバスドラムは彼らの担当）もいた。共通点は、定期的に甲子園へ参戦していること。明確な基準はなかったが、年に三〇試合休む人間は、団員資格を失い会が確保している座席の利用やロード遠征への合流、甲子園の外で開催している行事への参加などができなくなるという話だった。

ほかには、近所付き合いから生まれた団体や女性だけの団体など、別の社会的紐帯に基づいた団体もあった。浪虎会のそばには、団員の大部分が〝テキ屋〟、つまり市場や祭りを巡回して屋台を出す露天商（ヤクザとつながりがあると言われる）だという団体もあった。各地を巡るという仕事の性質上、この団体はいつも人手が足りず、浪虎会の助けを借りて横断幕や旗を掲示していた。藤田は、近くの団体のお金のなさそうな若手にビールや食べ物を振る舞うこともあった。一九九七年後半のある試合では、ある団体の会長が、親子だという二人の団員をほかの団体のメンバーに紹介し、息子のほうの結婚式の招待状を配ってまわっていた。一九九五年の阪神・淡路大震災では、私設応援団と加盟団体が（多くは大きな）被害に遭った会やメンバーに物資を届け、金銭的な援助を行なった。

こうした人付き合いの重要性は一見わかりにくいかもしれない。それでも応援団は、観戦のジレンマを解決する一つの手段だった。人々は甲子園を訪れてタイガースに声援を送り、感情を昂《たか》ぶらせる。試合は常に興奮と失意のジェットコースターだ。一方で観戦は、仕事のストレスを発散し、気持ちをリラックスさせる機会にもなる。攻撃時は激しく応援し、守備時は次のイニングに備えて静かにおしゃべりするというリズムが、意図的なものだったかはわからない。それでも甲子園のファンにとって、ライトスタンド参戦は感情の発露と静かな交流を両立させる格好の手段だった。そしてこの二つが組み合わさることで、ローレンス・グロスバーグが言うファンの時空の「感情的感覚」が形成されていた。応援のリズムは、グラウンド上のプレイからかけ離れていると同時に密接に絡み合っている。

内か外か——応援団の立ち位置

ファンとはその名のとおりファナティック、つまり熱狂的な人間であり、日本ではマニアとも言う。マニアはある種の病気と言ってもいいが、一方でそれは、情熱の対象（たとえどうしようもないチームであっても）に全身全霊を捧げる人間も指している。熱狂的なタイガースファンを指す〝トラキチ〟という言葉には、サッカーのファンを指す〝サポーター〟、あるいは〝ラ・フェデ・カルチスティカ（サッカー信仰）〟にも通じる深みがある。

ところがそれと矛盾するかのように、タイガースのファンはチームの失態やミスに厳しく、期待外れの行為には容赦しない。選手やコーチ、球団関係者は、こうしたファンの手のひら返しに右往左往する。結果が出ないと応援をボイコットされることもあった。

甲子園の観客は野次の激しさで有名で、応援の大音量の中でも汚い言葉が聞こえてくる。単刀直入な荒っぽい言葉（「吉田、お前はアホや！」「はよ出て行け！」）から、ウィットの効いたものまで、関西弁のさまざまな野次が、歌舞伎の手打連中のかけ声を思わせるタイミングと頻度で浴びせられる。ヘックリング・リサーチグループは、一九九四年の甲子園で飛び交った野次を集めた〝野次集〟を発表している。注釈付きの詩集のように、発された日付と瞬間が記載され、元の日本語とともに状況や言葉の意味が解説されている。

スポーツのファン文化は、愛着と無関心、長い忍耐と即時の満足が奇妙に組み合わさって成立している。ファンがどちらを向いているかは明らかではないし、少なくとも常にどちらかということはない。忘れてはならないのは、甲子園に集結するタイガースファンが組織立ってはいても根本的には球団から独立していた点で、だからこそ〝私設〟という言葉が入っていた。他球団では状況が異なり、たとえばジャイアンツはファンクラブの手綱をしっかり握っていたし、セ・リーグファンの粗野なイメージに驚いたパ・リーグ球団のファン組織は、リーグ事務局が承認、管理するパ・リーグ六球団応援会をつくった。

対して甲子園では、応援団と応援団、あるいは警備員や球団とが小競り合いを繰り返していた。三者が持ちつ持たれつの関係だったのは間違いない。応援団は球場からの便宜を期待していた。中でもライトスタンドの六〇〇〇席が団体へ優先的にブロック販売されたのは大きな特権だった。そしてその見返りに、応援団はテレビの映像やラジオの音には不可欠な球場の彩りや背景を提供した。

ところがその派手で騒々しい存在感は、球団にとって厄介でもあった。応援団のせいで一般客の足が遠のき、マーケティング努力がふいになることがあった。甲子園のライトスタンドは完全な異空間であり、警備員の力の及ばない応援団の自治領だ。先に述べたとおり、各団体のトップと球団職員は定期的に話し合い、横断幕の掲示や座席の確保、旗振り、飲酒、応援団特権などのルールを話し合ったが、一方で球団は、決して応援団と深く関わろうとはしなかった。たとえば一九九六年、わたしがはじめてフロントへあいさつに行った際、「応援団とコンタクトを取りたい」と言ったところ、自分たちはファン組織とはなんのつながりもないから自力でなんとかしてくれという、そっけない返事をされた。章の冒頭で引用したような、もっと率直な意見を持っている者もいた。

クーラーボックス問題が、両者の緊張を如実に物語っていた。甲子園ではクーラーボックスに酒の瓶や缶を入れて持ち込む行為が（空き缶などの投げ込みが続いたため）禁止されていたが、実際には何人もの応援団員が酒やビールを詰めたクーラーボックスをさげて入場し、警備員の前を歩いていた。試合が始まれば開けっぱなしで通路に置かれ、喉を潤すことや接待に使われていた。何か問題にならない限り、球場側は大目に見ていた。試合が終わると球場関係者がやって来て、各応援団の団長に「協力」への感謝を述べてさえいた。

メディアに対しては、応援団は不信感や敵意に近いものを抱いていた。特にラジオやテレビはファンに対して、自分たちに都合のいいドラマの登場人物であることを求めていた。甲子園ではカメラがスタンドをパンし、各所に設置されたマイクが応援の声やため息、野次を拾う。そのなかで、組織的な応援団は、常にテレビ向きな〝画《え》〟をくれる存在だった。しかし応援団はそれを誇りにしつつ、同時に自分たちが放送局に体よく利用され、誤解されていると感じていた。テレビでは、団員ではない人物の滑稽《こっけい》で荒っぽい振る舞いが特定の団体と関連づけて報じられることがあった。私設応援団には、メディアから何か要請があった際は必ず黄ジャージ組に話をとおすようにという規則があったし、許可なく映されることを嫌がる者もいた。

暴力沙汰にもつながりかねない、こうした緊張の度合いを測るのは難しかった。ライトスタンドに三シーズン合計で五〇回以上坐るあいだに、ファンどうしの喧嘩は三回しか目撃せず、その際もすぐに球団関係者が止めに入っていた。トラブルの割合は、日曜午後に試合のあるNFL平均よりも大幅に低かった。それでも、ごくまれに起こる事件を球場も応援団も非常に気にしていた。たとえばわたしがタイガースの観察を始めた一九九六年の六月一日、五月以降のスランプに怒ったタイガースファン五〇人が、ロード遠征中の選手の宿泊先を取り囲んだことがあった。食事のためホテルを出る選手に文句を言い、エレベーター近くの選手を捕まえて脅した。八月のとある負け試合のあとには、酒に酔った応援団員が入場券売り場の外で警備員を殴った。失意のシーズンを通じて、ファンは藤田監督やフロントを繰り返しなじった。九八年五月の横浜ベイスターズ戦では、無得点で迎えた八回に外野席のタイガースファンがゴミやボトルを投げ込んで試合が中断。終了後には五人がフェンスを乗り越えてグラウンドへ降り、外野を走り回って観客を煽った。その二日後には、怒ったファンが球場を離れるチームバスにメガフォンを投げつけ、普段から熱くなりがちなジャイアンツとの次のシリーズでは、警備員の数が二〇〇人から二五〇人へ増員された。その後はこれといった事件は起こらなかったものの、タイガースの最下位が決まっていたこともあって、スポーツ紙はファンの蛮行を否定的に取り上げた。

盛り上がりすぎるのも問題だった。たとえば一九九七年八月のスワローズ戦の試合後、うだるような暑さのなか、阪神ファンでぎゅう詰めの梅田方面への列車に乗っていると、応援団員とおぼしき若者の一団が発車直前に駆け込んできた。そして周囲が表情をこわばらせるなか、自分たちと一緒に歌えと言い、車内のほぼ全員を巻き込んで二一分間ぶっとおしで応援歌を歌い続けた。タイガースの選手の応援歌をひとしきり歌うと、今度はスワローズへの侮辱が始まった。そして「甲子園ではウェーブが禁止されてるからここでやろう」と言って、再び車内のほぼ全員で三回か四回ウェーブを行ない、ジャイアンツの選手や長嶋監督、読売新聞（「トイレの紙くらいにしか使い道がない」）、読売系列のテレビ局（「アホテレビ」）を攻撃し始めた。それから次の対戦相手のベイスターズをこき下ろす歌を歌い、列車が目的地に到着するころにはみなで元気よく「梅田、梅田、梅田」と叫んだ。列車を降りた一団は、足早にプラットフォームを抜けると、改札の外の開けた場所で最後に各種応援歌をもう一度歌ってから散っていった。駅の係員と乗り合わせた黄ジャージ組は、少し困ったような表情で、何かあれば割って入る構えを見せていた。

こうした出来事が頻発したこともあって、応援団は一般の観客や甲子園の運営会社、球団から距離を置かれていた。事件に発展した暴力行為や挑発はなかったし、団員が右翼席を精力的に警らしてメンバーの行動に目を光らせていた。重大事件が起こっても、犯人は応援団員ではなかった。その一方で、応援団はチームと成績への不満をはっきり口にし、態度や行動で示した。つまり応援団は、インサイダー（〝内〟）でもなければ、アウトサイダー（〝外〟）でもなかった。ファンという生き物（一部の人類学者も？）の常で、彼らは二面性を持った参加者にして観察者であり、一般の観客より情熱的でチーム愛も強いが、チームそのものからは明確に独立している。

応援団の自浄努力もむなしく、外野席にはまだ犯罪のにおいが残っていたし、ちょっとしたいさかいや軽犯罪はいつでもあった。座席の優先的な割り当てが、転売を目論む暴力団の関与にもつながっていた。九〇年代はチームの低迷もあってそこまでおいしい商売ではなかったが、優勝した二〇〇三年以降は暴力団の関心も強まったようで、いくつか深刻な事件が起こって応援団の勢力図も大きく変化した。そのあたりは最後の第10章で取り上げよう。

応援団のその先

甲子園のライトスタンドの住人は、タイガースのファン文化の中心だが、チームを応援する人間はスタジアムの外、それこそ関西の隅々からその先にまで広がっていて、その様子はボストンのフェンウェイ・パークを首都に、ニューイングランド全域に住人が散らばる〝レッドソックス国《ネイション》〟によく似ている。もちろん、中心たる外野席の応援団は特別だ。人数で勝る内野席は、音量も統一感も外野にはかなわない。そしてもちろん、いつもチームを追いかけるファンでも、スタジアムを訪れるのはほんの一部でしかない。ほとんどの自称ファンは甲子園をめったに訪れず、テレビやラジオ、あるいは出勤や帰宅の合間に読む新聞など、それぞれの手段でチームを追う。メディア（特にテレビとスポーツ紙）の登場によって、観客の行動と在り方との乖離《かいり》が生じ、前者はスペクタクルにつながるが、後者は間接的な傍観者しか生み出さないとする説は数多い。特にテレビは〝地元〟のアイデンティティーを崩壊させ、ファンが応援するチームを「ころころ変える」要因をつくったと批判される。万能に近いメディアの登場で、ファン文化が大きく損なわれたという主張だ。

わたしとしては、その意見には賛同しかねる。確かに、仕事から帰った夜七時半、居間で冷たいビールを片手にごろごろしながらテレビでタイガースを観る一家の主人、あるいは満員電車に揺られながら、通勤途中に好きなスポーツ紙で応援しているチームの前夜の試合のニュースを読みふける会社員のファン体験は、甲子園に毎日駆けつける浪虎会のメンバーの体験とはまるで別ものだ。しかしそれは、テレビや紙媒体を通じた体験が、生観戦の濃密で、直接的で、自発的な体験に劣るという意味ではなく、メディアを通じた体験は性質が異なるという意味に近い。アンドルー・ペインターが日本のバラエティー番組について述べたように、テレビ観戦からも、生観戦に似た「準濃密な」体験は生まれる。テレビなら投手の真うしろから試合を観られるし、複数のカメラアングルやリプレイ映像も楽しめる。解説者のコメントも独り占めできる。スポーツ紙のドラマティックな記事なら、色鮮やかな写真、印象的なかたちと大きさの文字、各種エピソード、スタッツ、サイドストーリーなど、ニュースというよりは漫画に近い体験が味わえる。

応援団、お祭りムード、そして第二の都市のプライド

「ベースボールは教会に似ている。多くの人が訪れるが、意味を理解している人はほとんどいない」

——サンフランシスコ・ジャイアンツの元捕手で監督も務めたウェス・ウェストラムの言葉

球場は教会だという比喩は、ウェストラム自身が思うより適切かもしれない。教会通いと同じで、球場での試合観戦も、いろいろな感覚を刺激し、さまざまな味わい方ができる。教会を訪れる理由はさまざまだ。賛美歌に説教、祈り。外へ出ること自体が目的の人もいれば、礼拝後の交流が目的の人

もいる。宗教の核は、集団での儀式にあるのか、それとも個人としての内省にあるのか。（教会や寺院、モスクなどの）聖なる場所を定期的に訪れなければ信心深いとはいえないのか、それともほかのかたちでも信仰は示せるのか。

こうした疑問は、スポーツ界のジレンマにも通じる。甲子園でジャイアンツ戦が開催されれば、五万五〇〇〇人が客席を埋め、数百万人が全国津々浦々でテレビやラジオを通じて試合を視聴する。放送はほとんど追わないという人も結果は気にしている（もしくは気にしているふりをする）し、世間話が始まればタイガースを持ち出す。そしてもちろん、関西の住民の中にも（少数派だが）地域のほかの二チーム、あるいは関西以外の球団を応援している人もいる。タイガース、野球、スポーツにまったく関心のない人もいる。本物の〝トラキチ〟から〝一見〟の観客、さらにはまったく無関心な人まで、興味と熱意のレベルは当然ながら多種多様だ。

阪神タイガースのスポーツワールドは、そうしたもろもろの人々を包み込む。そのカギとなるのが応援団だ。タイガースのスポーツワールドには、正式なメディアとファン組織という、実質的には二つの媒体《メディア》がある。そして、グラウンド上での試合と関西全域の公的、私的な空間をつなげ、タイガースに熱を上げている人も、そうでない人も巻き込んでいく結合組織としての応援団の重要性は、正式なメディアに勝るとも劣らない。

甲子園のファン（あるいはタイガースファンを論じる人々）は、よく〝祭り〟という名詞と〝盛り上げる〟という動詞を使ってスタジアムの雰囲気や流儀を説明する。祭りは日本の信仰生活、あるいは地域の社会組織の根幹を成す行事だ。神社仏閣が関連していることが多く、特に年に一度の祭りは寺社が中心となって盛大に執り行なわれる。キリスト教のさかんな地域で行なわれる聖人の日の祝い事と同様、パレードや饗宴《きょうえん》、祈祷《きとう》が伴い、パレードでは神様を安置した神輿《みこし》が男たちの肩に担がれ、地域を巡回する盛大なものになる。みながよく知る踊りが始まると、厳粛な雰囲気は一転して賑やかな、ほとんど荒々しいものになる。その目的は、参加者の心を掴み、その瞬間に夢中にさせることだ。盛り上げるとは、祭りの雰囲気をつくり出し、維持することを指す。

甲子園の試合と祭りが似ているのは明らかであり、そしてその意味は存外に深いと感じる。寺社での祭りと同様、球場はスポーツの聖域たるグラウンドと社交の場たるスタンドの融合した空間であり、観客の関心は、プレイとおしゃべりの両方に向いている。応援歌やユニフォーム、ジェスチャー、一体感が、なじみ深い祭りの雰囲気をつくり出していく。リーダーや太鼓叩き、ラッパ吹きは、祭りで神輿を担ぐ男たち、あるいは踊り手たちと同じ重要な役割を担っている。リーダーはほかの観客を代表して声を張り上げるのではなく、試合に没頭することを求めて音頭を取る。

そして、お祭りムードは失意の中でも維持される。甲子園の観客がむっつり押し黙ることはほとんどない。試合内容に関係なく野次を飛ばすだけの者もいるが、応援団は常に大挙して甲子園を訪れ、悲惨なシーズンの最後の月まで足を運び続ける。率先して盛り上げ、グラウンドのチームに失望させられることはあっても、自分たちはスタンドを失望させたりはしないという姿勢を示す。おそらく彼らは、チームのためというより阪神タイガースというもっと大きな存在のために行動している。

甲子園の体験を関西全域へ波及させるうえで、最後にもう一つ重要なのが、関西の派手好きな文化の介在だ。応援団や売店の店員のはっぴスタイルに、食べ物、横断幕、応援のパターン、グラウンドへ降り注ぐきつい関西弁の野次などは、どれも関西文化の彩りであると同時に根幹でもある。

高度な組織と自主性を備えた応援団が七〇年代から八〇年代にかけて発展したのは、荒くれ者やヤクザ、賭け屋といった体験を台無しにする連中から球場を取り戻すためだった。その後、応援団はテレビの要求に応じながら派手で元気な、しかし規律正しい観客の在り方を示し、野球中継の人気拡大に一役買った。無意識のうちに、関西の目立ってなんぼの文化を応援や行動に取り込んでいった。彼らの独立性を、チームとフロント、親会社はよく思わなかったが、それでも渋々ながら球場と観客をまとめ、時間を管理する役割を応援団に任せた。九〇年代には、球場とフロントもスタジアムMCやマスコット、チアガール、そして電光掲示板など、自分たちなりの仕掛けを導入したが、応援団にはかなわなかった。

その自主性は、主導権やアイデンティティー、当事者意識、チーム愛の面で、言い換えるなら応援団が阪神タイガースのスポーツワールドに居場所を確保するうえで重要だった。また、球場体験を地域に波及させるためにも欠かせなかった。日本語には〝一体感〟という言葉がある。自宅で、夜の宿直室で、街のあらゆる場所でナイトゲームを視聴していると、アナウンサーの実況と解説者の分析の向こうからファンの発する音が聞こえてきて、それが遠くのファンをプレイや観客とつなげていく。しかし、そうしたつながりがあるからタイガースは特別なのではない。特徴的な球場と観客、球団の歴史的事情という土台、そして域内に広く浸透した派手好きな文化などが組み合わさることで、このスポーツワールドは、ファンが重要な役割を担う特徴的な構造を成している。

わたしは冒頭で、スポーツファンのアイデンティティーには、スポーツの性質に根ざした矛盾する二つの側面があり、それが決定的に重要な意味を持っていると述べた。ホームとロードという大会の構造と、ホーム球場が一か所に固定されている事実が、チーム間のライバル関係と地元愛を強める。チームを応援すれば地元愛は増すが、逆もまた然りだ。観客は、自分が大阪人で、タイガースが大阪のプライドの担い手だからという理由でファンになることもあれば、タイガースファンになることで大阪人としての誇りと自覚を深めていく場合もある。応援団も、メンバーと知り合いだったからという理由で入団する人もいれば、応援体験を通じてメンバー間の絆を深め、維持する人もいる。

そうしてタイガースは、一人勝ちの東京に対する関西の誇りと気概の象徴になってほしいという、人々の膨大な想いの受け皿となっていった。残り二チームはどちらも成績はよかったが、パ・リーグの所属ゆえ、タイガースのように年に何十回もジャイアンツと対戦することがなかった。詳しくは第9章で取り上げるが、六〇年代以降の日本の情勢を語るうえで欠かせないのが、関東と関西のパワーバランスの急変、特に関西が経済の主導権を東京へ譲り渡し、政治経済の両面で存在感を減じていったことだ。そのなかで、地元の識者も、一般のファンも、さまざまなレトリックを駆使して両者の対照性を示し（東京VS大阪、お上VS地元の商人、国の冷淡さVS地元の誇り、巨大な有力企業VS脆弱な小企業）、そしてそれが象徴的に凝縮されて表れたのが、タイガースとジャイアンツのライバル関係だった。

その対抗意識は、敗北の克服というスポーツの普遍的課題への回答にもなる。試合では選手とファンの半分が、シーズンでは一チームの選手とファンを除いた全員が負ける。であるなら、それだけ頻繁に〝負ける〟ものに自身のアイデンティティーを委ねるのはなぜだろう。これもタイガースに深く関わる問題だ。何しろこのチームは、(ジャイアンツとは逆に)五〇年にわたって手ひどく失敗し続けてきた。タイガースが成功を収めていたプロ野球黎明期の三〇年代や四〇年代は、大阪そのものが東京と対等だった。しかし戦後の数十年で大阪の力は目減りし、合わせてタイガースの運命も暗転していく。多くのファンが、それを必然であると同時に不当だと感じた。だから、リーグを席巻するジャイアンツ(つまり東京)への敵愾心《てきがいしん》を強め、さらにジャイアンツに挑む気骨も、財力も欠けているように思える阪神電鉄も批判した。タイガース応援団の特徴である保守的な自主性は、そうした複雑な感情から生じていたのだ。

第7章

プレス席の中
――スポーツ日刊紙と主流メディア

スポーツファンにとっての一番の憧れ（そして最も実現困難な夢）は一流選手になること、そして二番目はスポーツ報道の関係者になることだろう。ファンにとって、選手や監督と毎日関わり、彼らを間近で見て、試合やスポーツの世界を人々に伝えること以上におもしろい仕事などそうはない。しかしそうした夢想家のファンは、スポーツ記者という仕事の過酷さを忘れがちだ。日々の苦労、目の回る忙しさ、上下関係、そしてあいまいな倫理観などはあらゆるスポーツメディアに共通する。

もちろんそれは、阪神タイガースを追う多様なメディアにも見て取れる。ラジオにも、テレビにも、インターネットメディアにも、さらにはアニメや漫画にも。加えて、タイガースのスポーツワールドの構造的特徴が、報道や解説のプレッシャーとジレンマを強める。そこでこの章では、記者やアナウンサー、解説者といった、このスポーツワールドのある意味で主役と言える者たちの仕事とその舞台裏を探ろう。彼らを媒体《メディア》と呼ぶ、つまりタイガース野球を視聴者や読者に伝えるだけの受動的な存在と捉えるのは間違いだ。彼らの仕事はもっと幅広く、中間者としてのタイガース野球の一部と言っていい。スポーツメディアこそが、タイガース野球を意義深いものにしている。

そして、その方法は驚くほど多岐にわたる。スポーツメディアには、もちろん新聞記者やテレビ、ラジオの実況、カメラマンがいるが、ほかにもウグイス嬢やカメラクルー、編集者、漫画家、詩人、小説家、映画監督といった人たちがタイガース野球をかたちづくっている。そしてそれぞれの媒体が、レイモンド・ウィリアムズの言う「感情の構造」を明確に持ち、それに基づいて対象を記述し、オーディエンスを惹きつけ、維持する技術を磨いている。もちろん、観客や視聴者、聴取者、読者といった属性は重複する場合もある。それでも、同じ一人の人物にとってさえ、球場での生観戦と、混み合った呑み屋の隅に置かれたテレビでの観戦、夜遅くの帰宅列車でイヤフォンをつけてラジオに耳を澄ます行為、そして翌朝コーヒーを飲みながら新聞記事に目をとおす行為は、それぞれまったく異なる聴覚的、視覚的、触覚的体験を生み出す。そして多くのファンがこうした複合的な体験をしていることで、タイガースを構築するメディアの力は増していく。

最も重要なのはテレビだと思う人もいるだろう。何しろ関西では、多くの人が甲子園へ足を運ぶよりもテレビでタイガースを追い、またテレビ放映権はスタジアム収入と並ぶ球団の収益の柱となっていた。それでもわたしは、タイガースのスポーツワールドの中心メディアはテレビではなく、スポーツ日刊紙だと主張したい。試合のデータから説得力ある論説、扇情的《せんじょう》なネタまで、タイガースにまつわる一切合切を網羅するのはスポーツ紙だった。

タイガースのスポーツワールドは、甲子園球場を物理的な中心に、周囲へ広大な世界が広がっている。また競技という意味では、一軍選手が主演俳優となり、その周囲を多数のバラエティー豊かな脇役たちが固めている。それとまったく同じように、タイガース野球をさまざまなかたちで解釈し、ストーリーとして語る媒体としては、スポーツ紙が渦の中心にある。この章では、スポーツ日刊紙がどう中心を担っているかを探るとともに、各種メディアに共通する報道の仕事の基本を紹介しつつ、スポーツ紙とラジオ、テレビを中心に各メディアの比較もしていこう。

これから解説するが、各種メディアはそれぞれスポーツを提示し、伝える上で独特の感性を有している。どれも試合だけでなく、グラウンド内外でのあらゆることを話題にする。新聞はタブロイド式の扇情的な文章表現と、漫画式の豊かな写真や図表、それに統計表のごとき細かなデータを組み合わせて活用する。テレビは球場全体よりも、選手や監督の試合中のアクションや、個人個人の動きに視聴者を寄せる。クローズアップ映像、複数アングルからの撮影、リプレイ映像といったものが、時間と空間を凝縮していく。対照的にラジオは一つの流れ、つまり聴覚に頼って、本来は極めて視覚的なはずの情報を伝達し、だからこそ聴く人の想像力を絶えず刺激する。優れたラジオアナウンサーの声は、聴く者を夢中にさせ、自分が球場にいるような感覚を呼び覚まし、維持する。

タイガースの番記者

甲子園球場の記者席《プレスボックス》はまさしく〝箱〟だった。そこは何列もの簡素な木の机と、金属の折りたたみ椅子が詰め込まれたバックネット裏の空間で、下の一般席とは低い木の柵で区切られているだけだった。オリックス・ブルーウェーブのグリーンスタジアム神戸の記者席は、バックネット裏上方の設備の整った部屋で、ガラス張りで空調も効いていたが、甲子園の記者席は七〇年前の姿をほぼ保っていた［写真3］。だからメディア関係者は、タイガースの試合に特徴的な濃い雰囲気や、観客をはじめとする外界の要素と直に接することができた。刺激的な場所だったが、五感を激しく揺さぶられるのは仕事の面では痛し痒しだった。わたし自身、七月や八月にノートに汗をしたたらせながら、あるいは一〇月の肌寒い晩にかじかむ手に息を吹きかけてメモを取りながら、そこに何度も坐った。ほっと一息つけるのは、金属の踏み段を下って裏にある小さな共用スペースに降りたときで、空調はなく、粗末な机があるだけだったが、記者たちはそこで身を寄せ合いながらたばこをくゆらせることができた。

［写真3］阪神甲子園球場、バックネット裏の記者席。著者撮影

記者の一日は選手と同様に長く、試合のずっと前に始まる。テレビとラジオのスタッフ、新聞の番記者の第一陣は昼前に甲子園へ到着し、選手やコーチを捕まえたり、フロント事務所の記者室（設備は共用スペースと大差ない）に立ち寄ったりする。午後早くには新聞のカメラマンとテレビのカメラクルー、解説者、スポーツ紙の特集記事担当が現れる。タイガースのグラウンド練習が始まる二時ごろには、夕方のテレビ番組の解説者がやって来て、最終的には平均で五〇人以上、大一番ではそれ以上の数のメディア関係者がグラウンド周辺にたむろする。

仕事の進め方は、会社によって大きく異なる。夕刊向けに取材や写真撮影を行なう者もいれば、午後や夕方のテレビ番組用にコメントを取る者も、テレビやラジオの生放送の担当者もいる。記事用に試合のレビューや解説、データ収集、図表作成、写真撮影を行なうスポーツ紙の関係者もいれば、夜のテレビ番組向けに台本を書き、映像をまとめる者もいる。

試合の長文記事を任されている者もいれば、試合後のインタビュー担当者、翌朝の朝刊に必要なデータと図表、写真を集める者もいる。こうしたもろもろが、記者どうしの激しい競争と不承不承の協力、そしてたまの結託のなかで進められる。彼らの仕事の多種多様ぶりには驚くことばかりだった。目的は一緒なのに、全国紙の番記者とスポーツ紙の記者、ラジオのアナウンサー、グラウンド脇のカメラマン、テレビ局の解説者の役割と仕事はこれ以上ないほどバラエティーに富んでいた。

球団や観客とメディアとを分かつ特徴としては、メディアにとって試合は順調（波乱なし）で、短く（厳しい締め切りに間に合わせるため）、接戦で（目を引く見出しをつけやすい）、重要なもの（編集者がスペースをもらいやすい）であるのが理想だということだった。朝日新聞運動部の編集デスクは、だいたい八〇行、五〇行、三〇行の三種類でタイガースの試合の記事をつくり、試合の進行に合わせて三人の番記者と連絡を取り合い、各試合を比較しながらどれくらい文面を割くかを決めていく。対してスポーツ紙にスペースの奪い合いはなく、タイガースは常に一面で、二面以降でも大きく扱われる。それゆえ試合展開を考慮しながら、ベテラン記者と番記者のリーダーが、仲間たちと相談しながら一番魅力的なストーリーを考え、試合中に仕事を割り振っていった。

試合の中盤までには、一人が一時公開、八時締め切りのレポートを慌ててまとめ、ほかの面々もノートPCにかじりついて仮の見出しと序盤の試合内容を整理し、適切なストーリーラインを検討する。多くが自前のスコアブックをつけ、中には前日のセ・リーグ各試合のデータを書き写し、シーズンの全試合の記録をつけている者もいた。時間の浪費でしかない驚きの習慣にも思えた（試合が終われば公式記録はすぐ手に入る）が、彼らが言うには、前日の試合を思い出しながらスコアをつける作業は、記事のストーリーを考え、試合を別の角度から分析するのに有効だとのことだった。

メディアにとって最大の恐怖は延長戦で、そうなった場合、誰もがすさまじい締め切りの重圧に追われる。同点で迎えたタイガースの九回裏の攻撃を記者席で何回か眺めたが、そこにはダグアウトや客席と同じサスペンスが満ちていた。チームがサヨナラ勝ちを収めれば追加のスペースがもらえる。しかしたいていは無得点に終わって延長にもつれ込むことが決まり、席からはうめき声と皮肉めいたコメントが漏れるのだった。

関西のスポーツ紙は、域内の各競技をさまざまに扱っているが、タイガースの番記者は花形であると同時に最も過酷だ。関西メディアにとってタイガースは天の恵みだ。タイガースが親会社という本体を振り回す尻尾なら、メディアは手綱を握る飼い主に近い。球団がうまくいっても、いかなくても、メディアにはありがたい。しかし、そのありがたみにはほろ苦さが伴う。当時の番記者は、勝利のスリルを祝福する記事より、つらい敗戦を詳述した記事を書かなければならないことのほうがはるかに多かったから、多くが明るい記事を書きたいと漏らしていた。古参記者は一九八五年の日本一を思い出して郷愁に浸っていた。

タイガースメディアで特筆すべきは、記者クラブの組織、そして解説と評論でOBを極端に重用する傾向だ。日本では、取材対象の共通する各社の記者が寄り集まって記者クラブを組織するのが通常で、人気スポーツの場合は競技ごとではなく地域ごとに分かれていた。一九九〇年代終盤の関西運動記者クラブには一〇〇人以上が登録していて、他地域に拠点を置くメディアの地方通信員もいた。

役員は各社持ち回りで、タイガースでは、球団広報と交渉してデスクスペースを割り振り、取材ルールを遵守《じゅんしゅ》させる役割を担っていた。記者クラブ会長には通常、毎日の監督インタビューを仕切る特権が与えられていた。カメラマンやテレビクルーにもクラブがあり、撮影の際に着用する襟章《えりしょう》は、選手や球団職員と同じ〝関係者入り口〟から入る際の身分証がわりにもなっていた。

そしてタイガースメディアのもう一つの特徴が、解説者にチームOBが非常に多いことだ。タイガースワールド内の回転ドアと言ってもいいだろう。第3章で述べたように、当時の日本では、プロを経験した選手が指導者としてアマ球界に戻ることはできなかった。そこで非常に狭き門である監督やコーチの椅子を狙う元有名選手は、引退後もタイガースに関わり、知識を深めながら数少ないチャンスを待たなくてはならない。だからメディアと独占契約を結び、試合の短い分析記事の執筆から、ラジオやテレビの看板解説者、スポーツ番組への出演など、さまざまな仕事をこなす。新聞社や放送局は彼らを囲い込み、知識やコメント取りに活用できる人脈に頼る。

記者席で何年も観察を続け、多くの解説者と話をしてわかったのは、彼らと契約している新聞社職員との連帯感だった。試合中、記者が自紙の解説員に質問をして、試合の細かなポイントについて尋ねたり、球団広報とのやり取りを任せたりということはよくあった。かわりに記者はよく、その解説員のショートコラムの代筆を行なっていた。

タイガースOBの解説者はかなり多く、一九九九年の『週刊ベースボール』のイヤーブックによれば約二〇人が主任解説員を務め、二〇一五年の選手名鑑にはさらに詳しく一四二人のリストが掲載されていた。九〇年代終盤にある大手メディアの二人のベテラン記者から聞いた話では、特に有名な解説者はコラムやテレビ出演で年収一〇万ドル以上を得ているらしく、これは九九年のイヤーブックの推定報酬とも一致していた。

スポーツ日刊紙におけるタイガース報道

日本では、野球と近代新聞が発足当初から密接に絡み合っている。東京の新聞各社は、一八九〇年代には日本の学生チームと横浜の在留アメリカ人チームの試合を報じ、一九一〇年代中盤には、歴史の古い朝日新聞と毎日新聞の二紙がそれぞれ中学生の全国大会を設立した。三〇年代には別の全国紙である読売新聞がメジャーの選手を招待して親善試合を行ない、のちに日本初のプロリーグを組織した。

この一般全国紙三紙は、いまでも発行部数のトップスリーを維持し、スポーツの宣伝と報道で強い影響力を保っている（朝日と毎日はいつも悔しがるが、関西でも一位は東京拠点の読売だ）。それでも、わたしのフィールドワーク期間から現在に至るまで、これら三紙がスポーツに割く紙面は驚くほど少なく、平均二四面の朝日の朝刊であればスポーツ欄はわずか二ページか三ページだ。試合の記事は短く、ボックススコアは通り一遍で、ほかのデータや図表も少ない。コラムや特集が載ることも、アメリカやヨーロッパの基準からすればまれだ。

そのためこの三紙では、運動部は多くの記者にとってうれしい異動先ではない（阪神電鉄の野心家の社員がタイガースのフロントを嫌がるのとよく似ている）。各新聞社は、実質的に二種類の入社テストを設けている。ほとんどの記者志望、編集志望が受ける一般試験と、専門職のための試験で、スポーツは後者に含まれる。内定者の多くは大学の運動部出身で、毎年五人ほどが入社し、まずは本社のスポーツ部で一年間の経験を積んだあと、各地の支局へ数年間派遣され、それから本社に復帰する。わたしの知り合った記者のほとんどはこの道のりをたどっていた（みな明るく勤勉だった）。そしてごく一部が、早くほかの分野の担当にまわりたい一般採用の人材だった。

とはいえ、日本の野球ファンがあえて全国紙を避けているわけではない。少し述べたように、確かに全国紙はずいぶん前にスポーツ日刊紙に主役の座を譲った。発行部数は全国紙には及ばないものの、それでも百万部規模で、当時はどちらも一五〇円ほどで売られていた。それでもスポーツ紙と全国紙には大きな違いが一つあり、それがタイガースのスポーツワールドでは決定的な意味を持っていた。それはスポーツ紙が即売、つまり駅や街のキオスク、あるいはコンビニエンスストアでの販売に大きく頼っているのに対し、全国紙がほぼすべて家庭での定期購読だった点だ。スポーツ各紙は毎日店頭に並べて売られ、通勤客の目に留まるのは一面のみだから、各社ともに派手な見出しと強烈なグラフィックで関心を惹こうとする。通勤途中や仕事の休憩中に読むことを意図しているため、個々の記事はかなり短い。帰宅途中の会社員を狙った夕刊紙もあるが、ほとんどは朝刊だ。

そうした新聞の出回り方や見せ方が、このスポーツワールドで最も大きなメディアの影響を生み出していた。当時、大阪や神戸で朝の通勤列車に乗ると、そこには目にも鮮やかな各種スポーツ紙の海が広がり、購入した人の肩越しに誰でも見出しが目に飛び込んできた。乗客のほとんどは職場に着くころには前夜のタイガース戦の結果を知っていて、そしてそれがこの世界の基本ムードになっていた。商店主や在宅労働者でも、テレビをつければ各紙とつながりのある朝の〝ワイドショー〟が放送されているから、必然的にこのメディア空間に引き込まれた。番組では、アナウンサーの背後のボードに一面が並べて貼られ、それをもとにニュースが伝えられた。アナウンサーは各紙のメイン記事をほぼそのままなぞり、カメラはそれに併せて紙面から紙面へパンした。こうした日々のルーチンを通じて、スポーツ紙を介したタイガースのイメージが関西中へ、つまりタイガースにさほど興味がない人にまで拡散していた。

全国レベルのスポーツ日刊紙は五紙あり、そのうち四紙が四〇年代後半の創刊だが、部数と評判が急激に上がったのは六〇年代になってからだった。五紙はすべて、関西の一等地に支局を構え、どこも大阪版を発行していた。また、五紙はすべて大手メディアグループの傘下に入っていた。長い歴史のなかで、機能や重要性だけでなく、形態も進化していた。六〇年代にはスポーツ報道の主役を担うようになり、テレビのスポーツニュースの影響力が高まるなかでもデータやストーリーの濃度を保った。人気のスポーツ系ギャンブルも詳しく追いかけ、特に競馬、競輪、競艇の扱いは大きかった。その後、通勤客が読みたい内容が詰まったものにしようと、テレビの番組表やゴシップ記事、ソフトなポルノ、政治スキャンダルなども後半に載せるようになった。

もちろん、〃スポーツ紙〃の名前の通りあらゆるスポーツが扱われるが、一面に採用される回数でも、全体の分量でも、記者数でも、タイガースは別格だった。オフの時期でさえ、一面を飾るのはたいていタイガースだった。たとえば日刊スポーツ一九九九年一月二〇日号の一面、つまり春季キャンプさえ始まっていない、相撲の初場所巡業のまっただ中の号は、野村新監督と、監督にCMの打診が殺到しているという話がメイン記事で、相撲については中ほどまで読み進めないと話が出てこない。

シーズン中ともなれば一面は常に前日のタイガース戦のハイライトとなり、二面と三面でも詳しいストーリーとコラムが掲載される。タイガース以外の試合は、関西二球団を含めて四面と五面にまわされる。メジャーリーグでプレイする日本人選手の動向も、出てくるのはそのあたりだ。

そのあとは、中盤でそのほかのスポーツが短く報じられ、続けて〝格闘〟スポーツ（プロレス、ボクシング、総合格闘技）と〝レース〟スポーツ（三大公営競技の地方レースの開催地とレース予想）が割合に大きく扱われる。ほぼ一年を通じて、最後に報じられるのは地元の浜や海の情報、つまり各地の釣果や遊漁船の新しい装備などだ。終盤には、パチンコやゴシップ、政治スキャンダル、ポルノや扇情的な記事など、タブロイド的なニュースと特集が配される。

一九八〇年代に新しい輪転機が開発され、カラーページが増やせるようになったことで、スポーツ各紙は裏一面も一面と同じようにフルカラーで構成していた。よく扱われるのは競馬の大レースや、マラソンやゴルフ、テニスの国際大会における日本人選手の成績など、野球以外の人気スポーツのニュースだ。しかし二〇〇〇年代はじめごろには、Jリーグやサッカー日本代表の扱いが大きくなっていて、試合結果だけでなく、選手選考や練習、指導、選手のプロフィールといった背景ストーリーが伝えられるようになった。記者によれば、若い読者を呼び込むための試みだそうで、これについては最終章でまた取り上げる。

スポーツ紙と一般紙の最も大きな違いは一面だ。スポーツ紙の一面はほぼ毎日、全体が一つの見出し記事に割かれる（そのため構成した編集者の名前が下に記載される）。たとえば日刊スポーツ九八年三月一四日号なら、阪神のスター新庄剛志がヤクルトスワローズとのオープン戦で本塁打を打った記事が一面を独占した。これは、スポーツ紙一面の強烈な構成の典型例だ。目を惹く色使いに、フォントと文字サイズ、そして文章と表、写真の組み合わせ方。四つの見出しが競い合うようにして躍り、ホームランの瞬間の写真と新庄が仲間に祝福される写真が並置されることで、そこにエキサイティングな時間の流れが生まれている。読み慣れた読者はそうした構成、そして相手捕手の肩の上に置かれた得点表を見て、新聞という平面に再現された立体的な時間経過を瞬時に把握する。九回へ向かって視線を下に動かしていくなかで、三時間のアクション（詳しいボックススコアは二面に掲載）を追体験する。視線はページの中に吸い寄せられ、そして離れていく。読者の視界を、得点表と小さなフォントのテキストが占める。下三分の一に書かれているのは試合に関する二つの記事と、解説員を務めるタイガースOBのコラムだ。そのあと読者の視線は、ボールを追って上を見上げる新庄と捕手の視線を追いかけるようにしてページを離れていく（一方では、タイガースが一六安打で一六点を挙げたことを示す矢印が、スワローズを示す〝ヤ〟の文字に突き刺さる）。このようにして、スポーツ紙の編集者（アーティストと呼びたくなる仕事ぶり）は来る日も来る日も鮮烈な四次元の視覚体験を生み出していく。

こうしたスポーツ紙の一面は、いつも漫画の絵を思い起こさせたが、似通っているのは偶然ではない。スポーツ紙は漫画ではないが、七〇年代後半から八〇年代前半にかけて、漫画のデザインやレイアウト、あるいはストーリーの見せ方を大いに参考にしたと言われる。その手法は数少ない勝利を喜ぶ記事でも、チームのスランプや選手の不調、監督の苦境や指揮官交代など、次々出てくるネガティブな話題でも同じだった。どんなときも、直線で構成された長方形の紙面の中には、それを忘れさせるような色とりどりの短い記事に、丸や四角、あるいはもっと変わったかたちの記号、巨大な見出し、折り重なるようにして配された写真と図表が詰め込まれ、読者は惹き込まれていった。

ほとんどのスポーツ紙は独立した企業ではあるものの、別の巨大新聞社や放送局の傘下に入っていた。たとえば日刊スポーツは朝日新聞の系列で、札幌、東京、名古屋、大阪、福岡の五大支局で数百人の社員が働いていた。関西のスポーツ新聞は、総じて六つの部門で構成されていた。ここでは再び日刊スポーツ大阪本社を例に取り、主に取材を行なう三部門と、編集および制作を行なう三部門を紹介しよう。

- **運動部では、タイガースの取材がメインとなる**
- **公営競技部では、競馬、競艇、競輪を扱う**
- **社会部はあらゆる分野の記事を取り扱う**
- **編集部**
- **整理部は紙面構成と制作を担当する**
- **営業部は営業と広報、販売を担当する**

新聞関係者は、スポーツ新聞の入社も倍率は高いと口を揃える。全国紙と同じように、スポーツ紙も採用するのは大卒のみ、それも多くは運動部出身の新卒生ばかりで、選抜は厳しい。そして実際に記者になった者は、それに見合った仕事ではないと主張する。

日刊スポーツで当時若手だったある記者は、大阪の繁華街で事業を営む自営業の家庭に生まれ育ち、米タコマのコミュニティカレッジに進学した。本人はそこに残り、ワシントン大学を卒業することを希望したが、費用がネックになって帰国し、同志社大学に入って経営学を専攻した。そして二〇代中盤で卒業したあと、年齢制限が緩いことを理由にスポーツ紙の求人に応募した。スポニチからは年齢を理由に採用を見送られたが、日刊スポーツに就職が決まり、一九九三年に一三人の新入社員の一人として入社した。一〇人は整理部に配属され、彼を含めた残りの三人は営業部の配属となった。そこで数年を過ごしたのち、実際の報道の仕事を任されるようになった。

タイガースのフロントと同じように、甲子園へ派遣されるメディア関係者はほぼ全員が男性だ。テレビの中継番組では女性ゲストが起用されることもあり、インタビューやニュースの読み上げは女性が務めることが多いが、わたしがいたころの甲子園では、女性の番記者は一人しか見なかった。二〇代後半で、調査期間中に三〇代を迎えたその記者は、阪南市の生まれで、小さな私大でスペイン文学を専攻したあと、一九九二年に卒業した。その年はバルセロナ五輪の開催年だったこともあって、彼女はとある大阪の夕刊タブロイド紙にオリンピック担当として採用されるという、新人としては異例の大抜擢を経験した。帰国後は近鉄バファローズとオリックスという、関西二球団の番記者を担当したが、一年ほどたって先が見えないと感じ、退社してグアテマラで過ごした。そして数か月後に帰国すると、フリーランスとしてあるスポーツ紙で一九九五年の夏の甲子園大会を取材し、選手や応援する生徒たちを描き出す筆致を評価された。そしてまたしても異例なことに、その新聞社に正社員として採用され、タイガースの番記者の一人に指名された。その後は五年にわたって番記者を務めたのち、新設されたデジタルメディア部門に移っていった。

スポーツ紙のタイガース取材の大きな特徴は、経験豊富な記者と解説員が大人数で頻繁に取材に訪れることだ。番記者は若手が多かったが、それでもたいてい、取材や記事執筆の経験を五～一〇年は持っている。解説員は元選手で、チームに関する全般的な知識はかなり深かった。それでも毎日三面から四面を埋めなければならないため、ネタ集めと記事執筆はかなりの重労働で、日刊スポーツは毎日の試合に大人数を派遣していた。番記者は三人で、そのうち年長の一人が〝キャップ〟と呼ばれていた。ほかに特集記者が一人か二人いて、記事をまとめ、一～三人いる解説員のコメントの代筆を務めた。補助職も数名いて、たとえば秘書的な役割の女性スタッフは、特別なコンピューターを使って詳細なボックススコアを作成していた。さらに二～三人のカメラマンが、両ダグアウト脇のカメラマン席に陣取るか、球場内を歩き回るかしていた。

同業者や選手、コーチ、呼び止めることのできた球団職員とは頻繁に言葉を交わした。また、一般紙とスポーツ紙とではタイガースへの力の入れ方が明らかに違っていた。日刊スポーツでは多くの記者が派遣されてきているのに対して、朝日新聞の記者はたった一人。それでも同じように昼も夜もなく球場内を歩き回り、試合中には編集者に電話をして、二〇〇字のストーリー記事を書かせてもらえるのか、それともわずか五〇字のまとめ記事用のスペースしかもらえないのかを確認していた。

タブロイド紙、漫画、データとしてのスポーツ日刊紙

甲子園がタイガースワールドの空間的な中心で、試合が時間的な中心、選手が球団と会社の、応援団が観客の代表だとすれば、この世界のメディアの中心はスポーツ紙である。そして、彼らは騒動の中心でもある。わたしは〝高尚な〟一般紙の運動部の記者や編集、あるいはテレビ関係者が、スポーツ紙のタブロイド的な内容、あるいはジャーナリストとしての意識の低さを嘆くのをたびたび耳にした。それでも、まずは日本のメディアの構造を考慮しなくてはならない。アメリカでは、特に紙の新聞が隆盛を誇っていた数十年、スポーツニュースが都市部の大手紙（ニューヨーク・タイムズやワシントン・ポストなどの全国紙）に欠かせなかった。各紙はお互いに（あるいはテレビやラジオと）競い合っていた。しかし、日本のメディアは第二次世界大戦後に異なる進化を遂げた。日本では、権威ある一般紙がテレビ局やラジオ局、スポーツ紙を保有している。ゆえに、スポーツ紙はある意味で一般紙の真のスポーツ面なのだ。アメリカでは、ファンは一般紙のスポーツ欄に目を向けるが、日本ではそこにスポーツの話題はほとんどなく、スポーツ紙へ向かわざるをえない。

スポーツ日刊紙の文章表現が、誇張と想像、皮肉を巧みに織り交ぜたものなのは間違いない。見出しや一面の文章は大げさな言葉のオンパレードだ。二、三回の負けが「低迷」、突然出されたプレスリリースが「異例の発表」になり、関係者の自宅への張り込みは、「夜討ち朝駆け」という時代錯誤な軍隊用語になる。タイガースでは、口の堅い久万オーナーもそうした奇襲の標的になることがあり、記者たちは夜通し待ち続けたのち、早朝、新聞を取りに出てきた夫人に質問を叫ぶのだった。

スポーツ紙は、記事と主張の〝確認〟が不十分だと指摘されることも多い。実際に記者たちは、自身の主張が憶測の域を出ないことをほのめかすべく、「関係者の話によると」や「〜的事実が明らかになる」といった言葉を使う傾向があり、特にこの〝的〟は何らかの出来事や動向、決断が事実に基づいたものであるかのようなニュアンスを持たせるうえでのキーワードになっていた。巧みに添えられる〝〜へ〟という助詞も何かが起こりそうな雰囲気を醸し出し、主語を明示しなくても文が成立する日本語の構造も活用された。九六年の藤田監督をめぐる騒動で、日刊スポーツは「藤田監督解任へ、フロント決断」と見出しを打ち、誰が解任「へ向けた」動きの首謀者かはぼかしつつ、久万オーナーであることを示唆した。

こうした派手な言葉遣いにぴったりの枠となるのが、目を惹くグラフィックだ。スポーツ紙は八〇年代までに、写真と画像をさまざまに駆使した色とりどりで多層的な紙面構成の技を磨きあげ、とりわけ一面は写真と図、表、文章のモンタージュと化していた。はじけるように飛び出す打球、歓喜に沸くスタンド、深く頭《こうべ》をたれるフロント幹部、感情を露わにする選手。そうした視覚的で大げさなメロドラマが、毎号のように繰り返された。

そして最後に、データと本物の分析が載っていることもスポーツ紙の特長だ。多くのOB解説者が情報と分析を提供し、メイン記事や側面記事でプレイや投球ごとに分解して異様に詳しく解説する（いわく「誰々はカーブの習得に取り組んでいるが手首をひねりすぎだ」、あるいは「誰々はバントが下手だがそれは上体が立ってしまっているからだ」）。データの見せ方の面でも、スポーツ紙はほかのメディアを凌駕している。その最たる例が翌日の新聞に掲載される試合のボックススコアだろう。

元々はアメリカの新聞が一九世紀終盤に発明したもので、アメリカの野球ファンなら必ず朝刊で確認する部分だが、日本のスポーツ紙のボックススコアはアメリカのものをさらに洗練させ、小さなスペースに時間経過と試合展開を描き出す精巧な視覚装置の域にまで高めている。図は二〇〇〇年七月六日のタイガース対広島東洋カープの試合で、両チーム合計で三五人の選手（そのうち九人が投手）が起用され、九〇回の打席と三三〇球の投球をへて、一一対六でカープが勝利した[写真4]。

この試合のボックススコアには、文字と数字、シンボルが整然と詰め込まれている。知識のある読者なら、平均で幅一〇センチ、長さ二〇センチ弱の四角形から、三時間四八分の試合の物語とデータを読み取れる。一番上に記載されているのは舞台、すなわち日付（七月六日）と場所（大阪ドーム）、開始時間（午後六時）、観客数（三万四〇〇〇人）だ。両チームのデータは九イニングの試合展開を示す中央のスコアを挟んで分割される。ロードのカープは上に配置され、ホームのタイガースは下。またこの試合は両チームの一六回目の対戦であり、戦績は（この日を含めて）カープからみて八勝七敗一分けであることが示されている。

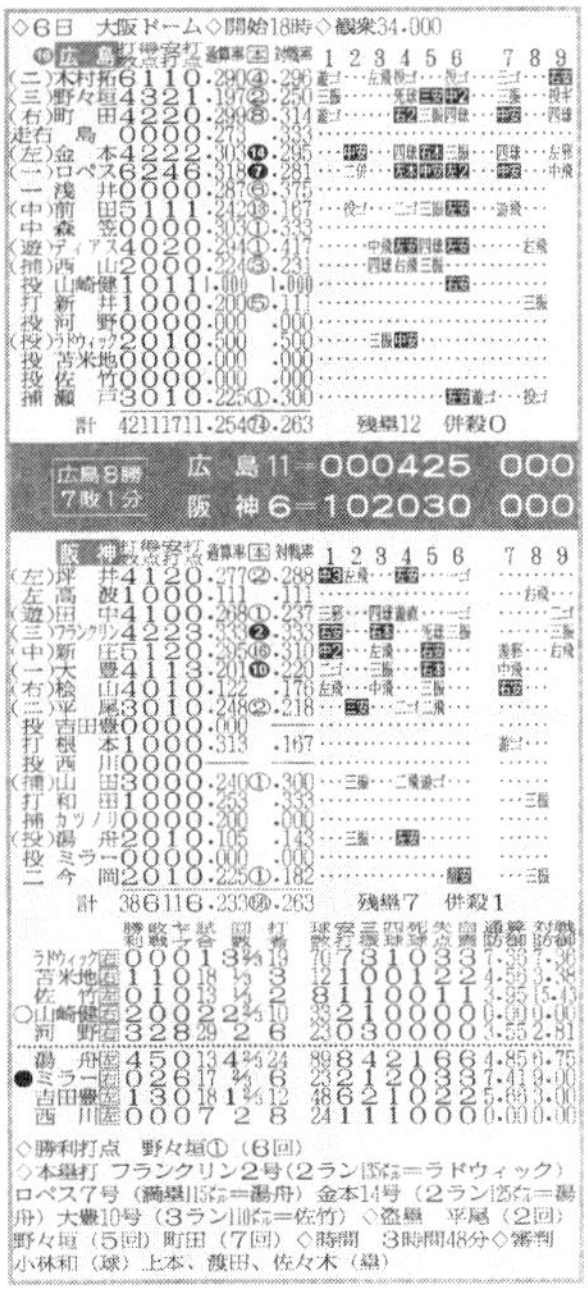
◇6日　大阪ドーム◇開始18時◇観衆34.000

広島	打数	得点	安打	打点	通算率	本	対戦率
(二)木村拓	6	1	1	0	.290	④	.296
(三)野々垣	4	3	2	1	.197	②	.250
(右)町田	4	2	2	0	.299	⑧	.314
走右 鳥	0	0	0	0	.273		.333
(左)金本	4	2	2	2	.303	⑭	.295
(一)ロペス	6	2	4	6	.318	❼	.281
一 浅井	0	0	0	0	.287	⑥	.375
(中)前田	5	1	1	1	.242	⑬	.167
中 森笠	0	0	0	0	.303	①	.333
(遊)ディアス	4	0	2	0	.294	①	.417
(捕)西山	2	0	0	0	.224	③	.231
投 山崎健	1	0	1	1	1.000		1.000
打 新井	1	0	0	0	.200	⑤	.111
投 河野	0	0	0	0	.000		.000
(投)ラドウィック	2	0	1	0	.500		.500
投 苫米地	0	0	0	0	.000		.000
投 佐竹	0	0	0	0	.000		.000
捕 瀬戸	3	0	1	0	.225	①	.300
計	42	11	17	11	.254	㉔	.263

残塁12　併殺0

広島8勝7敗1分
広島 11＝000425 000
阪神 6＝102030 000

阪神	打数	得点	安打	打点	通算率	本	対戦率
(左)坪井	4	1	2	0	.277	②	.288
左 高波	1	0	0	0	.111		.111
(遊)田中	4	1	0	0	.268	①	.237
(三)フランクリン	4	2	2	3	.333	❷	.333
(中)新庄	5	1	2	0	.295	⑯	.310
(一)大豊	4	1	1	3	.201	❿	.220
(右)桧山	4	0	1	0	.122		.176
(二)平尾	3	0	1	0	.248	②	.218
投 吉田豊	0	0	0	0	.000		―
打 根本	1	0	0	0	.313		.167
投 西川	0	0	0	0	―		―
(捕)山田	3	0	0	0	.240	①	.300
打 和田	1	0	0	0	.253		.333
捕 カツノリ	0	0	0	0	.200		.000
(投)湯舟	2	0	1	0	.105		.143
投 ミラー	0	0	0	0	.000		.000
二 今岡	2	0	1	0	.225	①	.182
計	38	6	11	6	.233	[illegible]	.263

残塁7　併殺1

	勝利	敗戦	セーブ	試合	回数	打者	球数	安打	三振	四球	死球	失点	自責	通算防御	対戦防御
ラドウィック	0	0	0	13	3⅔	19	70	7	3	1	0	3	3	7.36	7.36
苫米地	1	1	0	18	⅓	3	12	1	0	0	1	2	2	4.55	3.38
佐竹	0	1	0	13	⅓	2	8	1	1	0	0	1	1	3.95	15.43
○山崎健	2	0	0	22	2⅔	10	33	2	1	0	0	0	0	0.00	0.00
河野	3	2	8	29	2	6	23	0	3	0	0	0	0	3.55	2.81
湯舟	4	5	0	13	4⅔	24	89	8	4	2	1	6	6	4.85	6.75
●ミラー	0	2	6	17	⅔	6	23	2	1	2	0	3	3	7.41	9.00
吉田豊	1	3	0	18	1⅔	12	48	6	2	1	0	2	2	5.66	3.00
西川	0	0	0	7	2	8	24	1	1	1	0	0	0	0.00	0.00

◇勝利打点　野々垣①（6回）
◇本塁打　フランクリン2号（2ラン135㍍＝ラドウィック）ロペス7号（満塁115㍍＝湯舟）金本14号（2ラン125㍍＝湯舟）大豊10号（3ラン110㍍＝佐竹）◇盗塁　平尾（2回）野々垣（5回）町田（7回）◇時間　3時間48分◇審判　小林和（球）上本、渡田、佐々木（塁）

［写真4］2000年7月6日のタイガース対カープのスコア。日刊スポーツの厚意により掲載

スコアの上下には、両チーム

の出場選手が打順の並びで記載される。選手ごとにまずは守備位置がかっこで示され、そのあとに名前とその日の結果（打席数、安打、打点など）のまとめ、続けて三指標のシーズン通算成績が記載される。

右半分はその試合の情報、つまり打席ごとの結果だ。一番上から見ていくと、最初に打席に入ったカープの木村拓也が内野ゴロに終わり、二番が三振、三番が再び内野ゴロに倒れたことがわかる。タイガースは一回だけで六人の打者を打席に送り込み、三塁打と単打、二塁打を記録して、その間に先制点を挙げた。そうやって上から下、左から右へ見ていくことで、イニングごとに試合が再現される。最後の詳細データは投手成績だ。カープは五人、タイガースは四人の投手を起用している。一番下は試合全体の概要で、決勝点（勝利打点）と四本の本塁打（カープのルイス・ロペスが四回に放ったレフトオーバーの満塁本塁打など）、盗塁数、審判団が紹介されている。

スポーツ日刊紙は、タブロイド的な文章と漫画的なグラフィック、続きもののストーリー、そして複数の統計データのダイナミックな融合だ。そしてこのスポーツ紙の力があればこそ、タイガースは地域の関心の中心であり続けていられた。定期的に情報とうわさ、データを提供するスポーツ紙は、熱心な地域ファンにとっては欠くべからざるもの、うっすら関心があるだけの人にとっては、仕事への行き帰りで通り過ぎるキオスクで、あるいは列車やバスの車内で必ず目にするものだった。

ラジオでのタイガース中継

日本でラジオによる野球中継がはじめて行なわれたのは、一九二七年の第一三回全国中等学校優勝野球大会で、すぐさま人気を博した。中継は第二次大戦後に復活し、甲子園大会とプロ野球の両方で放送が再開した。渡辺謙太郎は、ＮＨＫのラジオアナウンサー志村正順の声を聞きながら育ったと戦後初期を懐かしみ、志村アナがなんでもないプレイでさえドラマの生き生きとした場面として描き出したと語っている。ラジオはテレビに完全に仕事を奪われたわけではなく、わたしのいた当時も試合日に大阪の裏通りを歩けば、町工場や商店から実況が聞こえてきた。タクシードライバーも、よく車のラジオで試合中継を流していた（車でテレビが観られるようになる前の話だ）。それでも、何人かのアナウンサーが寂しそうに話したことには、テレビの映像、あるいはファンが球場に持ち込み、自分の目で場面を観ながら放送を聴くためのトランジスタラジオとの共存が始まってからは、さまざまな工夫を凝らした実況は難しくなったようだ。

ラジオ中継の特徴と難しさを実感したのは、ある年の九月、グリーンスタジアムでオリックス対バファローズの試合を観戦したときだった。記者席のすぐ上の席に坐ったのだが、前にいた二人がＡＢＣラジオ（朝日系列のラジオ局）の人間だった。二人の前にはマイクを模した木の棒が置かれていて、放送の練習をしているのがすぐにわかった。若い方がプレイ実況の練習をし、熟練アナとおぼしきもう一方が指導している。新人はかなり声を張っていたが、周囲からは無視されていた。しかしわたしは、自分自身がラジオ中継の即興《そっきょう》レッスンを受けているかのように、一語一語に聞き入っていた。

たとえば、若手の奮闘と講師役の批評から、優れた実況とは自身の声と歓声のシンクロが生み出すものだということがすぐにわかった。リスナーは常に、アナウンサーの声の向こうに球場の歓声を聞いている。実況の声はそれに埋もれてはならず、かんだり、説明が長くなりすぎたりしてはいけないが、同時にアクションを予測して観客より先走りすぎるのも厳禁で、ぴったりのタイミングを維持しなくてはならない。「目で見たことを報じるんだ」講師役が何度も繰り返す。目で展開を追い、目にしたものだけを伝え、見終わったもの、あるいはこれから目にするものを伝えてはならない。

もう一つ、繰り返しのパターンがある情報を伝えるときは、必ず同じ順番を守るようにし（たとえば「ワンナウト一塁三塁、×ストライク△ボール、ピッチャー第三球」という順番）、動詞は一定の使い方を心がけろという指示もあった。駆け出しアナは常体と敬体が交じってしまうことがあった（「投げました」のあとに「打った！」というように）。

こうした一定のパターンをさまざまなイントネーションを使い分けて伝えることも重要だった。優れた実況アナウンサーは、声のトーンの上げ下げや話すスピード、音量などを使い分けながら、自分の声を状況に溶け込ませる。三つを使いながら、彼らは目の前で展開されている〝プレイ〟を始め、展開し、終わらせる。それを試合中ずっと続けつつ、同時に重要な場面をつなぎ合わせ、あるいは強調する。ラジオの実況はサスペンスを生み出せなければならない。つまり状況把握に伴う落ち着きと、感激や驚きを同時に伝えなくてはならないのだ。

テレビ中継と同じように、タイガースのラジオ番組も基本的には三人一組のチームで中継される。実況アナウンサー、レギュラー解説者、そしてリスナーがよく知っているゲスト解説者で、最後の一人は野球界の人間とは限らない。つまりアナウンサーは自らの実況の流れと、解説者のコメントをうまく融合させる仕事もこなさなくてはならない。実況の合間に挟まれるパートナー（相手）のコメントに合いの手を返しつつ、同時に二人で息を合わせながら、タイミングを見計らってゲストに話を振ることが求められる。

テレビでのタイガース中継

この数十年、スポーツ観戦の大半はテレビを通じて行なわれ、それはタイガースを含む日本野球でも変わらない。メディア論研究者はよく、テレビは本質的に幻覚にすぎないと指摘する。試合をそのまま〝放映〟しているように見えても、実際は自分たちが創作した〝メディアイベント〟を伝えているだけにすぎないという主張だ。彼らによれば、そうしたイベントは視覚情報と物語で構成されるが、いずれも視聴者の立場が球場の観客とはまったく異なる以上、〝非現実的〟だという。たとえば重要な場面のリプレイは視聴者の満足感を倍増させるが、物事のサスペンスフルなその場その場での発生は阻害する。ストーリーも、統計の枠組みと実況の連続によって絶え間なく肉付けされていく。

こうした意見が呼び水になって、テレビでのスポーツ観戦をめぐっては激しい議論が起こっている。批判的な人間にとって、球場の雰囲気を吸収も創出もせず、直接的な体験をしないテレビ視聴者は、本物のファンではない。しかしこうした意見は、テレビを通じたスポーツ体験の特徴であり、タイガース野球という広い世界にとって重要な二つの要素を過小評価している。まず、テレビ視聴者の体験は、思うほど球場から切り離されているわけでもなければ、メディアに依存しているわけでもない。球場体験は、やまない歓声やたびたび映し出される観客席のかたちで放送の中にも息づいているし、何より球場でのアクションを誰よりもつぶさに観られるテレビ視聴者は、バーチャルな観客と言っていい。メインカメラが投手の肩口からの視点をつくり、視聴者は本塁にいる打者と捕手、球審を直接見つめることができる。試合全体を見渡せるという意味では、どの選手よりも恵まれている。甲子園で言えば、巨人の目のごとき七台のカメラのおかげで、視聴者は全体から細かな部分まで、あるいは外野からバックネット裏、外野席まで一瞬で視点を移せる。静止画像やスローモーションのリプレイのおかげで、時間が鈍化し、停止し、逆戻りさえする非ユークリッド的な平行世界に生きられる。

テレビは詐欺だという意見に懐疑的なのにはもう一つ理由がある。確かに甲子園での生き生きとした音や腹の底からの興奮を再現するすべはないが、おもしろいことにファンは呑み屋や自宅でのタイガース観戦を通じて、試合を軸とした社会体験をつくり出し、それを街や地域へ波及させていた。彼らの歓声やため息は甲子園で発されたものではないし、頼んだビールはスタジアムを潤さない。それでも、期間限定の商店やレストランのように、彼らは一時的なタイガースファンの空間をつくり出し、関西中へ広げ、そして毎晩チームへの情熱とサポートを生み出し、表現し続けていた（つまりは盛り上げていた）。

一方、視覚情報の有無に起因するテレビ実況とラジオ実況の大きな違いは指摘しておくべきだろう。ラジオの聴取者にとって、自分の耳と球場での試合をつなげるのはアナウンサーの声という細い糸であり、アクションがリスナーに伝わるかはすべて実況にかかっている。対してテレビ中継では、視聴者自身がプレイを熱心に見つめているから、逐一実況を入れる必要がなく、それゆえテレビ実況の声量やトーン、情報量はバリエーションに富む。だからといってテレビアナウンサーのほうが〝自由〟というわけではなく、むしろ視聴者も画面を通じて同じ試合を観ている以上、制約は多い。

宣伝と放映権

スポーツ紙とラジオ、テレビは、どれも同じ時空を共有しているにもかかわらず、独自の感性と戦略を持っている。同様にタイガースメディアの政治経済学も、共通項と相違点が入り交じっている。何より大きいのは、タイガースがメディア企業のお抱えではない点だ。

ビジネスの面で、プロ野球とメジャーリーグには大きな違いが一つある。それは、日本では一つのネットワークがリーグと独占包括契約を結んでいないことだ（オールスターは除く）。試合の放映権はすべてホーム球団が有している。それゆえ、タイガースの試合中継は地域の放送局にとっても、球団自体にとっても巨大ビジネスとなり、特定のメディア企業の傘下にあるわけではないタイガースのような球団の放映権販売は、何より魅力的なビジネスチャンスになった。読売ジャイアンツと中日ドラゴンズは、一つの局とシーズン全試合の独占契約を結んでいたが、タイガースらほかの一〇球団は身内のテレビ局があるわけではなく、複数の放送局と数試合単位で契約を結んでいた。

関西には主に、朝日放送（ＡＢＣ）と毎日放送（ＭＢＳ）、読売テレビ、そして関西テレビ放送という四つのテレビ局があった。ほかにサンテレビは神戸新聞傘下の独立局で、ＮＨＫも大阪と神戸に制作を行なう支局があり、二〇〇〇年代初頭の時点では、衛星放送で数試合を中継していた。

すべてのメディアを満足させ、同時に収益を最大化するために、タイガースは複雑な交渉をへて各局に放映権を渡していた。どこもジャイアンツ戦がほしいため、球団側はジャイアンツ戦と別のカードを抱き合わせで売り出していた。結果、甲子園にはシーズンを通じて複数局が訪れ、ラジオはテレビ以上にかぶることが多かった。放送権はかなり安かったため、人気カードはどのラジオ局にとっても魅力的だった。

放映権からも、タイガースの関西ファンに対する圧倒的な訴求力がうかがえる。たとえば二〇〇〇年シーズン、サンテレビはタイガース戦七七試合の権利を購入したのに対し、オリックスは一〇試合、バファローズはたったの一試合だった。九〇年代末に放映権交渉を担当するタイガースの広報に話を聞いたが、甲子園でのジャイアンツ戦は一試合八〇〇〇万円なのに対し、他球団との試合は二〇〇〇万円まで値段が下がるという。二〇〇〇年代初頭にはジャイアンツ戦の額が一億円に膨れ上がる一方で、横浜ベイスターズ戦などでは額が三分の一以下に落ち込んだ。パ・リーグのオリックスとバファローズに至っては、値段はタイガース対ジャイアンツの一割程度で、放送局が興味を示すカードも数試合しかなかった。

中継の仕方が中途半端だという、外国の識者（そして日本の一部のファン）がよく言う不満も紹介しておくべきだろう。たとえば当時のＡＢＣなら、試合途中の七時から中継を始め（プレイボールは六時か六時半）、決着がついているかにかかわらず（たいてい終わっていない）、九時には中継を終えた。この点にも、日本人はスポーツの精神を理解しきれていないとの批判がある。しかしわたしが話を聞いたテレビ局のスタッフは、途中で切るのはやむをえないと言っていた。テレビはもっと幅広い視聴者に供する（そして幅広いスポンサーを囲い込む）必要があり、六時から七時の時間帯、あるいは九～一〇時の〝ゴールデンタイム〟には別の番組を求める層が多い。だから、野球ファンはテレビ中継が終わったあとはラジオをつけてほしいと言っていた。また九〇年代終盤の時点で、衛星放送では試合を最初から最後まで中継していた。

タイガースとメディアの関係性――ライバルか、敵か、それとも共謀者か

野球のような観客を入れて行なう近代スポーツにとって、メディアは最高の相棒である。競技、リーグ、チーム、選手はみなメディアでの露出と広告収入を必要としており、新聞と放送局、デジタルメディアのほうもコンテンツの枠を埋め、大きな利益をもたらすスポーツに頼っている。スポーツが持つ啓発的価値や幅広い魅力、マーケティング力といった特長が、メディアとジャーナリズム、エンターテインメント、広告との融合をもたらし、そしてその融合が特長をさらに強化してきた。

日本では少なくとも六〇年代からプロ野球がスポーツニュースの柱となり、すぐに圧倒的な人気を獲得した。すべてを一年中伝える必要性と価値が生まれ、試合や長いシーズンに関するニュースはもちろん、練習、契約、移籍と監督交代、球団の発展等々の細々とした出来事に関する取材と解説が実施、発信された。そうしてテレビ、ラジオ、新聞が三位一体でプロ野球をかたちづくり、そして本章ではこの三つの大手メディアの差を取り上げてきた。あらゆる意味でタイガースを最も網羅《もうら》的に扱っ

ているのはスポーツ紙だ。多くのスタッフを試合へ派遣し、ＯＢ解説者を囲い込み、目を惹くグラフィックと革新的なデータ、タブロイド的な記事を備えていた。通勤列車の中でも、売店でも、朝のテレビ番組でも、スポーツ紙を目にせずにいるのは難しかった。

ところが、メディアとスポーツの相性が抜群であるにもかかわらず、タイガースのスポーツワールドではどういうわけか両者の根深い対立がある。メディアの扱いは球団によって大きく異なる。ジャイアンツというチームと球場、そして複数メディアを所有する読売グループは、ジャイアンツ報道を操作し、自分たちに有利な内部情報をスポーツ報知のような傘下のメディアで提供するのみならず、ほかのメディアに脅しまでかけている。そして、ジャイアンツに次いでＰＲに力を入れ、同時に厳しい検閲を続けてきた球団がタイガースだ。それでも、自前のメディアを有さないという単純な事実がゆえに、阪神グループはメディアへの影響力が限られ、少人数の広報部は、スポーツ紙の過大な要求を捌《さば》きつつ、チームにまつわるストーリーを制御するのに四苦八苦している。

球団と主流メディアはどちらもスポーツ紙に依存しているにもかかわらず、スポーツ紙の強引なやり方と無責任な報道姿勢に不満を漏らす。その中心は先に述べた〝確認〟の甘さだ。「スポーツ新聞は情報の確認をしない」と彼らはよくこぼす。スポーツ紙の記者は、誰かから何かを聞いたら、裏を取らずにまるで本当のことかのようにすぐさま記事にする。日々の締め切り、激しい競争、大衆紙としての性質などが相まって、スポーツ紙の記者は確認をする意欲や余裕がない。加えて、確認を取れば否定されることが多い。

その手法には理解できる面もある。彼らは日々の締め切りと戦いながら、なんでも頭から否定し、はねつけがちな球団や親会社を相手に仕事をしている。会社が堅く口を閉ざすがゆえに、記者たちはあらゆる関係者の尻を追いかけ、斜に構えた挑発的な見解を示すことで、球団や選手から怒りの反応を引き出そうとする。そこには常にギブアンドテイクがあり、険悪ながらも互いにメリットがある。

そうした間柄を長く続けていれば、両者のあいだに共謀関係、少なくとも身内めいた感覚が生まれるのは不思議ではなく、それがニュース報道にジレンマをもたらしている。たとえばわたしはある日、親しい記者がロードチームの監督とウォーミングアップ中に三〇分近く話し込んでいるのを見た。どういう関係か尋ねると、三〇年来の知り合いだそうで、ほかの記者には言わない情報を友人だからといって教えてくれるのだそうだ。同じことが、吉田監督と学生時代からの知り合いだというベテラン記者にも言えた。どちらも監督とチームに対して好意的な記事と批判的な記事の両方を書いていたが、自制心が必要だと認めていた。

各紙のあいだにも、対立と共存という相反する軸がある。記者クラブのシステムがある日本では、どんな取材分野でも手続きにのっとることが求められる（タイガースなら試合後の監督インタビューを行なうのは記者クラブのトップで、ほかの記者はその人物にいったん質問状を渡さなくてはならない）。しかし同時に、五紙はタイガースを報じるのに多大な労力とリソースを注ぎ、お互いに読者と広告主を激しく奪い合っている。

そこにあるのは横並びの取材か、それとも過当競争か。朝日新聞のベテラン記者と編集者は、スポーツ紙では営業部のあいだには激しい競争があるものの、記者たちは基本的に協力し合っていると言っていた。どこも似たような記事を書き、異なった視点を提示することはほとんどないように感じていた。一方で日刊スポーツのベテラン記者は、裏での競争は熾烈だと断言した。見解が異なる理由は見ている場所にある。日刊スポーツの記者いわく、球場ではなごやかで協力的なムードが流れ、同じ試合を観ているから記事も似るが、球場外では抜け駆けして選手と接触し、独自のコメントを取り、新たなエピソードを見つけようと、誰もがあらゆる場所を嗅ぎ回っているという。たとえば新庄の本塁打でタイガースが勝利すれば、各社ともに球団広報を通じて発表された本人のコメントを掲載する。ところがもし、記者の一人がどうにか帰宅する新庄のタクシーに同乗し、大きいのが打てそうな気がしていたという話が聞ければ、自分だけの武器ができる。

とはいえ、球団とスポーツ紙との対立のほうが新聞間の競争よりわかりやすい。また各紙のネタの奪い合いと、テレビ、ラジオの各局のあいだの放送権争いとには微妙な違いがある。新聞は記者クラブに加盟すれば誰でも取材を行なえるが、放送権は単年契約のため、球団側は好意的な局を優遇できる。わたしが尋ねても、フロントやアナウンサーがそれを公に認めることはなく、ひいきの有無が両者にとって重要だという証拠は得られなかったが、それでもこれは、タイガースのスポーツワールドでメディアどうしの縄張り争いが続いていたことのさらなる根拠と言える。

ここまでの五つの章では、阪神タイガースというスポーツワールドの主要キャストである選手とコーチ陣、スタッフ、ファン、メディアを紹介してきた。そこは複雑な一時的リズムと空間を備えた世界であり、中心には甲子園での試合があるが、タイガースの時空はそのはるか先まで広がっている。こうした見解へ至った背景には、タイガースが関西の注目を独占している理由を知りたいという想いがあった。メディアの扱いや入場者数、球団収入でタイガースがダントツの理由、あるいは関西一円の人々のタイガース愛や、チームに関する知識が圧倒的である理由はどこにあるのだろう？　チームの成績や球団のリソースは無関係だった。チームは万年最下位で、お粗末なプレイや人事のごたごたが毎日のようにメディアやファンで話題になっていた。オリックスのほうがはるかに大きな成功を収め、バファローズのほうが親会社はずっと大きく、影響力も、財源もタイガースより上だった。

これまで示してきたように、タイガース野球は職場を舞台にしたメロドラマ、また反東京の旗手という役割を多分に持っている。この点はさらなる立証が必要なので、この先の二章を使いながら、ブルーウェーブとバファローズではなく、タイガースこそがそうしたテーマの象徴だった理由を探っていこう。

第8章

教育としての野球、娯楽としての野球

刊行から四〇年がたついまも、日本野球をテーマにした一九七七年のロバート・ホワイティングの作品『菊とバット』のタイトルと初版の表紙は、スポーツ書籍の世界ではいまだに最も印象的なイメージであり続けている［写真5］。タイトルはルース・ベネディクトの『菊と刀』を意識したもので、イラストレーターは菊の替わりに配された野球のダイヤモンドの前に、刀に見立てたバットを振る侍を描いた。

一九世紀に体系化が進んで以降の近代スポーツは、（主に男としての）人格形成という道徳的な役割を担ってきた。日本も例外ではない。日本野球になじみのない人にとって、野球に臨むサムライのイメージは理想像というより戯画に近いように思えるかもしれないが、詳しい者は、野球の流儀、あるいはあるべき姿の理想形として、これをかなり真剣に捉えている。日本の野球用語には、英語の音をそのまま移したもの（〝ファースト〟など）と独自のもの（バッティングを意味する〝打撃〟など）が複雑に入り交じっているが、競技名としてカタカナ語の〝ベースボール〟ではなく漢字の〝野球〟が使われる傾向は、一世紀にわたっ

［写真5］『菊とバット』初版の表紙。ホワイティングの厚意により掲載

て変わらない。そしていまでは、解説者や選手が哲学的な意味を加えた〝野球道〟も語られるようになっている。

では、野球道とはなんで、何に由来するのだろうか。定義については広く認められた考え方があるようだ。まず、〝道〟は勤勉性とたゆまぬ修練の精神を表し、チームへの忠誠と監督やコーチへの絶対的な恭順が求められる。形式へのこだわりや、全力を尽くせば負けてもいいという保守的な考え方でもある。誇りも重視され、引き分けは両チームの体面を保つものとして評価される。そして最後に、野球道は閉鎖的な日本人の誇りを強烈にくすぐる。プロレベルでは、それが外国人助っ人を見下す姿勢につながり、ゆえに球団フロントは外国籍選手の獲得に二の足を踏み、チームに加われば決まって助っ人の姿勢に文句を言う。

もちろん、どんな国でもスポーツ、特にチームスポーツでは真剣さや忠誠心、チームワーク、自己犠牲、誇りといったものが大事だが、野球道ではそれらが絶対視されるという指摘は多い。野球の流儀とサムライの生き様を結びつける傾向は、ある時期にあるチームで始まった。時期は一八九〇年代、すなわち日本の国土で三〇年にわたって好き勝手に振る舞う西欧列強への反感が高まり、また一八九五年の中国進出成功によって帝国主義の萌芽《ほうが》がみられたころだった。チームのほうは東京の第一高等学校。こちらは東京帝国大学へとつながるエリート進学校で、一高の通称を持っていた。この章ではまず、忠誠心と犠牲心を持ったサムライが力強い、しかし多くの問題点も併せ持った人間形成の手本として、野球と結びつけて考えられるようになっていった時期を見ていこう。

そしてその後の二〇年間で、野球は愛国的要素を武器に全国区になっていっただけでなく、都市部での関心の高まりをきっかけに商業化が進んだ。またそれと足並みを合わせるかのように、都市圏の鉄道網が競い合って敷設され、新聞各紙は全国メディアとなるべく販促を進めた。都市近郊に球場が建設され、学生の全国大会が始まったことで、球場にはお金を払ってでも試合を観たいという観客が多数集まるようになった。道徳的な意味づけと商業化の流れは、一九二〇年代と三〇年代にも続いた。

タイガースもこうした流れに深く関わっている。まず一九〇〇年代、阪神電鉄が関西では最初期の通勤路線として本格始動し、一〇年代（一九一五年）には、阪神電鉄と朝日新聞が共同で日本初の全国大会を開催した。二〇年代（一九二四年）にはアジア最大の球場である甲子園が完成し、三〇年代（一九三六年）には読売とともに日本初のプロリーグを組織した。

こうした経緯をへたからこそ、日本野球は単にサムライの精神のスポーツにおける体現というだけでなく、道徳観と大衆娯楽という本来相容れないものが融合した非常に複雑な競技となっている。一高チームとアメリカ人チームがはじめて対戦した一八九六年から、プロリーグが発足する一九三六年までの四〇年間、野球は〝教育〟の要諦であり、その性質は現在まで引き継がれている。

校庭と鉄道用地で——日本野球の興り

明治維新後に日本へ輸入された多くの技術、あるいは採用された制度と同じように、野球も当初は道徳教育の一環ではなく、余暇活動の一つとして始まった。発端は、留学から帰国した日本人と、日本で仕事を得た外国人だった。一八七〇年代に最初に広めたのは、アメリカ人教師のホーレス・ウィルソンと、日本人鉄道技師の平岡ひろしだと言われる。のちに帝国大学の一部となる名門校で教えていたウィルソンは、一八七二年には放課後に学生たちを集めて野球の試合を開催していた。一方、アメリカのボストンに一八七一年から七六年まで在住し、鉄道敷設の技術を学んだ平岡は、(アルバート・G・スポルディングから寄付された)野球の用具とルールブックを携えて帰国すると、一八八〇年、同僚の鉄道作業員とともに日本初の野球チームである新橋アスレチック倶楽部を創部し、一年後、東京の繁華街に日本初の野球グラウンドをつくった。

その後、野球は鉄道作業員よりも学生のあいだで関心と支持を集め、ほどなく、新たな国民国家の下で再編された優等生向けの高等教育案と密接に結びつく。明治時代の新しい学校で、西欧のスポーツがカリキュラムに組み込まれたのは、集団としての連携を教え込むには、ただの厳しい鍛錬よりもスポーツのほうが効果的だと教育官僚が考えたからだった。もちろん日本古来の武術も検討したが、そちらは個に重点が置かれており(集団主義の日本とはよく言ったものだ!)、チームワークや規律、協調を促進するには向かないとみなした。そしてかわりに、西欧スポーツに武術の精神性を加えられないかと考えた。この発想が、さらに大きなイデオロギー上の目標に発展していく。〝和魂洋才〟は当時さかんに使われた標語で、国はそこに、勤勉を尊ぶ日本の価値観と、厳選した西欧の制度や技術の融合という、近代日本への希望を込めた。つまり西欧のスポーツには、当初から精神性と教育上の機能、カリキュラム上の重要性が付与されていた。特に野球は、観戦に訪れた多くの識者から、これこそ個の才能の表明と目標達成に向けた協力の理想的な組み合わせだと評価された。

サムライとなった学生たち　〝日本の魂と西欧のスポーツ〟

野球は東京の第一高等学校をはじめとするいくつかの学校で人気と権威を高めた。ドナルド・ローデンは明治野球、そして英才教育の基本理念の中での野球の役割について、優雅なエッセイでつづっている。一八八〇年代から、日本では一部の優秀な若者を唯一の国立大学に入れる高等教育が始まった。そのなかで各地の高校の校長は、学生寮の運営や日々の生活における学生たちの責任感を重視し、学生主導のスポーツや文化活動部は、若いエネルギーを発散するだけでなく、心と体を鍛える格好の場になるとみなした。一八九〇年代初頭には、野球もクリケットやフェンシングとともにそうした部活動の一つとして採用されていたが、一番人気ではなく、漕艇競技、特に隅田川で行なわれる対抗戦が、最も市民の関心が高い権威ある学校スポーツだった。

ところが一八九六年五月のある午後に開催された一つの試合を境に、まったくの偶然から、野球はエリート学生の部活動の一つから国民の関心事へ、さらに武士の魂の理想的な近代的表象へと地位を高めていく。会場となった横浜カントリー・アンド・アスレティック・クラブ（ＹＣＡＣ）は、横浜港を見下ろす山の手にある、外国人居留者向けの庭園兼クリケット場だった。竹柵で囲われた美しい敷地は、法的にも外国（主にイギリス人）の財産であり、もちろん一般の日本人は入れなかった。

その場所で、一八九六年五月二三日、日本初の正式な野球の試合が一高チームと横浜在留アメリカ人チーム〝横浜アマチュアクラブ（ＹＡＣ）〟のあいだで開催された。ＹＡＣは貿易商や教師、外交官などで構成されるチームで、日本を訪れるアメリカ人船員なども交えながら野球を楽しんでいた。

その相手に対し、一高は何年も前から試合を申し込み、講師をしていたＷ・Ｂ・メイソンの口添えもあって、ようやく九六年に挑戦が受け入れられ、横浜遠征が組まれた。イギリス人が中心のＹＣＡＣはクリケットでの対戦を望んだが、グラウンドでは野球の試合もできた。一高野球部の監督で卒業生、また帝国大学の学生でもあった中馬庚が、予定日の前日に横浜を訪れて手はずを整えた。その後、雨による数日間の延期をはさみ、五月二三日も明け方には雨が降っていたのだが、昼ごろにはそれも上がり、野球のできる天候になった。

一高生たちは、新橋駅でわずかな応援団に見送られると、開通したばかりの東京・横浜間の列車に乗り込んだ。横浜駅に着いたあとは、徒歩でＹＣＡＣまで上がっていった。試合開始は午後三時で、球審はアメリカ人、奇妙なことにロードの一高チームが一回表の守備に就いた。先発投手の青井鉞男は、おそらくアメリカ製のボールを握るのははじめてだったこともあって、立ち上がりが安定しなかった。捕手は剣道の面に手を加えたマスクをかぶり、野手はみな日本式の分厚い〝足袋《たび》〟を履いて、アメリカチームのようなスパイクは身につけていなかった。

初回は一高にとって厳しい展開となった。青井は先頭打者を歩かせ、二番の安打、三番の四球で無死満塁となると、外国人ばかりの観客から鼻で笑われた。そして四番には外野フェンス直撃の適時打を浴びて二点を先行され、さらに二点を奪われてからようやく相手の攻撃を終わらせた。

そして一回裏の攻撃では、さらなる驚きが一高を待っていた。アメリカチームの全員が大きな革のグラブを着けていたのだ（一高で手を保護しているのは投手と捕手だけで、しかも着けているのは薄い布の手袋だった）。一高は先頭と二番が四球を選んだものの、どちらも牽制で刺されて二死走者なし。それでも続く数人が粘ってこの回に二点を返した。二回のマウンドでは青井も落ち着きを取り戻し、アメリカチームを三者連続三振に切って取った。そして二回裏には仲間の打線が火を噴き、四点を奪って逆転に成功した。

これで勢いは完全に一高のものとなり、得点を奪えないアメリカチームを尻目に、一高は点数を次々に重ねた。学生を応援していた者たちは活気づき、後半には人力車の引き手たちも柵の外に集まって試合を追った。最終結果は驚きの二九対四で、喜びに沸く人力車の引き手たちはチーム全員を乗せて駅まで送っていった。列車に乗り込む前に校長と他校宛てに電信で勝利を伝えていたこともあって、学校へ戻ったのは夜遅くだったにもかかわらず、関係者が総出でチームを校門で出迎え、校庭で勝利報告を行なってから、そのまま祝勝会になだれ込んだ。

勝利の知らせはすぐさま全国に伝わり、学校には祝電と祝辞が殺到した。一方でアメリカチームはすぐに再戦を申し込み、二週間とたたない六月四日に同じ横浜のクリケット場で両チームは再び相まみえることになった。駅からクラブへ向かうチームに対し、横浜の人々は激励の言葉をかけ、試合を一目見ようと柵のまわりに人垣をつくった。

今回、ＹＡＣはアメリカ船の船員五人をチームに加えるという修正を施し、力の強そうな彼らの巨体に一高の学生たちは多少怖じ気づいた。それでも試合が始まると青井は快投を続け、一高打線は止まらなかった。大挙して訪れた横浜商業高校の学生たちが大声援を送り、試合がまたしても三二対九の大差で日本の勝利に終わると、万歳の大合唱がはじけた。試合後、一高チームは横浜商高の校舎に迎えられ、人々の大歓声を浴びながら駅まで戻った。

その後、三度目の対戦が月末の六月二七日に、今度は一高の校庭で行なわれることになった。中馬が球審を務めるなか、一高はまたしても二二対六の大差で勝利。このころには、新聞各社もチームを日本の英雄と称えていた。

その後、アメリカの独立記念日にあたる七月四日に四戦目が行なわれ、一高は一二対一四の僅差でついに敗れた。両者の戦いは翌年以後も続き、一八九六年から一九〇四年まで一三回対戦して一高が一一勝二敗の成績を収めた。勝利に次ぐ勝利に、野球部の知名度、また高等教育界での一高の知名度は高まった。部員たちは進学した大学でも野球を続け、卒業後に多くが教師の道へ進むと、今度は野球を全国の中学校に普及させていった。

一高の強さは鮮烈だったが、日本のスポーツ史や外交史の観点から言えば、野球部の別の側面が与えた影響のほうが大きい。アメリカチームとの親善試合の前の段階で、一高野球部は精神面を重視した練習を行なっていた。その〝精神野球〟では、厳しい練習とチームへの絶対の忠誠、身を粉にしてチームや学校の勝利に尽くす姿勢が尊ばれた（事実、彼らが対外試合に臨むことはほとんどなく、練習こそが野球だった）。折しも当時の日本は近代初の軍事侵攻に乗り出し（九四〜九五年の日清戦争をへて台湾などが日本に割譲された）、三〇年前に西欧列強とのあいだに無理やり結ばされた不平等条約の見直し交渉に乗り出していたから、国内では愛国の炎が燃え上がっていた。理想論者たちは一〇年以上もかけて、武士の規律を国家の規範として蘇らせようとしていた。それだけに、横浜の外国人居留地を戦いの場にアメリカ人を打ち倒した事実は、特に一高野球部が精神野球を標榜《ひょうぼう》していたこともあって、非常に大きな意味を持った。

一連の試合の政治的な重要性、そして学生野球とサムライの行動規範との接近については、すでに明治野球の研究者などから大きな注目を集めている。しかし同時に、明治時代の野球をそうやって大雑把にまとめる手法には、いくつかの点から疑問を抱かざるをえない。まず〝サムライ〟は恣意《しい》的に美化されていた。アメリカでも近代人にカウボーイスピリットを思い出させようとする都合のいい考え方があったが、それに近い。一高野球部の学生をサムライに見立てるやり方は、たばこ会社マルボロのイメージキャラクター、マルボロマンが一八七〇年代、八〇年代のカウボーイの再来として描かれたのと酷似《こくじ》している。確かに、究極の自己犠牲もいとわない忠誠心をはじめ、サムライ野球によって再び脚光を浴びた美徳の数々は、武士の本分だったかもしれないが、同時に武士がほかにも、傲慢なまでの自尊心や、朴訥《ぼくとつ》すぎる倫理観、日和見《ひよりみ》主義などを持ち合わせていたことも忘れてはならない。

加えて一高生が不安や自己正当化の必要性、つまり自分たちが本当に厳しい鍛錬を積んでいることを大衆に示さなねばならないと感じていた点も指摘しておくべきだろう。確かに当時は愛国的ナショナリズムの波が高まっていたが、同時に当時の社会には、エリートへの嫌悪感、一部の選ばれた学生にしか出世の道が約束されていないことへの不満が漂っており、一高はまさにそうした出世コースの一つだった。当時の政治風刺画家が描いた絵に、上流の若者をひくつく鼻と不誠実な二枚舌、そして目も耳も頭もふしだらな快楽主義に染まった強欲な学生として描いたものがある［写真6］。だからこそ怠惰なエリート学生に対する大衆の不信感を払拭するには、サムライの伝統の文脈の中で、自らを厳しく律しながら鍛錬に励んでいる姿を示すことが必要だった。

当時もいまも注目を集めるのは一高だが、スタイルでも、識者の見方でも、一高と対照的なチームはこのころからあった。早稲田大学である。一高と横浜のアメリカ人チームとの連戦から数年後、一高のあとを継いで対戦するようになったのが早稲田だった。世紀の変わり目には、いくつかの私立高校が大学を名乗ることを認められ、中でも野球の点で重要だったのが慶應大学と早稲田大学だった。どちらの野球部も一九〇四年に一高を破り、それをきっかけに大衆の関心は大学の試合へ移った。一九〇三年、早稲田は慶應の野球部寮を訪れて定期的な対抗戦の開催を持ちかけた。そこから始まった〝早慶戦〟は、いまでも日本一有名な学生野球の対抗戦としての地位を保っている。両校のライバル関係は激しく、応援団の対立が原因で試合が延期になったほどだった。

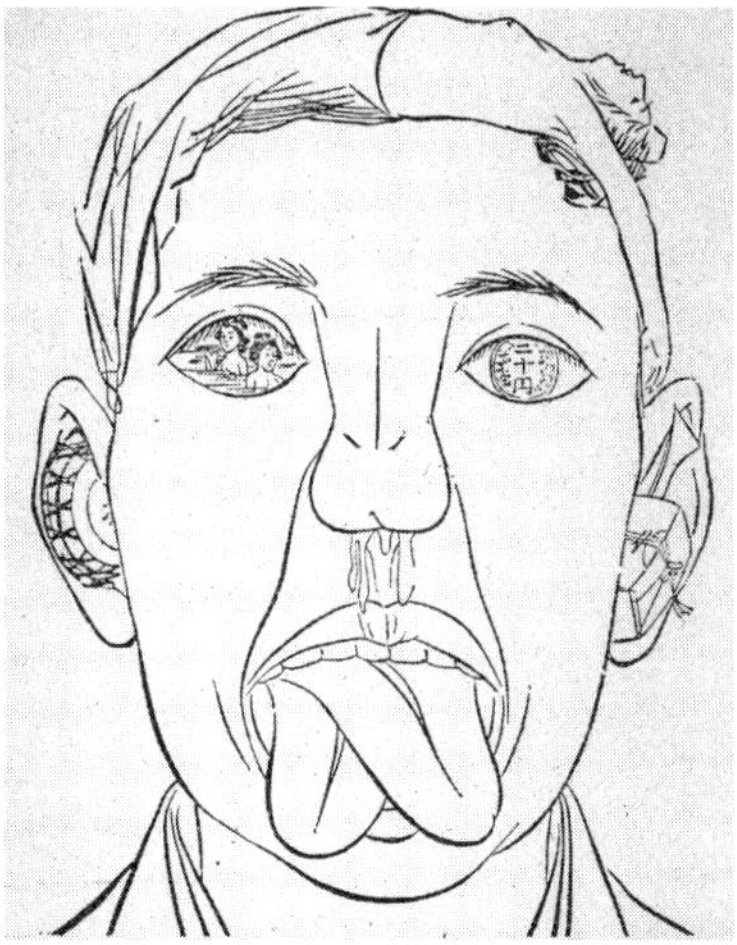

［写真6］ 大阪滑稽新聞の1909年3月15日号に掲載された「今日の名門校生」という風刺画。当時のエリートの若者が、目の中に女性とお金、耳に太鼓と贈り物の包みを入れ、髪型は半裸の女性を模し、こびへつらうように鼻をひくつかせ、不誠実な二枚舌を備えた人物として皮肉られている

事件は新聞各紙で激しく批判され、対抗戦は約二〇年にわたって中止された（両校を含めたリーグ戦は続いた）。実戦機会がなくなった両校は、それぞれアメリカチームとの対戦に目を向けるようになり、ほどなく国外遠征が大学野球の重要な一端を担うようになった。早稲田大学は一九〇三年の時点で米国遠征を経験し、八戦六勝の戦績を残していた。しかし、そこにあったのは国と国との誇りの激突ではなく、国

際交流の精神だった。早稲田は新しいユニフォームや選手全員のグラブの着用、バント作戦など、アメリカの大学チームのやり方をさまざまに学んで持ち帰った。アメフトの試合で目にしたチアリーダーと学生ファンの大歓声にも感銘を受け（遠征したのがちょうど秋のフットボールシーズンだった）、帰国すると太鼓や旗、応援歌など、組織的な応援に必要なものを紹介した。つまり奇妙な話だが、甲子園のファンの応援スタイルの原点はアメリカの学生にあった。

早稲田野球部の部長にして、アメリカ遠征の責任者を務めたのが安部磯雄教授だった。安部は同志社の学生だったころにキリスト教に帰依し、米コネティカット州のハートフォード神学校で学んだ時代に熱心な社会主義者となった。帰国後は一九〇一年に社会民主党を結成すると、〇三年に早稲田の教授に着任し、政治活動を続けつつ人間形成の一環としてテニスと野球の普及に力を注いだ。安部は非暴力こそが平和の根幹であり、国家間の武力闘争はスポーツ大会で置き換えなければならないという、アメリカ時代に読んだトルストイの考え方を信奉していた。安部はスポーツの教育的価値と、品位の習得における有効性を確信していたが、その理想は〝サムライ論者〟とはかけ離れていた。

一九一〇年代——新聞と鉄道、そして野球の普及

鋭い読者の方は、一高とアメリカチームの一八九六年五月の試合で二つ、ニュースが広まるうえで重要な要素があったことにお気づきだろう。そう、一高が東京からの移動に使った列車、そして新聞（横浜の英字新聞と、東京ほか各所の国内紙）だ。そこからの三〇年間で、列車と新聞は、東京と大

阪をはじめとする主要都市で大衆文化が花開く主因となり、またスポーツをはじめとする娯楽は、新聞の売り上げを増やし、内容を充実させる素材となっていく。一九二四年八月一日に甲子園球場が開場するころには、学生野球は教育と商売という本来相容れないものが融合した存在になっていた。それはこれから見るとおり、野球が教育システムの変遷と、都市圏の娯楽と情報網との双方に深く関連していたからだった。

一九〇五年にハワイのセミプロチームが日本へ遠征し、早稲田はその後の二〇年間でアメリカを四回、さらにフィリピンも何度か訪れた。慶應と明治大学もこれに倣った。アメリカで特に早稲田のライバルとなったのが、当時のスポーツの名門校シカゴ大学で、両校は一九〇六年から三六年のあいだに日米でそれぞれ一〇回対戦している。ワシントン大学、スタンフォード大学、カリフォルニア大学の野球、陸上、水泳チームも何回か日本を訪れた。

一方で、早慶戦をめぐるトラブルへの批判は新聞紙上で続き、やがて野球人気そのものへの懸念にまで高まった。最も有名なのが、東京朝日新聞で一九一一年八月に三週間掲載された「野球害毒論」で、著名な教育関係者や役人が野球のさまざまな問題点と、生徒や学校に与える悪影響を指摘した。特に辛辣《しんらつ》だったのが先陣を切る新渡戸稲造で、彼は野球を「巾着切りの遊戯」と呼び、「選手は相手を計略にかけよう、塁を盗もうとする」と批判した。そして野球はアメリカ人には向くがイギリス人やドイツ人には向かないとあざけり、理由として「英国の国技たる蹴球（ラグビー）の様に鼻が曲がってもボールに噛み付くような剛勇な遊びは米人には出来ぬ」と述べた。これに呼応して、ライバル紙の東京日日は二週間にわたる野球擁護の記事を掲載し、読売は野球の問題に関する連載を始めた。

それでも野球熱は衰えず、一九一〇年代にはいくつかの面でさらなる変化を遂げた。まず、名門の高校や大学限定の競技ではなくなり、日本全国の教育システムに組み込まれて若者や労働者階級が競技に参加するようになった。中学ではすでに体育教育の一環となっていたが、このころにかつてない規模の大会が組織された。当時は各中学の格付けがまだ定まっていなかったため、野球が学校の評価を左右し、また都市流入者が増えたことで野球は地域への愛着の象徴となった。

そして野球人気に拍車をかけたのが、新たな全国紙の登場だった。各紙は大衆の心を掴む道具として野球を活用した。つまり、一九世紀末の報道が政治と政治発言が中心であり、多くの新聞がどこかの政党や運動とつながっていたのに対して、二〇世紀になるといくつかの新聞、特に大阪の朝日と毎日は、一般の関心に寄せた〝大衆メディア〟として生まれ変わり、増加傾向にある都市圏の住人をターゲットにしていった。

一九一〇年代には、読者と市場の奪い合いがかつてなく激化し、そのなかで各紙は競い合うようにしてスポーツ大会を主催し、個々の選手を支援すると同時にスポーツの扱いを増やし、つくり出したブームを自ら報じた。一九一三年には時事新報が第一回富士登山競走を、大阪毎日が第一回日本オリンピック大会を主催した。大阪毎日は一九一五年には一〇マイル遠泳大会を、その翌年には京阪神三都対抗陸上大会を開いた。朝日新聞も負けじと東西対抗陸上大会を初開催。一九一七年には他紙も続き、読売が東京遷都五〇周年を記念して京都から東京までの東海道駅伝を、報知新聞が京浜間マラソンを、大阪毎日が日本オリンピック大会を開催した。陸上大会、マラソン、水泳大会、スキー大会、山登り大会などが開かれ、野球もそうした多種多様な新しい娯楽の一つに位置づけられた。

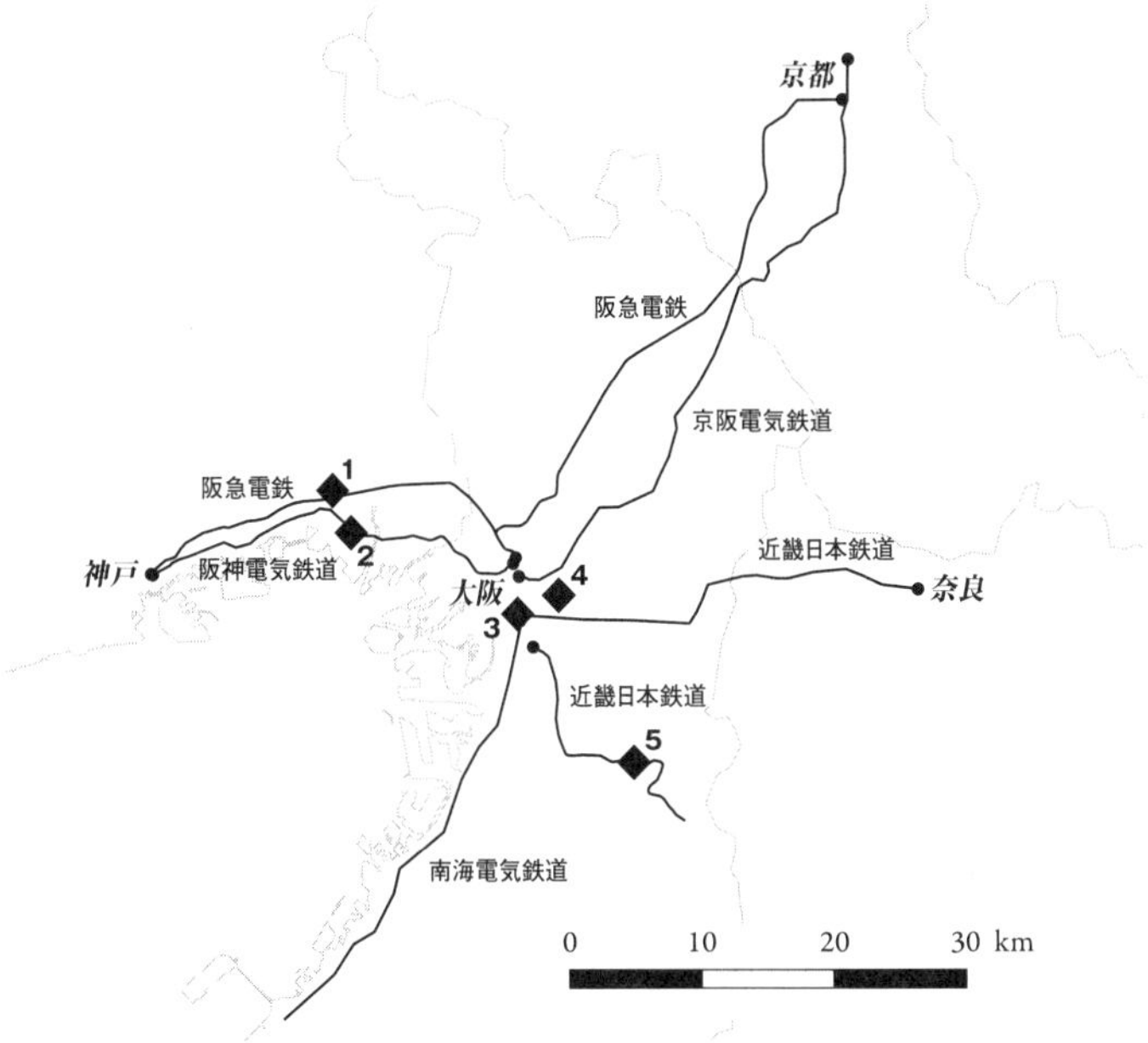

［地図2］1920年代当時の関西私鉄5社の主要路線。
黒の四角は1920年代から40年代に建設された5大野球場。
杉本尚次の研究に基づき作成

そしてもう一つ、スポーツの発展に決定的な役割を果たしたのが、発展を続ける各都市で操業を始めた私鉄各社だった。国有の鉄道網の発達は明治初期から政府の優先事業だったが、ローカルな移動手段は大部分が民間（蒸気機関ではなく電線を活用するもの）に頼っており、一九世紀末から日本中の都市圏で鉄道路線が続々と開通していた。

関西一円では、五つの私鉄が大阪府内、また大阪と京都、神戸ほかの新興都市とを結ぶ路線の敷設を競い合った。こうした初期の都市間路線を整備するには、膨大な企業努力と技能、そして資金が必要だった。二〇世紀初頭の都市部と郊外の発展は私鉄によってもたらされ、各社は苛烈な競争のなかで土地を買い上げて権利を行使し、鉄道網を整備し、駅を建設し、電線を張り巡らせ、車両と技師、整備士を獲得していった。地図2でわかるように、五社の主要路線は大阪中心部から放射状に延び、西は神戸（阪神と阪急）、北東は京都（阪急と京阪）、東は奈良（近鉄）、南は河内と和歌山（南海）へ至っていた。こうして、関西では路線沿いの一帯と、路線の終点にある各都市の周縁に都市圏が発達していった。

こうした公共交通機関の地政学は、私鉄各社の在り方をもかたちづくった。各社は利用客を奪い合う一方、利益を出すには目的地とサービスを提供しなくてはならなかった。そのため大阪や神戸、京都といった主な終点駅で百貨店をはじめとする事業を開始し、沿線の駅での商業活動を促進した。電線を整備し終えると、今度は沿線、特に駅周辺での住宅建設に資金を投じた。そして終点エリアでさらなる乗客や住人、商店を惹きつけるために、競い合うようにして娯楽施設を建てた。こうして五社は鉄道事業と商業、レジャー、不動産との複合企業となっていった。安全性、つまり人口の密集する幹線道路や主要エリアで電車とバスを走らせることが各社の本分ではあったが、同時に民間の営利事業でもあるがゆえ、営業や広報も積極的に推進した。

阪神電鉄は関西私鉄五社の二番手で、一八九八年一月、神戸と大阪の財界人によって、両都市をつなぐ路線として別の名前で創業した。九九年に阪神電鉄の名になり、一九〇五年に路線の開通と終点駅の建設を完了させ、両都市間で本格的に操業を開始した。阪神電鉄の路線は、他社との共用部分が一五パーセントしかなく、残りが自前だったため、大型の車両を使って乗客をすばやく輸送できることで知られていた。ところが間もなく、会社は最大のライバルである阪急の手で苦境に追い込まれる。

阪神電鉄は大阪湾の海岸線に沿って湾曲して主要路線を走らせていた。一方で阪急はまず北西の宝塚への路線を開通し、周辺住民のための娯楽の街として開発した。ところが一九一〇年代、十分な土地と資金を得た創業者の小林一三は、今度は大阪と神戸の直通路線の開通に打って出る。そして阪急が、阪神よりやや内陸にある山際に線路を敷設したことで、阪神はまるで囲碁のようにまわりを囲まれ、拡大の道を閉ざされてしまった。当初の路線以上には延ばせず、そして総延長四五キロメートルは、阪急の三分の一と私鉄五社の中で圧倒的な最下位だった。この小林の一手を境に、両者のあいだには遺恨《いこん》が生まれ、海岸沿いの工場地帯を走る阪神電鉄が基本的に労働者階級の路線、一方で阪急が芦屋の住宅街に暮らす中流と上流の路線として利用されたことで、二社のあいだに階級差が生まれていった。この、労働者階級のための阪神と〝ハイカラ〟な阪急との社会経済的な対比は、のちの系列球団のイメージにもなった。

こうした競争を通じた地域発展は、ほかにもう二つ、二〇世紀の関西野球史に直接的な影響を及ぼした。アメリカのプロ野球研究者は、各球団がチーム名にホームタウンの名前ではなく社名を採用している点をあげつらうが、これは特に関西では完全な誤解である。私鉄五社の名前は、単なる社名ではなく、〝〇〇沿線〟というエリアや〝××間〟といった一帯、あるいは空間を指す一般名詞に近い。社名という以上に、関西の住民の生活圏や住民としてのアイデンティティーの区切りなのだ。阪神沿線の住民意識は、大阪人や西宮市民、神戸市民といったものと同様、あるいはそれ以上に強い地域への愛着を生み出す要因になっている。

もう一つは、五社すべてがすぐにスポーツの持つ価値、つまり客を公園やテニスコート、水泳プールその他の屋外施設へ導き、マラソンや水泳大会、あるいはサーカスや花火、展示会、演劇といった出し物へ呼び込む力に気づいたことだ。各社は百貨店を建て、バス路線を開き、不動産事務所を運営したが、同時にスポーツを広報活動と〝沿線〟のアイデンティティーの要と認識し、広く娯楽の一環と捉えた。スポーツのプロ化が一種の商業化やコモディティ化だとすれば、一九三六年にプロ野球が創設されるはるか以前から、その土台はできていた。

こうした文脈のなかで、学生野球は注目と新たなマスメディアのうしろ盾を得ていく。一九一五年夏には朝日新聞社が学生野球の人気にあやかろうと、大阪北西部の豊中球場、つまり阪急電鉄がまさに乗客を獲得して発展させようとしていた地域の球場で、新たに全国規模の中等学校大会を始めた。とはいえ、設備は全国大会にふさわしいものではなかった。グラウンドはサッカーとラグビー、陸上との兼用で、客席は四〇〇席しかなく、グラウンドとの仕切りは一本の縄だった。当時はまだ開発が進んでいない土地で、中堅裏には森があり、出場を待つ選手たちはそこで日差しをしのいだ。

にもかかわらず、第一回大会には全国三二一の中学から七〇校以上が参加し、一〇校が豊中球場での本大会に進出した。翌年の第二回大会には一五〇チームが参加し、二二チームが本戦出場を果たした。県ごとのトーナメントを予選とする方式はすぐに定着し、現在に至るまで踏襲されている。

この大会によって、朝日新聞の知名度と野球人気はうなぎのぼりとなり、一七年の第三回大会は阪神電鉄が運営する沿岸の鳴尾球場で開催された。鳴尾はもともと競馬場として建設されたが、当時は競馬が禁止されており、経営が急激に悪化していた。そこで一九一四年に阪神電鉄は競馬場と周辺の土地をリースに出した。元競馬場で場内が広いことから、八〇〇メートルの陸上トラックとテニスコート、プール、野球グラウンド二面を備えた複合施設にすることが検討された。これが朝日には魅力的に映った。グラウンドが二面あれば同時に試合を進められ、大会の進行ペースが上がると同時に経費を節約し、しかも別々に入場料を取れる可能性があるという算段だった。

野球の娯楽としての潜在能力をはっきり認識していた阪急の小林社長が、なぜ因縁のライバルである阪神電鉄の球場で大会を開催することを認めたかはいまもって謎だが、ともあれここから朝日新聞と阪神電鉄の協力体制が築かれ、蜜月はその後一〇〇年以上にわたって続く。結局、総合スポーツ施設の案が完成を見る日は訪れなかったが、鳴尾球場は一九一七年から二三年の七年間にわたって大会の舞台となった。グラウンドにまで観客があふれ出す盛況ぶりだった。

大会の知名度をさらに高めるため、朝日新聞はもっと巨大な、恒久的な大会の舞台となる球場をつくるよう要求した。阪神電鉄もそれを受け入れ、一九二二年に川を埋め立ててできたかなりの広さの土地を買い上げた。神戸と大阪のあいだにある阪神本線そばの土地で、会社は路線をそこまで延ばして新駅を建設し、北側では宅地開発を、南側では巨大な総合スポーツ娯楽地区開発を進める壮大な計画を立てた。新球場は、まわりにテニスコート数面と屋内プール、公園、水族館、陸上トラック、さらに海水浴のできる海岸が整備される予定だった。思い切った賭けだったが、阪急という巨大な敵との戦いで苦況にあった阪神は、スポーツを通じて〝健全な体格〟と〝剛健な精神〟の育成を促進することが会社の宣伝になると考えた。二〇年代には、スポーツへの参加と観戦は当時の〝大衆文化〟の中心となった。二八年のアムステルダム五輪で女子八〇〇メートルの銀メダルを獲得した人見絹枝をはじめ、五輪メダリストは国民的英雄となり、また選手の多くは新聞社の勤務だった。甲子園はプロスポーツとそのファンのためにつくられた施設ではなかったが、建築に際して助言を行なった者たちはみな現役の野球関係者で、メジャーの球場を視察した経験も持っていたから、グラウンドの状態と客席のレイアウトには特にこだわった。できあがった甲子園は土のグラウンドがよく整備され、また内野五〇段には屋根（通称〝鉄傘〟）がついていて、観客を八月の猛烈な日差しから守った。外壁にはツタを這わせ、一九二八年には外野に芝が植えられた。二九年には、内野と外野のあいだの木造スタンドが背の高いコンクリート席となり、各学校の応援団の特等席として有名になった。白い制服を着た学生たちが集まる姿から、記者はその場所を雪帽子をかぶったマッターホルンになぞらえて〝アルプス〟スタンドと呼び、これが球場の代名詞となった。三〇年代初頭から中盤にかけてもさらなる改修が加えられ、放送設備と新しいスコアボードが三三年に設置されたほか、外野スタンドも拡張された（しばらく〝ヒマラヤスタンド〟と呼ばれた）。

甲子園は一九二四年八月一日、中等学校大会の初開催から一〇周年を記念して正式に開場した。一九二四年は東洋の暦における〝甲子（きのえね、こうし）〟だったことから甲子園と名付けられた。〝園〟の部分にも重要な意味があったという。それは緑あふれる空間や公園、庭園を指す言葉であり、〝間〟や〝沿線〟の地域発展の重要な第三期だった当時、著名な建築家と都市計画者は、それを英国式の田園都市構想を日本に持ち込む絶好の機会と捉えた。田園都市構想とは、住宅の周囲に科学教育のための公園と娯楽文化施設（〝園〟）を配しつつ、各地区を田園都市の理想を宣伝する鉄道によって連結し、広い意味の都市圏をつくり出すという思想だ。同時期の一九二八年、近畿日本鉄道（当時は大阪電気鉄道）は大阪東部に同様の〝文化施設〟圏の一つとして藤井寺球場を建設した。

甲子園の開場とともに、中学大会が入場料を取るようになったことも重要だった。翌三月、毎日新聞は毎年春に開催していた招待大会の会場を甲子園へ移す。二七年には夏の第一三回中等学校大会がはじめて新メディアのラジオで中継された。観客減への懸念もあったが、逆に放送によって入場者は増加した。二九年にはアルプススタンドが完成し、同時に現在に至るまで日本人の心を掴んで離さない甲子園フィーバーが新聞と鉄道業界の民営化を促進し、関東、関西の〝終点駅〟文化の欠かせない要素となった。

甲子園で、圧倒的な大きさ以上に入場者を感嘆させたのが水洗トイレと売店だった。水洗トイレは当時としては珍しく、使い方がわからない全国各地のファンを怖がらせもした。売店で人気だったのは、いまも名物の〝コーヒーとカレーライス〟の組み合わせ。カレーは手づくりで時間がかかるため行列ができた。中等学校大会では、カレー一万五〇〇〇食以上が売れたという。

一九三〇年には球場周辺にテニスコートが整備され、二年後にはプールと室内トラックが球場内のアルプススタンド下にできた。その後、阪神電鉄は（朝日、毎日新聞との共催で）サッカー大会やアメフト大会、ラグビーの試合、乗馬大会も開催するようになった。

阪神電鉄にとっての甲子園の重要性は、時とともに増していった。一九三五年には、電気供給事業がグループの収益の三割から四割を占めていたが、二度の戦時体制がこれに打撃を与えた。電気事業は日本発送電による国有化が検討され、甲子園の南側の土地も飛行場として接収された。政府は戦後も土地を手放さず、公営住宅地区として利用し、甲子園から大阪湾までの一帯にはいまもこれが残っている。戦争によって多大な痛手を受けたことで、阪神電鉄は多くの人が「過保護な親」と感じるほど甲子園を重視した。

二〇年代、三〇年代における〝エデュテインメント〟としての野球

歴史学者の多くは、一九二〇年代のアメリカはスポーツや映画といった娯楽や余暇活動が完全に大衆文化として定着した時代だと述べる。この時期、増加した都市圏住民のレジャーへの参加と関心が大きく広がり、スポーツ界、文化界のスターが全国区になっていった。ベーブ・ルースにジーン・タニー、メアリー・ピックフォード、クヌート・ロックニー、ボビー・ジョーンズ。日本でも関東と関西を中心に、これに似た住民生活と文化活動が活発化した。二〇年代日本のスポーツ人気はアメリカと比べればかなり低かったが、それでも学生野球は国民的スポーツの中心としての地位を確固たるものにしていた。

野球は中心的スポーツであると同時に特権的スポーツでもあり、二〇年代と三〇年代を通じて、日本人の美徳を体現したものとしての野球と、企業利益と大衆娯楽を提供するものとしての野球という、二つの意義の綱引きはますます鮮明になった。野球が観客を沸かせるほど、政府は神経を尖らせた。新大学の乱立と早慶戦をめぐるトラブル、一〇年代の新聞紙上での議論から間もないなかで、野球は新たな後援者とともに、新たなイデオロギー論者を呼び込んだ。そうしたポスト一〇年代の最重要人物の一人が、早稲田大学で野球部主将と監督を務めた飛田穂州だろう。〝学生野球の父〟と称えられる飛田は、野球の精神論をスポーツとしての武士道に昇華し、ともするとエリートの耽美主義と

もみられた一高の精神を、誰もが学校へ通う時代に即した流儀として描き直した。飛田は選手に対し、監督への忠誠と全身全霊を注ぐ姿勢を通じて、人としての品格を示すことを求めた。一高流をなぞる「死の練習」を課し、「完璧な野球」を求めた。「投手は毎球を全力で投げることを求められた」。実際、飛田は名将で、二五年にはかつて敗れたシカゴ大学にシーズン三六勝〇敗という完璧な成績で雪辱を果たしている。朝日の解説員も務め、（勝てる監督の哲学というかたちで）極めて保守的な「日本式」野球の在り方を提案した。

ところが、全国紙は飛田らスポーツ教育論者に自らの主張を広く訴える場を提供する一方、銀幕のスターや喫茶店のウェイトレスの情事、そして花形学生選手の醜聞も載せていて、それらは飛田の記事と同じくらい読者に人気だった。二八年一〇月、読売新聞は早慶戦の第二戦後に慶應のファンが銀座で騒ぎを起こしたことを報じ、彼らが商店を破壊して喫茶店に乱入し、警察に補導されるのはこれで二年連続だと伝えた。三〇年五月には時事新報が、ダフ屋集団が早慶戦のチケットを大量に買い占め、一円の券を一二円で不法に売りさばいていることを明かした。新聞を通じて地位を高めた大学のスター選手たちや、新聞が伝える彼らのプレイや快挙は、新聞にとって非常に魅力的であり、新聞界の重鎮は、悪名高い事件さえもさらなる利益をもたらすと期待していた。

選手がメディアの寵児としてもてはやされることは、学生野球が培ってきた〝精神性〟を脅かす事態であり、それゆえ軍事色を強める政府の保守的な役人は、この現象を〝堕落〟や破壊であり、西欧スポーツである野球に当然の帰結であるとみなすようになった。その意味では、飛田の批判は野球を完全に禁止はせずに、競技の純粋性を取り戻すことを目指した内部告発だった。飛田は、スポーツ全般を学校で推進すべきだと主張し、一部の〝身勝手な〟学生の左傾化に歯止めをかけるには人格形成が欠かせないと述べた。こうした主張は、多くの教育官僚の心に響いた。学生運動の活発化を懸念する彼らは、適切な枠組みのスポーツを効果的に活用して若者を鍛錬、管理したいと考えた。飛田は、運動は肉体だけでなく精神をも鍛え、心を制御し、思考を鮮明にすることにもつながると米英のスポーツ教育論者におなじみのことを言っている。二四年に内務省は明治神宮競技大会を主催し、翌二五年には東京六大学野球連盟が発足するなか、内務大臣の若槻禮次郎がいくつかの新聞に連載を寄稿し、学生野球の低俗化を激しく批判した。学生側は政府が導入した軍隊式の訓練に抗議して不満を表明した。実際、文部省は全国中等学校長協会のような組織に強い圧力をかけ、スポーツや体育教育を通じて学生たちに規律を植えつけようとした。

二〇年代に大手企業が運動部の出身者を優先的に採用し、また学生が入部を就職への近道とみなすようになったことは、政府の目論見の一定の成果と言えた。背景には、当時の大学生の就職難があった。人気映画『大学は出たけれど』が封切られた一九二九年は、法律、経済、人文系の学生の就職率がわずか三八パーセントだった。失業率の増加と学生運動の活発化、労働組合の暴動に、企業と政府は大いに危機感を抱いた。そのなかで、運動部で厳しい鍛錬を積み、同時に真っ当な考え方を身につけた（思想穏健な）学生は、限られた仕事の口にありつける可能性が最も高かった。

その後、二〇年代終盤までに野球は花開きつつある大衆教育と大衆娯楽のまさに一部となっていた。仕掛け役は国と巨大メディア、輸送企業、小売り企業だった。学校と球場はどちらも民と官の交差点に建ち、そこでは子どもが国家の教育論に、大人が企業主導の娯楽に惹きつけられた。学校と球場は、新時代の階級、土地、性別などの新たなアイデンティティーの影響を強く受けていた。その後の一九三六年、新興の読売新聞社の野心的な創業者、正力松太郎によってプロリーグが発足すると、日本の野球はもう一度生まれ変わるが、その際も所属組織の誇りや愛国主義、そして企業の利益の源という日本野球の性質はいっそう顕著になるばかりだった。

野球のプロ化とタイガースの誕生

プロ野球の興りは、はじめてプロリーグが発足した一九三六年とされることが多いが、日本初のプロチームが誕生したのは実は一九二〇年である。その年、早稲田野球部の卒業生たちが、日本運動協会というチームを立ち上げた。皮肉なことに、彼らは学生野球の浄化を使命に掲げていた。チームの一員である片岡勝は、監督である押川先生に対して不満をぶちまけた。「今日の学生野球は、勉学をおろそかにするというありがちな過ちを犯し、学生のおごりを見過ごし、学校の人気をひけらかすばかりになっています。我々はそれとは一線を画したプロ野球をつくり出し、学生野球を浄化しなくてはなりません」

しかし研究者の菊幸一によれば、そうした野心を持つ日本運動協会は、一人もスター選手を獲得できなかった。大衆がプロ野球という商業的な存在に拒絶反応を示したからだ。観客も集まらず、チームは四年後に解散。その後メンバーが関西で後援者を探すなか、阪急の小林に引き取られたチームは、宝塚野球協会として再始動し、二四年から二九年まで宝塚球場で親善試合を行なったが、定期開催される質の高い大会がなくては、プロ野球の魅力を売り込むのは小林でも不可能だった（つまり、ファンはプロ野球の考え方に反対していたわけではなかったが、プレイのレベルに心を動かされず、チームの在り方にも無関心だった）。

それから数年後にプロ野球が産声をあげるが、その中心は関西ではなく関東で、主導したのも別の野心的な起業家の正力だった。保守的な政治思想とすねに傷を持つ正力は、東京に拠点を置く自らの読売新聞を、朝日や毎日といった権威ある新聞と同じ全国区に押し上げたいと考えていた。アメリカチームとの親善試合がその主な手段だったが、一九二九年、正力は当時日本でも大人気だったベーブ・ルースをはじめとする一流の中の一流を招き、対抗戦を開いてはどうかという編集者の提案を受ける。野球には詳しくなかったが、興味をそそられた正力は、早稲田の監督を引き抜いてスポーツ担当とし、ベーブ・ルースの説得を任せた。そして困難を乗り越え、ついにはルース以外にも一流揃い（ルー・ゲーリック、レフティ・オドール、レフティ・グローブ、ミッキー・カクレーンなど）のメジャーのオールスターを招待し、読売主催で一九三一年一〇月に試合を開催する約束を取りつけた。オールスター軍団は九都市で一七試合を行ない、各地で熱狂的な大観衆に迎えられた。社会人で構成された日本のアマチュアチームが大差で敗れても、観客は気にしなかった。これに味をしめた正力は、前回以上の熱意でベーブ・ルースを説得すると、一九三四年秋に再びＭＬＢのオールスター軍団（メンバーは三年前と多くが同じ）を招いた。一行は蒸気船エンプレス・オブ・ジャパンに乗って来日し、熱烈なファンの前で一六試合を戦った（遠征と当時の状況についてはフィッツ・ロバートが詳しく調査している）。当時すでに三九歳で、キャリアの晩年にさしかかっていたルースは、本塁打と陽気な性格、お茶目なメディア対応とプレイで日本のファンに長く残る印象を与えた。このときもMLBチームは全試合に勝利し、中にはあまりに差が付きすぎたため日本側にアメリカの選手を交ぜて試合をしたこともあったが、やはり観客は満足だった。ルースらは日本の地方球場にあまりいい印象を持っていない様子だったが、大阪へ着いて甲子園球場に入ると、その大きさと、収容人数を上回る六万五〇〇〇の大観衆に驚いた。

正力は、このころにはプロリーグ設立の構想を温めていて、レフティ・オドールと話し合いの場をもっていた。そしてアメリカチームが離日して間もない一二月二六日、読売は大日本東京野球倶楽部を結成した。正力は会社のつてを頼り、もともと日本選抜中心だったチームをさらに強化した。そして国内では公式戦ができなかったため、巨人（ジャイアンツ）の名で一九三五年にアメリカへ遠征し、三か月で一一〇試合を戦った。マイナーや大学のチームとの試合で七四勝（三五敗一分）を記録し、読売新聞は結果を連日詳しく報じた。

この時点で、プロチームは一つだけあっても仕方がなく、複数チームで、複数の場所でリーグ戦を開催しなければ意味がないということがはっきりした。正力は東京、大阪、名古屋の三都市に球団を設立し、春、夏、秋に各都市で試合を行なう形式を目指した。特に強く希望したのが阪神の参加、そしてベーブ・ルース以降、評判がさらに高まった甲子園球場の活用だった。阪神（こちらも幹部がすでにプロリーグの設立を検討していた）と阪急の私鉄二社を説得するのは難しくないように思えた。三五年から三六年にかけての数か月の話し合いをへて、日本職業野球連盟が七社によって組織され、各社がチームを設立し、正力が考えた形式で争うことで合意した。参加したのは新聞社が四社に鉄道会社が三社、地域は東京（三社）、大阪（二社）、名古屋（二社）だった。各球団のチーム名の付け方がばらばらで、ニックネームを使う球団もあれば、社名を使うチームも、街の名前を使うチームもあったのは、プロリーグというものが日本にまったくなじみがなかったことの表れだった。

阪神電鉄は社内で名前を募集し、英語の〝タイガース〟を推す声が多く出た。理由は諸説あるが、デトロイト・タイガース（大阪もデトロイトのような製造の街を自任していた）にあやかったと言われる。興味深いのは、チーム名に大阪タイガースが採用されたことだ（阪神の名称を使わず、しかも甲子園は厳密には大阪の外にあった）。阪神タイガースに変更されるのは一九六一年のことだった。

一九三六年のタイガースの所属選手は一八名で、企業チームで監督や選手をしていた大学出身者と、甲子園を経験した中等学校出身者の混成チームだった。背番号は名前のあいうえお順で割り振られた。一番の高給取りは監督の森茂雄と、ハワイ出身の日系アメリカ人投手、若林忠志で、月給は二五〇円だった（当時の大卒社会人の月収はおよそ四〇円）。

ジャイアンツが三六年春にもアメリカ遠征を敢行したため、第一回大会は四月の終わりに甲子園で、ジャイアンツ抜きで始まった。タイガースは開幕戦を勝利で飾ったものの、最終的には三勝二敗で三位。阪急に敗れたのは特に痛恨で、監督と主将は会社の上層部に呼び出され、釈明を強いられたという。監督は、単純に選手の力量不足ですと言ったが、幹部連は高い金を出しているんだからもっと結果を出せと応じたという。

翌五月、名古屋と宝塚で大会が行なわれた。タイガースは名古屋で阪急を破り、自信を持って宝塚での試合に臨んだが、再びライバルに屈した。監督と主将は再び親会社の幹部に呼び出されて叱責を受けた。直後に森監督が解任されたことを考えると、タイガースの監督交代癖はこのころに始まっていたのかもしれない。

お祭しの方もいるかもしれないが、野球の戦いの裏では、鉄道会社と新聞会社との利益をめぐる綱引きもあった。既述のとおり、都市圏が一定のパターンに沿って発展し、路線と沿線生活、商圏を通じて地域のアイデンティティーが確立される過程を促進してきたのは鉄道会社だ。関西の私鉄五社のうち四社が球場を沿線に建設し、スポーツ促進の根拠地としていた。対照的に新聞社はスポーツのファンベースを可能なら全国レベルに広げることを望んでいた。正力らは一つの球場にチームが根を下ろすことに価値を見出さず、新聞の宣伝のためには球場を借りてチームがそこを移動してまわる形式が望ましいと考えていた。また、新聞社は自社のチームをひいきして報じる傾向があった。

両業界の緊張が続くなか、草創期のプロ野球は、季節ごとに各地持ち回りで試合を行なう形式が続いたが、それでも二シーズン目からは合計勝利数を記録する試みが始まった。しかし、一九四〇年には戦争の影響で娯楽が制限され、プロリーグのあるべき形式を見極める取り組みは、しばらく持ち越しとなったのだった。

バットを手にしたサムライ？

二〇〇〇年代初頭、サッカー日本代表にはサムライブルーというニックネームがつき、これを使ったマーケティングとPRは大成功を収めた。そしてその成功に倣《なら》うかのように、二〇〇九年には野球の日本代表にも侍ジャパンのあだ名がつき、二〇一二年には正式な呼称として使われるようになると、こちらも幅広く活用されている。ホワイティングの七七年の著作の表紙を飾ったイメージは、いまに至るまで健在のようだ。

この章で見たとおり、武士道を模した野球道の土台は一八九〇年代に生まれ、やがて飛田穂州らの著名人によって肉付けされた。そこに流れるのは、野球を通じて人格が形成され、人間性が磨かれるという考え方だ。そうして野球選手は、理想の日本男児の社会通念に見事に合致していった。サムライの理想像と生き方なるものを活用して意欲を高め、規律を生む手法は二〇世紀を通じて続き、日本軍の兵士や第二次大戦の神風特攻隊だけでなく、戦後の学生やサラリーマンも絶対の忠誠と超人的な努力が求められた。

それでも、同じく本章で示したとおり、それは一九世紀から続く日本球史の一側面でしかない。学生野球、自己犠牲やチームへの恭順、学校の誇りといった価値観は、各地の鉄道会社と全国規模の新聞各社が生み出した都市圏の大衆文化によって揺らいだはずだ。一九〇三年の第一回早慶戦から、各社が侍ジャパンに協賛した二〇一七年のワールド・ベースボール・クラシックまで、野球は商業的な見せものとしての人気を保っている。

野球が教育と娯楽の複雑で不自然な融合なのだとすれば、〝サムライ野球〟とはいったい何を指すのだろう。タイガースのスポーツワールドの解釈という面では、それを解き明かす意味はあまりないのかもしれない。タイガースワールドで働く人の体験、あるいはタイガースを熱心に応援し、タイガースを自身のアイデンティティーの一部だと考える人々との関連は薄いからだ。あの世界で何年も過ごすなか、日常会話で侍や武士、武士道という言葉を耳にすることはまずなかった。選手も、コーチも、スタッフも、観客も、話を聞いた人はみな、そうしたものとの縁を感じていなかった。それでもこちらから話を振ると、彼らはすぐに〝野球〟と〝ベースボール〟の違いを列挙し、そして彼らが挙げる日本野球のスタイルは、サムライ野球の提唱者たちの考える流儀と酷似していた。いわく、アメリカの選手は個人主義だが、日本人はチームの和を大切にする。アメリカ人は打者も投手もパワーで押してくるが、日本人は技術で勝負する（パワーボール対スモールボール）。アメリカの選手は練習をあまりやらないが、日本の選手はやり過ぎというくらい練習熱心だ……。これは非常におもしろい傾向だし（日本選手の特徴については、多くの人がほぼ同じことを言っていた！）、国レベルでの違いとしてはそうした感覚が生々しく残っていることの証明に思う。

重要なのは、日本の野球を〝日本式〟野球という都合のいい枠に押し込めて説明することはできない点だ。日本野球にはほかにも数多くの特徴があり、それがプロレベルとアマチュアレベル、チームごと、立場の異なる選手たちのあいだ、そして選手やファンの世代間での大きな差を生み出している。アメリカでも野球をプレイし、観戦する理由はさまざまで、それらがほとんど矛盾したかたちで入り交じっているが、それと同じだ。国のレベルの違いが日本で大きな役割を果たしてきたという点では、ホワイティングらは正しい。それは、日本野球がオリジナルであるアメリカ野球の国内版（あるいは日本式の解釈）として折々に提示されてきたからであり、二〇世紀の日本が西欧式の近代的価値観の中での、あるいはそれと一線を画したところでのアイデンティティー確立を目指してきたからでもあり、メジャーが野球の本場としていまなお君臨しているからでもある。

それでも、数十年にわたって続いてきたサムライ談義には三つの点から疑問を抱かなくてはならない。第一に、一九世紀末に識者が行なったサムライ信仰は作為的なものだった。彼らはおおむね、組織への忠誠をサムライの最大の美徳としてさかんに奨励した。しかし武士とその振る舞いには長く多様な歴史があり、そこから組織への忠誠のみを取り出す行為は、好意的にみても恣意的と言わざるをえない。

組織への忠誠自体も、時代時代の野球の歴史に合わせて再定義されている。〝元々の〟野球をするサムライたちは、新たな国民国家の名門校に通う学生であり、第一高等学校の生徒は一八九〇年代後半に在留アメリカ人チームからの勝利を喜んだ。当初の一高野球部は、大人の力の及ばない、学生が主体的に誇りを持って運営するクラブだった。しかしそれから間もない二〇世紀初頭には、大学や中等学校でも、あるいは初期のプロチームでも、権威主義的な大人の監督がチームを率いるのが通常になった。この方式は現代でも高校野球の世界に残っている（一人の監督が自身の個人的な哲学に従って五〇〜七〇人の生徒を指導するスタイル）が、プロレベルでは一九六〇年代から七〇年代に企業的な球団運営が採り入れられるようになると、忠誠の対象は巨大企業という集団的な権威に変わった。今日のプロ野球選手がサムライだとすれば、彼らの刀はバットではなくブリーフケースだ。

そして三点目として、日本野球界の内外ではっきり指摘されるとおり、サムライ式の野球を実際に指導し、実行することは、特にプロレベルでは難しくなっている。千本ノックや完投主義、あるいは監督の奇策への絶対服従などは逸話としては残っているものの、実際にはそうしたものへの嫌悪感や無関心、明らかな抵抗感が裏では渦巻いている。誰かが何かの流儀を押しつけようとする際、どれくらいの頻度でそれを要求しているかを見ることで、下の者の抵抗の度合いをおおよそ推し量ることができる。これらの点から、スポーツの在り方を一つのイデオロギーに押し込めることは避けたい。人生のすべてがそうであるように、スポーツでも言説と実態はしばしば矛盾する。というより、そのギャップが観客にとっての魅力になる。

その意味で、この本の研究対象である阪神タイガースは、示唆的な興味深い視点を提示してくれる。チームと球団、親会社とのあいだの上下関係や、タイガースの血の重視といった外面的な特徴は、日本式野球の典型例のように思えるが、同時にここまで何度も見てきたように、タイガースは派閥闘争や無能なコーチングスタッフ、選手内の問題児といった特徴も備えており、どちらも等しく大きな注目を集めている。甲子園でのタイガースの試合は、もちろんサムライ野球という茶番ではない一方、同時に無駄にサムライ的な部分も備えている。長く苦しんできたタイガースの熱心なファン、またチームの出来不出来の影響を日常レベルで受けるライトなファンの両方にとって、敗戦に歯ぎしりしながらも〝サムライ〟として誇り高くプレイしようと必死に顔を上げる選手の姿を目に焼きつけることが、タイガース体験の大きな魅力となっている。

しかし、タイガースの魅力はそれだけではない。阪神タイガースを構成するテーマはほかに二つあり、そしてそれは一九一〇年代ではなく六〇年代に生まれた。それこそが次の章で取り上げるテーマ、すなわち野球という職場の企業化と、東京と関東が日本の社会、政治、経済の圧倒的な中心となるなかでの大阪と関西の二番手への転落だ。

第9章

職場のメロドラマと二番手のコンプレックス

わたしが阪神タイガースの世界に足を踏み入れた一九九六年は、チームがグラウンドで苦戦し、フロントが派閥闘争で分裂し、メディアは取り憑かれたようにそのすべてを新聞の一面で、あるいはテレビのスポーツニュースのトップで報じる一方で、オリックス・ブルーウェーブの輝かしい成功と、近鉄バファローズの地味な苦闘は見向きもされずにいた。当初はタイガースの問題にばかり目を向けるのが嫌だった。スポーツチームには必ず苦しい時期があり、たとえ長い低迷だったとしても、そうした陽炎《かげろう》のような一時的な状態はスポーツジャーナリズムで扱うべき事柄であり、人類学的分析の対象にはならないように思えたからだ。ところがその状況はフィールドワーク期間を通じて続き、やがてそれが、わたしが訪れる二〇年前から続くこの世界の常態であることを悟った。すると低迷続きの理由と、それにもかかわらずファンの情熱が尽きない理由を知りたい気持ちが増していった。あの世界には、連戦連敗の中でも強い感情が渦巻いていた。そのわけを探ることで、タイガース野球という内輪の問題だけでなく、広く日本野球や、日本社会における野球の位置づけが明らかになるのではないか。それこそが、この第9章で取り扱うテーマとなる。

この章では、タイガースワールドのさまざまな特徴が一九五〇年代から八〇年代にかけてのプロ野球界、また日本社会で生まれてきた経緯を紹介する。プロ野球の昔ながらの伝統と思われているものの多くは、実はその時期に徐々に、ばらばらに生じた。一軍登録メンバーの多さと大所帯のフロント、企業的なマネジメントとPR、チームの顔としての監督、〝一般〟組と〝外国人〟選手とのあいだの明確な線引き、組織的な応援団、テレビやスポーツ日刊紙への依存などはどれもそうだ。

そして同様に重要なのが、こうした特徴が戦後日本社会の変容にも通じている点だ。東京への一極集中、強力なビジネスイデオロギーとしての日本型企業礼賛、社会的潮流や文化ナショナリズムの形成、テレビとスポーツ紙を中心とした強力な全国メディアの普及などに関して、野球は変化を単に映すのではなく、変化をもたらす重要な役割も担ってきた。

こうした社会の変遷は、関西におけるタイガースの立ち位置の変化でも重要だった。タイガースは五〇年代から八〇年代にかけて、一部にファンを持つ関西の一チームから、地域の関心をほぼ独占する存在に変わっていく。そして、ここまで紹介してきた構造的特徴の力も借りながら、二つの魅力的なテーマ、すなわち職場のメロドラマと二番手のコンプレックスの象徴となっていった。

五〇年代――プロ野球の再開

一九四〇年代初頭の戦中期、日本野球はあらゆる面で苦境に立たされた。選手たちは徴兵され、競技は敵国のスポーツとして国粋主義者に批判され、国民には余暇に使う時間も資源もなくなった。生まれたばかりのプロリーグは、一九四四年にはシーズン三四試合の短縮版で行なわざるをえず、翌年は開催が見送られた。甲子園球場も軍に接収され、名高い〝鉄傘〟は軍事物資として解体され、外野は菜園に改修された。

戦後の野球再開は、日本政府とGHQとのあいだで珍しく意見が速やかに一致した部分で、降伏から わずか数か月後の一九四五年一一月二三日、四試合の親善試合が組まれた。主導したのは中断されているプロリーグの幹部で、かき集められた選手たちは東軍と西軍に分かれた。GHQは、三万人以上の有料客が詰めかけたことに驚いた（甲子園は米軍が使っていたため、関西での試合は阪急西宮球場で行なわれた）。観客は禁止された日本の格闘技よりも〝アメリカの〟スポーツである野球をはるかに支持し、中学校と新たに拡大した高校で野球部の再開が許可された翌年春には、プロ野球の復活も認められた。必要最低限の備品と暫定的な日程のなか、リーグはなんとか一〇五試合を完遂《かんすい》。しかしGHQ（おそらくダグラス・マッカーサー将軍本人の指示）はそこから一歩踏み込み、一リーグ制ではなく二リーグ制に再編し、両リーグの覇者がシーズン末に〝ジャパンシリーズ〟で相まみえる形式に移行するよう促した。アメリカ人からすれば〝独裁的〟な一リーグより二リーグ制のほうが〝民主的〟で、そこには明らかに、MLBのアメリカンリーグとナショナルリーグの構造が念頭にあった。

プロ野球再開をめぐっては、二つの面で激しい政治的駆け引きが行なわれ、タイガースもその影響を被った。一つが球団数で、戦前のほんの数年間にプロ野球が大衆に広く受け入れられていたことから、映画会社や食品会社など、無数の大企業が急いでチームをつくって参入を要請した。読売の牙城を崩したい毎日は特に積極的だった。

すでにプロ野球を構成する各企業、特に読売は拡大に消極的だったが、毎日が別のリーグを始めると脅しをかけたこと、またアメリカ軍からの圧力もあって、まずは一六チームでの再開が検討され、一九五〇年春からセ・パ両リーグ、各八チームでのリーグ戦が始まった。のちに財政難から四社が撤退して一二球団となると、ここ六〇年で大きく拡大してきたMLBとは異なり、NPBはこのかたちを現在まで保っている（保有企業の移行や本拠地の移転は何度かある）。

もう一つの争点は、各チームの両リーグへの割り振りだった。関西では、阪神と阪急に加えて近鉄と南海が滑り込みでプロ野球に参戦し、大手私鉄が保有する域内のチームは四つになり、ビジネスでの競合相手が野球の世界でもライバルになっていた。多くの人は、四チームが同じリーグに入るものだと確信したし、そこに毎日（当時も大阪に拠点があった）と福岡の私鉄である西鉄が加われば六チーム間のライバル関係でリーグは大いに盛り上がり（また儲かり）、また西のパ・リーグ、東京近郊のチームを中心としたセ・リーグという構図もできるはずだと考えた。

ところがそこで、ほかの関西各社からすれば腹立たしいことに、タイガースが抜け駆けした。阪神電鉄としては、読売ジャイアンツとの試合が一番儲かるから、シーズン中に二〇数試合対戦できるセ・リーグのほうが望ましかった。だからほかの関西のチームに背を向けてジャイアンツ（こちらもタイガースをそそのかしていた）のいるリーグを選んだ。ほかの関西四球団のオーナーは、タイガースの独断専行を容認しつつ、仕返しとばかりに選手を強奪した。特に毎日はタイガースの主力六人を獲得し、その影響はすぐに表れただけでなく、長く尾を引いた。二リーグ制初年度（一九五〇年）のタイガースの順位は、首位と三〇ゲーム差の四位で、リーグ初優勝までは一〇年以上を要した。

五〇年代を通じて、関西を中心としたパ・リーグはセ・リーグとジャイアンツに対して奮闘し、日本シリーズの成績もまったくの五分だったが、セ・リーグはジャイアンツが一〇年で優勝八回と席巻《せっけん》していた（日本一は四回）。タイガースもおおむね二位か三位には入っていたものの、地域の関心は薄かった。最大の強豪にして人気の球団は、この時期にパ・リーグを何度も制した南海ホークスで、日本シリーズでジャイアンツを破ったこともあった。大阪の繁華街にあった本拠地の大阪球場は、甲子園より小さく、設備も劣っていたが、五〇年代にはこの場所が間違いなく関西球界の心臓だった。

マスメディアも野球と同様に猛スピードで復興し、スポーツ、特に野球とプロレスはメディアを潤わせて発展に一役買った。四〇年代末に紙はまだかなりの稀少品だったが、それでも漫画や人気の週刊誌とともに、朝日と毎日の両全国紙はなんとか資源を工面してスポーツ専門の日刊紙を創刊した（GHQが特別に許可したらしい）。プロ野球は当初から一面で扱われたが、当時はまだプロレスと公営競技と紙面を分け合い、話題を独占するようになるのは数十年後だった。

もう一つ、この時代に発展した重要なマスメディアがテレビだった。ここでも、読売の強力なオーナー正力松太郎は機敏で、NHKよりも早くテレビ放送の免許を取得した。そして積極的にテレビ放送網を築いてラジオと組み合わせると、プロレスとボクシング、野球のすべてを放送することで、当時はまだ珍しく、貴重だったテレビで「スポーツを観たい」という視聴者の心をくすぐった。それでも、甲子園で開催される全国高校野球選手権と年六場所の相撲巡業はNHKでの放送となり、どちらも商業化は難しくなった。

しばらくのあいだ、テレビは呑み屋や理髪店、喫茶店（エアコンも同様で、店主はお客を呼び込むために大枚はたいてこの二つを揃えていた）、あるいは日本テレビが各地に設置した街頭モニターくらいしか視聴手段がなかった。当時最も人気だったのは実はプロレスで、それは当時のカメラで効果的に焦点を合わせられるのがプロレスの四角いリングだったこと、また日本テレビとプロモーターが日本人レスラー対舶来のアメリカ人レスラーという対立の構図を演出し、ナショナリズムを強烈に喚起していたことに由来する。

野球の未来に不意に明るい光が差し込んだのは、球場に夜間照明が設置され、ナイトゲームが可能になった五〇年代後半だった。甲子園では五六年に設備が整い、タイガースは働く大人、つまり平日の昼間は野球を観られない人々を観客やテレビ視聴者として取り込むことに成功した。また、家電ブームのなかでメーカーはテレビの低価格化を実現し、六〇年代初頭には全家庭の四分の三が家にテレビを備えるようになった。

野球界では、五〇年代後半から六〇年代にかけてジャイアンツがパ・リーグのチームに苦しんでいたが、親会社は本拠地である後楽園球場のとなりに遊園地をつくる計画に投資しつつ、所有メディア（新聞とラジオ、テレビ）を存分に活用してジャイアンツの試合を報じ、チームを宣伝した。監督の川上哲治は、大学と高校でそれぞれ活躍した二人の新たなスター、長嶋茂雄と王貞治を中心にチームをつくり、六〇年代中盤のジャイアンツ黄金期の土台を築いた。そしてジャイアンツ一強の背景にあった強烈な東京中心主義と企業型ナショナリズムの台頭は、タイガースと日本の野球界全体にも大きな影響を及ぼした。

六〇年代――東京への集中

タイガースは一九六〇年代前半に準優勝の壁を破り、六二年と六四年にセ・リーグ優勝を果たした。後者は特に劇的で、タイガース史でも特に記憶に残る一年となっている。シーズン中盤には首位の大洋ホエールズに六・五ゲーム差をつけられた時期もあり、徐々にその差を縮めたものの、残り七試合で差はまだ三・五ゲームと逆転は不可能に思われた。しかし、エースのジーン・バッキーを中心とした投手陣の奮闘で、チームはホエールズから三連勝を収めた。両者の最後の直接対決では、両チーム同点で迎えた八回、二死満塁からホエールズのエース稲川誠が暴投を犯すと、コンクリートの壁で跳ね返ったボールを捕手が掴み、猛ダッシュで本塁ベースカバーへ入った稲川へ送球したが、一か八かのスタートを切っていた本屋敷錦吾が完璧なスライディングで生還。タイガースはそのままプロ野球史上でもまれに見る〝奇跡の逆転〟優勝でシーズンを締めくくった。

日本シリーズの相手は、人気、実力ともに上の南海ホークスだった（奇妙なことに、関西の二球団が日本シリーズで対戦したのはこのとき限り）。両チームにはそれぞれジーン・バッキー、ジョー・スタンカという外国人エースがいた。シリーズは両者一歩も譲らないまま勝負は最終戦に持ち込まれたが、最後はスタンカ擁するホークスが日本一に輝いた。この年の日本シリーズは関西を沸かせたが、それでもスポーツ紙のトップを飾ることは珍しく、甲子園で一〇月一〇日に行なわれた第七戦の観客はわずか一万五〇〇〇人だった。

その理由は、最終戦のまさにその日、一九六四年東京オリンピックの開会式が行なわれたからだった。一か月以上ものあいだ日本中がオリンピック一色になることをわかっていたNPBは、シーズンの日程を圧縮し、日本シリーズも前倒しで開催したが、それでもオリンピックの陰に隠れてしまうのは避けられなかった。最終的にオール関西の日本シリーズになったことも、地域にとっては象徴的な屈辱だった。ただそれ以上に大きかったのは、オリンピック開催によって東京の国際的な権威が上昇し、公共交通機関、ビル、下水道への巨額のインフラ投資が進み、現在に至るまで続く関西の凋落が一気に加速したことだった。

特に影響が大きかったのが、日本初の新幹線が東京・大阪間で開通したことだった（その後の数十年で新幹線は拡大し、日本各地に路線網が張り巡らされる）。「二つの大都市圏をつないだ」と言えば聞こえがいいが、現実には人と組織、そして権威の流れは大阪と関西（あるいは名古屋その他）から東京への圧倒的な一方通行だった。

近代国家では、人口は一か所に集中するか、多極化するかのどちらかになる。アメリカやカナダ、ブラジル、ドイツ、オーストラリアは多極化型で、（ワシントンDCやニューヨーク、シカゴ、ロサンゼルスなどの）政治、経済、文化の強力な中心地が競い合うようにして各地で発展した。対していくつかの国では一つの中心地の周辺に社会が形成され、政治力や経済力、文化の発信力などがその場所に集中する。フランスやギリシャ、メキシコ、スペイン、ノルウェーなどはこちらのタイプだ。

日本は数百年のあいだ前者だった。江戸と東京は三五〇年にわたって政治の首都ではあったが、経済面で圧倒的な力を持っていたのは大阪で、人口も大阪が上回ることのほうが多かったし、都市圏の娯楽やメディアの発展でも大阪が主役だった。日本で最初に生まれた全国紙、朝日と毎日はどちらも大阪を拠点にしていたし、本社を置く企業も多く、多くの業界が生産、出荷の基地を大阪に置いていた。日本の野球は東京で始まり、二〇世紀初頭の大学野球は東京のチームが席巻していたが、全国中等学校優勝野球大会など、多くのスポーツは朝日と毎日の主催だったから、一九一〇年代までには主な舞台は大阪へ移っていた。二〇年代後半には、東京の後楽園球場と明治神宮球場の完成からさほど間を置かずに甲子園（また藤井寺などの関西の球場）が開場し、集客力でも、ファンの熱でも両都市圏はかなり拮抗していた。しかし、しばらく続いたこの均衡は、一九六〇年代に不可逆的に崩れ、日本は決定的な東京中心の国となっていった。

人口は全国で増え続けたが、東京と関東一円は他地域の伸びを食うようにして最も増加した。一九三〇年には、日本の製造の三割を大阪が担い、東京の二倍を記録していたのが、大阪の企業数と雇用は六〇年代にどちらも減少に転じた。日本研究者のデイヴィッド・エジントンは「一九七〇年、大阪は日本の輸出の三六・五パーセント、製造の二三・三パーセント、新工場の一五・二パーセントを占めていた。それが一九九三年までには、輸出はわずか四・三パーセント、製造は七・七パーセント、新工場は一パーセントにまで落ち込んだ」と述べている。当時の国土庁は〝中枢機能〟という指標を使って各都市圏の経済、政治、社会文化を指数化した（企業幹部や金融機関、高等教育機関、政府機関の数など）。するとすべての指数で七〇年までに東京が大阪を上回り、その後は差が急拡大していることがわかった。東京への集中が進むなかで、それ以外の全土が〝地方〟になったが、大阪と関西が〝二番手〟に転落した印象は特に強かった。こうしたプロ野球をめぐる情勢の変化と、日本の新たな地勢図におけるプロ野球の役割は、相互に絡み合いながら日本社会に甚大な影響を及ぼしていった。

プロ野球の在り方を変えたV9ジャイアンツ

一九六五年シーズンのプロ野球は、大阪勢対決となった日本シリーズが東京オリンピックに〝食われた〟わずか数か月後に開幕し、そしてなんの偶然か、読売ジャイアンツの前人未踏の快進撃はこの年から始まった。ジャイアンツはこのシーズンを皮切りに、九年連続でセ・リーグと日本シリーズを制する。六五年から七三年までのいわゆるV9ジャイアンツは、永遠の〝全国区〟のチームとなり、プロ野球の在り方を根本から変えていった。

もちろん、彼らは七三年の最後の連覇まではV9ではなかったわけだが、六〇年代後半から七〇年代初頭に至るなかで、一年また一年と無敵の巨人軍のイメージは増大していった。V9の偉業の要因はいくつもある。まず、長嶋茂雄と王貞治という歴代最高級のスターコンビの存在だ。長嶋は一九五七年にその年一番の大学生との触れ込みでジャイアンツに入団し、王も翌年、高校ナンバーワン打者として続いた。二人ともプロの水になじむのに数年を要したが、六〇年代初頭には〝ON砲〟はジャイアンツの中軸になっていた。V9時代のジャイアンツの公式戦一一九二試合のうち、ONが揃って欠場したのはわずか六〇試合。九年間で二人は合わせて六五一本塁打、つまりシーズン平均で七〇本塁打を放った。打点は合計二七〇〇以上で、一シーズンあたりでは二人で三〇〇打点、一試合平均は約三打点を記録している。九年間のほぼすべての試合で、ONのどちらか、あるいは両方がチームの主役となり、メディアと観客の注目を集め続けた。

第二の要因が、選手時代に〝打撃の神様〟として知られた川上監督だ。監督としては〝管理野球〟と呼ばれた上意下達式の指導法で有名になり、選手には鉄の規律と過酷な練習、指示への絶対遵守を求め（少なくとも求めて見せ）、保守的な戦い方を採用した。また、外国人助っ人には頼らずオール日本人で戦う方針を宣言し、就任初期に日系ハワイ人のウォーリー与那嶺を構想外とした。与那嶺は戦後初のアメリカ人プロ野球選手で、五〇年代には有数の名選手だったが、五九年末に放出された。ON砲と管理野球、オール日本人といったV9ジャイアンツのオーラとイメージは、実質的にジャイアンツ版サムライ野球のブランドとなり、全国ネットのテレビとラジオ、一般紙とスポーツ紙、漫画などをフル活用して試合を全国に届ける読売メディア帝国によって強化され、浸透していった。東京を拠点とする一つの企業グループを代表するチームでありながら、ジャイアンツはこの時期に全国規模のファン基盤を本格的に確立し、象徴的な〝日本のチーム〟として売り出されていった。

スポーツアナリストの中には、常勝軍団の登場はスポーツそのものの本質（そして利益率）を損なうと主張する者がいる。スポーツには戦力の均衡を維持する手段と、勝者が入れ替わる可能性、そして試合とシーズンの結果が最後までわからないサスペンスが必要だという考え方だ。しかし、Ｖ９ジャイアンツが日本中を虜にした事実は、その逆を指し示している。まだ安全というものが貴重だった戦後間もない時期の日本人に、Ｖ９ジャイアンツは常勝の安心感をもたらした。日本は第二次大戦で完全敗北を喫し、国中が荒廃し、五〇年代には復興の見通しも不透明で、その感覚は六〇年代にもまだ生々しく残っていた。わたしは七〇年代に、東京から離れた日本の田舎で暮らしたことがあるが、その時期に農家を営む一家と一緒にテレビでジャイアンツ戦を観たことをいまでも覚えている。そのとき一家がよく口にしたのが、ジャイアンツ戦は観ていて楽しい、予想どおりの結果になって「安心した」という言葉だった。安心とはほど遠い状況で育った世代に向けて、ジャイアンツは確実な安定と成功を提供した。一九七〇年代から八〇年代になって常勝でなくなると、負けている夜には一家の主がテレビのスイッチを切り、それ以上試合を観るのをやめることがたびたびあった。

企業型ナショナリズム、文化アイデンティティー、そして社会の主流

Ｖ９ジャイアンツはＮＰＢを席巻し、プロ野球を一変させた。しかし、彼らの影響はそれだけにとどまらなかった。偶然の一致ではあるが、Ｖ９は日本が世界の経済史上まれに見る急成長を見せ、日本固有の企業観と民族文化が生まれた時期と重なっていた。ジャイアンツは〝株式会社ニッポン〟をスローガンとする日本ビジネス界と、日本式運営のイメージを強烈に増幅させ、その正しさを証明する役割を担った。一九六〇年代中盤から後半は、国内の実業家と識者によって〝日本の会社制度〟のイメージが伝統に縛られた非効率的なアナクロニズムから、西欧式を上回る効率的で前向きな日本独自のスタイルへと刷新されていった時期だった。硬直的で原始的と国内外で揶揄された日本企業が、後期資本主義組織の規範ともなりうる強力で先進的な〝東洋式協調主義〟の象徴に変わった。その主な中身は従来の西欧式資本主義の論理と矛盾したが、以下のような特徴の下、団結と協力を通じて強さを築くと謳われた。

- ・終身雇用（企業と一蓮托生《いちれんたくしょう》だという感覚を生む）
- ・新卒は一番下からの出発（途中で転職はしない）
- ・一般的な学力を重視して採用（専門技術は求めない）
- ・年齢に応じた昇給と昇進（年功序列社会）
- ・企業ベースの組合（技能ベースではない）

・会社によるキャリア管理と充実した研修、手厚い社会保障

そしてジャイアンツが象徴的に示すように、プロ野球はそうした企業式の権威と規律の正しさを一般に示すのにうってつけだった。こうしてジャイアンツは、国家の権威を示し、民族的なプライドをくすぐる役割を一手に引き受けるようになっていった。

それでも、こうしたよくできたイメージとジャイアンツ野球の否定しようのない成功の裏側に、矛盾や抑圧、犠牲があったことを見通すのはさして難しくない。その傾向はジャイアンツワールドだけでなく、広くプロ野球界、特にパ・リーグとタイガースにもあった。長嶋や王、あるいはその他のV9の立役者（堀内恒夫など）は、確かにジャイアンツでキャリアを全うした〝終身雇用〟の選手であり、三菱のサラリーマンが生涯三菱であるように生涯ジャイアンツを貫いた。ところがメンバーをよく見ると、当時のジャイアンツは戦力を保つために有名スターを外から獲得していることがわかる。張本勲や殿堂入り投手の金田正一はキャリアの絶頂期にジャイアンツへ引き抜かれ、チーム力を底上げした。川上は現実的な日和見主義者で、同時に隠れた偽善者でもあった。国民の誰もが〝我ら日本人〟を誇りにし、文化的ナショナリズムを支持した時代に、川上の純国産の方針は日本人の心の琴線に触れるものではあったが、中国人の父親の下に生まれ、自身も中華民国国籍である王と同様、張本は在日韓国人二世であり、社会的制約を強いられていた。ほかにも、国民の成功物語たる〝日本のチーム〟の裏の顔を示す逸話（チームが記者や審判、リーグ関係者、後援者を脅していたことなど）は多数ある。

六〇年代には、他球団にも組織構造やイメージの企業化がみられた。確かに各チームは当初からメディア企業や私鉄の所有で、企業の計画に組み込まれてはいたが、チームそのものは時季的な存在で、サポートや管理を行なうスタッフの数は最小限だった。シーズンを通じてチームを宣伝し、常勤の職員から成る本物のフロントを備える方式は六〇年代に生まれた。登録人数とスタッフ数が拡大し、チームの上に置かれるフルタイムの球団に、正社員と親会社の出向社員が常駐するようになった。子会社としての球団が生まれ、球団は企業型の組織モデルに否応なく組み込まれた。年功序列や絶対的な上下関係、業務の進め方、意思決定の手順に日本式が持ち込まれることで、野球球団はビジネス界やファンの世界に近い性質を帯びていった。

企業式は球団だけでなくリーグにも浸透していった。オーナー会議に従属する存在としてのコミッショナーは以前から存在したが、ドラフト制度が始まった一九六五年にはじめて移籍の仕組みと契約の条件が制度化された。リーグが〝外国人選手〟という分類をつくり、〝通常選手〟と区別されるようになったのが七〇年代だった。そして、こうした変更は各チームの戦力を均し、運営を標準化することにはつながらなかった。ジャイアンツがプロ野球改革の成功例となる一方で、他球団、特にパ・リーグは盛大に煽りを食った。

ジャイアンツの快進撃によって、パ・リーグの人気は急激に落ち込んだ。テレビでの露出も、視聴者も、観客もない以上、スポーツ紙の関心も薄れるばかりだった。セ・リーグ最下位のチームのほうが、パ・リーグの優勝チームより収入が多いと言われた。南海とともに五〇年代のパを支配した西鉄ライオンズが、一九六九～七〇年にかけて悪名高い八百長疑惑、いわゆる〝黒い霧〟事件を起こしたことも、チームとリーグのイメージを穢《けが》し、ライオンズは七〇年代に何度も売却されて関東に移った。七〇年代後半には、関西を代表するチームで、阪神電鉄よりもはるかに巨大な親会社を持つ南海ホークスが、八〇年代後半には阪急ブレーブスが売却された。ホークスがライオンズに替わってさらに西の福岡へ移転した一方で、当時のオリエント・リース社が購入したブレーブスは、オリックス・ブルーウェーブと名前を変えて神戸市郊外に本拠地を移した。その後わたしが調査のため関西入りしたときには、オリックスと近鉄バファローズがパ・リーグに所属していた。

一九七九年にライオンズを引き取った関東の小売り、鉄道大手の西武グループは、チームに積極的に投資すると、埼玉県内に新スタジアムを建設し、革新的な商業戦略を駆使して新たなファン層を開拓した。試みはすぐ成功につながり、ライオンズは八二年からパ・リーグを完全に支配して、九八年までの一七年間でリーグ優勝一三回、日本一を八回を達成した。それでもパ・リーグと各球団の人気、収益力を回復させるには至らず、九六年にはイチローらスター選手を擁するブルーウェーブがライオンズの覇権に挑戦していたが、グリーンスタジアムの客の入りはそこそこで、テレビ中継はほとんどなく、イチローでさえもメディアの関心はそこまで高くなかった。

そして、ジャイアンツ王朝の成立と東京への集中、大企業モデルの権威の確立という、六〇年代の変化に最も大きく影響されたのが阪神タイガースだった。研究者の井上章一や橘川武郎が指摘するように、五〇年代から六〇年代にかけて、関西の新テレビ局（毎日放送と朝日放送、関西テレビ放送、サンテレビなど）はほぼパ・リーグの球団と試合だけを追っていたのが、ジャイアンツのV9が始まるとそれをやめ、タイガースに関心を示すようになった。セ・リーグ各球団の観客数はジャイアンツ戦が最も多く、放映権料は高かったが視聴率は最高だった。同様の傾向は関西のスポーツ紙にも言えた。

二番手のコンプレックスというテーマと、球団への関心の上昇の点から見て、関西が拠点だったことはタイガースにとって祝福でもあり、呪いでもあった。野球とまったく関係ない球団の弱みや内部の小競り合いがスポーツメディアで事細かくメロドラマ的に語られる状況は、親会社、つまり安全で効率的な交通網の運営を旨とする私鉄をとりわけ神経質にさせた。それゆえ阪神電鉄は球団の細部にまで口を出すようになり、それがチーム成績をさらに悪化させた。

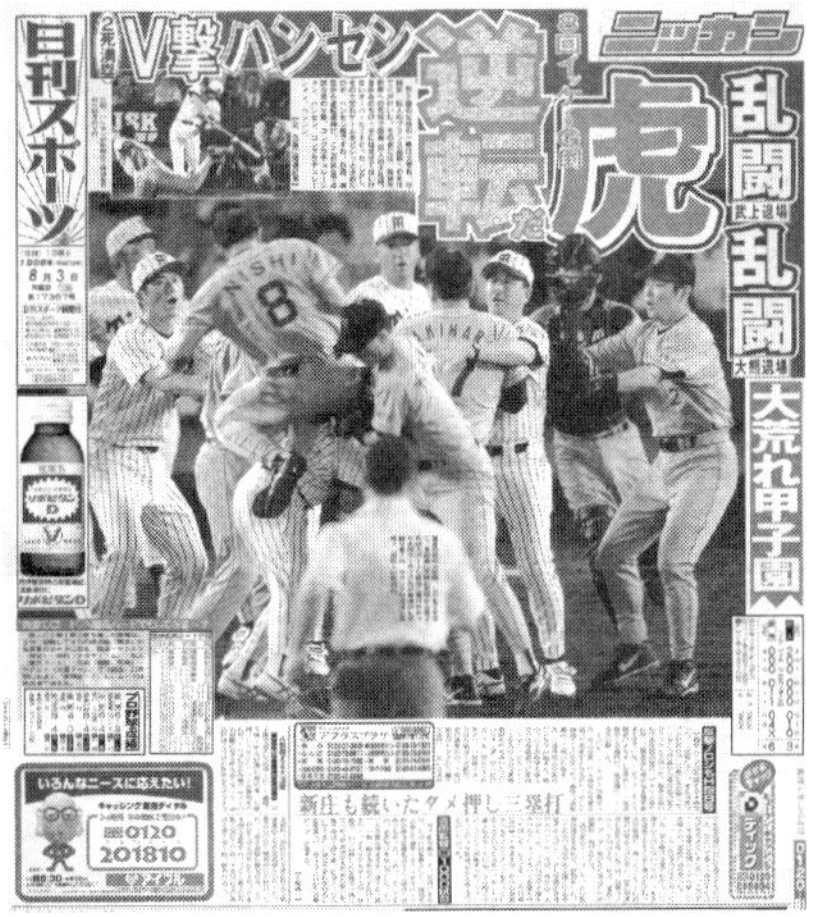

［写真７］日刊スポーツ大阪版、1998年8月3日号の一面を飾ったタイガース対ジャイアンツ戦の乱闘の場面。日刊スポーツの厚意により掲載

それにもかかわらず、いや、だからこそ国民は、ジャイアンツとタイガースの圧倒的な戦力差、そして二つの世界の対照性に目を向けた。タイガースの親会社は相も変わらず小さな私鉄なのに対し、読売は世界有数のメディア複合企業であること。読売がジャイアンツのイメージを入念に築きあげているのに対し、阪神が関西メディアの餌食になっていること。読売がファンクラブを後援してファン行動を管理しているのに対し、日本最大の規模を誇るタイガースの

応援団は好き勝手に振る舞っていること。リソースの潤沢なジャイアンツが選手をどんどん獲ってこられるのに対し、資金とリーグへの影響力に乏しいタイガースは最高の新人を獲得できず、ルールをねじ曲げたりもできないこと。こうしたさまざまな要因が積み重なって、ジャイアンツとタイガースのライバル関係は〝日本のチーム〟対〝関西のチーム〟の関係に進化していった。

それゆえ、甲子園で年に約一五回（また同じ回数だけ東京で）、野球のプレイとなって表れる両者のライバル関係は、単に東京と大阪の代理戦争というだけでなく、日本の一番手と二番手との争いでもあった[写真7]。もっと言えば日本の中心と地方との戦いであり、タイガースの立場は、それまでの数十年における日本の政治、経済情勢の変遷を思い起こさせるものだった。ずっと変わらない甲子園に対して、ジャイアンツがバブル最盛期の八〇年代に後楽園球場から〝ビッグエッグ〟こと東京ドームに本拠地を移したことも、両者の関係を端的に映していた。

タイガースの球団史──〝猛虎〟と〝ダメ虎〟の繰り返し

つまりタイガースは七〇年代初頭から（わたしの調査期間である）九〇年代をへてその後に至るまで、グラウンド上でも、物語上でもジャイアンツの最大のライバルであり、関西スポーツ界の希望の象徴だった。両者の関係は、本書で述べてきたタイガースワールドの土台となっているだけでなく、タイガースの〝歴史記述〟と呼ぶべきもの、つまりこの数十年のタイガース史の書き方や表現に多大な影響を与えた。自分の体験の歴史的意義を知るには、わたしもタイガース史を知らなければならなかった。

野球は歴史が大好きで、そのナルシシズムはサッカーやクリケットにも比肩する。スポーツそのものがストーリーテリングの大きな可能性を秘め、豊かな筋書きと登場人物を備えている。野球を観戦し、プレイするだけで物語が生まれ、意義がサスペンスを生む。目の前で展開されるアクションは、以前のプレイや出来事の記憶とつながることでサスペンスを備える。各ポジションの専門性が高く、インターバルの多い野球では、数字や記録への依存度が特に高く、密度の濃い統計という縦糸と、物語という横糸が組み合わさることで、ノスタルジーという豊かなタペストリーが織られていく。

同時に、そうした歴史認識には複数の形状と層がある。一部のスポーツ学者とベテランライター、元選手、歴戦の監督とコーチは、自らの数十年にわたる直接的な体験に、それよりも広大な記憶と専門知識とを組み合わせる。吉田義男もそうした一人だ。選手として、解説者として、また監督として、毎シーズンこの世界に関する詳細な知識を蓄えてきた吉田は、この五〇年のタイガース史に欠かせない重要な登場人物だ（自ら少なくとも四冊の自伝や評伝を出している）。甲子園へ三〇年にわたって定期的に（本人曰く「信心深く」）通い続けてきた浪虎会会長の藤田憲治のようなファンも、試合や選手の生き字引だ。リーグ史やチーム史、自伝、監督研究はそれこそ無数にある。オーナーや実況、スカウト、応援団の歴史もある。一つの試合はもちろん、一連の投球のみをテーマにした書籍さえある。日本で最も多いのは、二つの人気チームであるジャイアンツとタイガース、そして両チームの監督と選手を扱った書籍だ。とある大阪の書店の目録を最近オンラインで確認したところ、タイガース本だけで二八六作品が出版されていた！

しかしそのほかの多くの人、特に若手選手や一般のファンは、タイガースの歴史に関する知識はかなり浅く、時系列に沿った情報や一貫性を欠いている。彼らにとって、タイガースの歴史は名場面とスキャンダルを集めた絶頂とどん底のリールであって、一次史料に基づいた整理された記述というよりは、口伝えで聞いた名勝負やスター選手、騒動、劇的な勝利、衝撃的な敗戦の集積に近い。

わたし自身、二八六のタイガース本のすべてはおろか、大半にあたることすらおぼつかない身だが、過半数に目をとおすなかで、タイガースに関する記述の極端でメロドラマ的なトーンをしばしば感じている。タイガース史のキーワードは〝猛虎〟と〝ダメ虎〟で、それが鮮烈な二項対立を成している。タイガース史はチーム賛歌にして嘆き節、絶頂の記録にして醜聞の記録、聖人伝にして苛烈な批評だ。タイガース史には球団が編纂したものもあれば、親会社が記したもの、スポーツ新聞が記念に編集したものもあり、どれも事実を年ごとに細かく追っている。しかしその他の多くのタイガース史や回想録は、有名な出来事を集めて書かれている。有名なのは記事で、あるいはファンの会話で何度も取り上げられているからだ。それらはタイガースにまつわるエピソードと数字を土台に、チームの栄光と苦難を軸に構築された物語である。個人の偉業に劇的な瞬間、長い低迷期の合間にまれに訪れる成功。チーム史の印象は、その後の出来事だけでなく、現実と郷愁というフィルターをとおした歴史の語り口にも左右される。

それを示すために、ここからはわたしにとって特に有益だったこの二五年のタイガース史関連本を軸に話を進めよう。著者の多くは、実況を長年務めたアナウンサーや編集者といったメディア関係者で、たいていはタイガースワールドで社会人生活をまっとうした人たちである。有名な文化評論家や長年のファンの視点から語った作家もいる。一冊は日刊スポーツのチームが編集した作品で、一冊は吉田義男の伝記だ。興味深かったのは、一九五〇年代から現在に至るまでのさまざまな出来事や瞬間の中で、多くの人が同じ場面を取り上げていることだ。タイガースワールドの歴史として流通しているものが、客観的な年代記というより、個人やチームの絶頂、あるいは騒動や苦闘にまつわる伝承だと主張する理由はそこにある。各場面への評価はさまざまで、極めて主観的な意見もあれば、客観的な意見もあるが、出来事自体は一般的だ。これから紹介するのは、簡単ではあるが、それら一〇冊から抜き出したタイガース史上の重要な出来事で、大半は苦難にまつわるものである。

1 一九四七年の〝ダイナマイト打線〟

タイガースは戦後かなり早く再建を果たしたチームで、プロ野球再開後の二年目のシーズンに、二位の中日ドラゴンズに大差をつけてリーグ優勝を飾るが、その要因がメディアに〝ダイナマイト打線〟と呼ばれた攻撃陣だった。しかし、ダイナマイトは一瞬の爆発力が魅力であり、栄光は長く続かなかった。翌シーズン、タイガースはその後一〇年にわたって黄金時代を築く首位南海ホークスに一七ゲームの大差をつけられて三位に終わった。その後は一四年間リーグ優勝から遠ざかり、次にセ・リーグのペナントを獲得したのは一九六二年だった。

2 一九五四年の〝放棄試合〟

タイガース史初期の騒動としてよく取り上げられるのが、一九五四年七月二五日、対中日ドラゴンズ戦でのタイガース史上初となる〝放棄試合〟である。両チーム同点で試合が延長にもつれ込むなか、タイガースのスターだった藤村富美男が球審の杉村正一郎の判定に激怒してベンチを跳び出し、球審の腹のあたりを殴って退場を宣告された。するとファンがグラウンドへ乱入して警備員と乱闘を始め、松木謙治郎監督が抗議を続けるなかで試合は六七分にわたって中断された。そしてようやく再開したものの、退場の宣告が聞こえていなかった（と本人は主張する）藤村が打席に入ろうとし、再び球場は大混乱に。審判団は結局、試合を中止してドラゴンズの九対〇の勝利扱いにすることを決めた。

この件も、タイガースと親会社の険悪な関係を示す一件とされる。フロント幹部の田中義一は、リーグから厳罰が科されないようにすると約束していたが、実際には松木監督には五日間のベンチ入り禁止と制裁金、殴った藤村には出場停止一二日間と制裁金五万円という厳しい処分が下され、藤村の連続出場記録も一〇一四試合で途切れた。チームの怒りはリーグではなく、リーグの言いなりで自分たちを守らなかった親会社に向いた。

❸ 一九五六年の藤村排斥事件

タイガース史で頻出する言葉に、内紛を指す〝お家騒動〟があり、その皮切りとなったのがこの事件だった。球団オーナーの野田誠三が指導者経験のほとんどない無名の岸一郎を外部から招聘したことで、チーム内不和が悪化。監督に公然と刃向かう選手も現れ、五六年シーズン末には藤村派ともう一人のスター選手である金田正泰派の二つの派閥に完全に分断された。スポーツ紙がそれを報じると（派閥図まで載った）、選手の疑心暗鬼はいっそう深まった。いくつかの作品によると、原因は金銭面にあったらしい。一二月のはじめに球団が藤村と金田を解雇すると、選手が契約更改への出席を拒否し、リーグ会長とジャイアンツの監督までもが大阪へやって来て仲裁に乗り出す事態となった。最終的に藤田が親会社を訪れて謝罪と遺憾《いかん》の意を表明し、金田も復帰が認められて契約を更新したことで、他選手もそれに倣って派閥の団結を示した。それでも舞台裏での派閥闘争は五七年シーズンを通じて続き、その様子をスポーツ紙はさかんに報じた。当時の球団代表だった戸沢一隆は、チームにとってなんの益もない事件で、得をしたのはよく売れた新聞だけだと振り返っている。実際、この事件をきっかけに関西のスポーツ紙の売り上げ、そして悪名は一気に高まった。

4 一九五九年の〝天覧試合〟

当時、タイガースとジャイアンツのライバル関係はまだそこまで強烈ではなかったが、天皇陛下が初のプロ野球観戦を検討している話が浮上すると、ジャイアンツの正力オーナーはすぐさま宮内庁と交渉し、試合を後楽園球場で開催する約束を取りつけた。天皇、皇后両陛下が訪れたのは、五九年六月二五日のタイガース戦。試合はシーソーゲームの様相を呈し、両チーム同点のまま九回裏のジャイアンツの攻撃を迎えた。その時点でスコアボードの時計は九時六分を指しており、陛下は一五分で退席する予定だったため、結末を見せられそうにないことを誰もが残念がり、恥ずかしく思った。ところがそこで、一人目の打者である長嶋茂雄が九時一二分、タイガースのルーキー村山実から左翼ポールぎりぎりに飛び込む〝サヨナラ〟本塁打を放った。その後、殿堂入り選手になるほどのキャリアを送る村山は（タイガース史関連本の多くによれば）、長嶋の打球はファウルだったが、塁審が状況を考えて意図的にルールをねじ曲げたと言い続けている。いずれにせよ天覧試合は劇的な結末を迎え、プロ野球とジャイアンツの知名度を高めたが、同時にその後何十年も繰り返される、審判のジャイアンツびいきをめぐる論争のきっかけもつくったのだった。

5 一九六四年の南海ホークスとの日本シリーズ

一九六二年にタイガースはようやく二回目のリーグ優勝を果たしたが、この件が話題になることは多くない。二年後にチームがシーズン最終戦で劇的なリーグ優勝を決め、同じ関西の南海ホークスとの日本シリーズが実現したからだ。しかしすでに述べたように、この年の優勝は別の意味でもタイガース史に残る出来事となっている。この日本シリーズは東京オリンピック開幕の陰に隠れた戦いであり、またジャイアンツのV9の序曲、つまりタイガースからすれば長いライバル関係が築かれたきっかけでもあった。

6 一九七三年の戸沢球団社長の発言

一九七三年はジャイアンツのV9がかかっていた点で重要だったが、一方でタイガースのチームとファンはいつも二位で引き立て役にまわっていることに不満を募らせ、球団が特別な巻き返しの一手を打つことに期待していた。ところがシーズン末、スポーツ紙がタイガースの戸沢球団社長のこんな言葉を掲載する。一番いい終わり方はまたジャイアンツが優勝し、タイガースは奮闘したが一歩及ばず二位に終わることだと。この言葉はタイガースの強欲さと卑屈さ——優勝争いが接戦になれば最後まで観客動員が減らないし、二位なら選手の給料を上げずに済む――を表す証拠として繰り返し紹介されている。

その主張はまったくの事実無根というわけでもない。タイガースはその年、最後まで優勝争いを引っ張り、ドラゴンズ戦とジャイアンツ戦のどちらかに勝てば優勝というところまでこぎ着けていた。そしてチームは優勝を目指してドラゴンズ戦にエースの江夏豊をぶつけようとしたが、本人がのちに語った話によれば、フロントに呼び出されて幹部から「負けてかまわない。監督も承諾している」と言われたという。そしてタイガースは実際に名古屋で敗れたが、それでもジャイアンツ戦の引き分け以上で優勝を決め、V9を阻止できるはずだった。しかし、そうはならなかった。江夏が使えないなか、先発の上田二朗が打ち込まれて初回に二点、二回に七点を失ったタイガースは、〇対九で大敗。試合が終わると、怒ったタイガースファンがグラウンドへなだれ込んでジャイアンツの選手を追いかけまわす事態となり、ベンチへ退散したジャイアンツ陣営はグラウンド上で優勝を喜べなかった。

7 一九七八年の田淵幸一のトレードと、ドン・ブレイザー監督の就任

チームが当時の歴代最低成績に終わった一九七八年シーズン末、小津正次郎がタイガースの球団社長に就任した。親会社の捨て駒と多くの書籍で言われる前任者たちと異なり、小津はこの時点で阪神電鉄のナンバースリーに上り詰めていた。その辣腕《らつわん》ぶりから〝オヅの魔法使い〟や〝オヅワルド〟と呼ばれた彼は、ベテランスターの田淵幸一を電撃トレードにより放出し、深夜に及んだ激しい話し合いと決断が伝えられるまでの顛末は、スポーツ各紙で詳しく報じられた。また小津は、タイガース初

の〝助っ人〟監督として、広島東洋カープのヘッドコーチを退任して帰国しようとしていたアメリカ人のドン・ブラッシンゲーム監督（通称〝ブレイザー〟）を招聘した。田淵のトレードは結果的に成功だったが、ブレイザー監督は一部選手からの猛烈な反発に遭い、フロントからの後押しもほとんど得られなかった。七九年シーズンは、フロントや反抗的な選手への監督の当てこすりばかりが報じられるシーズンとなり、最終的に監督も解任された。またもお家騒動の勃発だった。

8 一九八一年の江本孟紀の「監督がアホやから」発言

ブレイザー監督は解任されたが、チームの成績も、グラウンド外での選手と新監督、あるいはフロントとのいさかいも一向に収まらなかった。そのなかで当時メディアの大きな注目を集めたのが、スター投手の江本孟紀が八一年八月、降板後にベンチから控え室へ戻る際に記者へ向けて大阪弁で言い放った「ベンチがアホやから野球がでけへん」という言葉だった。この発言が原因で球団幹部から呼び出された江本は、三時間の言い争いの中でこう告げた。「ああいうことがあった以上、もうタイガースではプレイできない。責任を取ってやめます」。スポーツ各紙は〝江本退団劇〟としてこの件をシーズン終了まで追い続け、実際、江本は球団から退団を受理されて現役を引退した。

9 一九八五年の〝日本一〟

前回の優勝から二〇年以上をへて、ついにタイガース、メディア、そしてファンにとって歓喜と誇りのシーズンが訪れた。シーズン序盤から驚きの快進撃を見せて首位を快走し、リーグ優勝を果たしたタイガースは、そのままパ・リーグ王者のライオンズも破って球団初の日本シリーズ制覇を達成した（ジャイアンツは八五年までに二二回シリーズに進出し、一六回勝っていた）。

この日本一はいまもってタイガース史におけるハイライトであり、多くの場面がうっとりしたような調子で語られている。関西のテレビ番組では、いまだに四月一七日の掛布雅之、ランディ・バース、岡田彰布の有名なホームラン〝バックスクリーン三連発〟の映像が流れる。この三人に真弓明信を加えたタイガース打線はリーグ最強で、四七年のダイナマイト打線ともよく比較される。チーム史上唯一の頂点奪取の威光は、その後も長く選手と関係者に影響を及ぼした。バースはセ・リーグ三冠王を獲得してシーズンと日本シリーズのMVPに輝いただけでなく、その後もタイガースファンに英雄視され、たびたび日本に戻ってはCMやテレビ出演で稼いでいる。岡田と真弓はのちにタイガースの監督を務め、優勝指揮官の吉田義男も九〇年代中盤に三回目の監督就任を果たした。

もちろん、このシーズンについて語る各書のトーンは好意的だが、隠れた不満や騒動がなかったわけではないとの指摘も多い。元記者の玉置通夫は、優勝は吉田監督の功績ではなく、強力打線に助けられただけだと鋭く批判する。タイガースとジャイアンツのライバル関係や、助っ人差別に火をつけた騒動もあった。シーズン終盤の時点で、バースは王貞治の持つシーズン最多五五本塁打の記録更新を狙えるところまで来ていた。そしてバースがシーズン五四本で迎えた最終戦、相手はほかならぬジャイアンツで、監督は王貞治その人だった。すると監督の指示なのか、ジャイアンツはバースを何度も四球で歩かせて記録に挑む機会を与えず、この件は王の経歴に永久に汚点を残した。

それでも、八五年の日本一がタイガース史の絶頂とファンの誇りであることに変わりはなく、その後のタイガース本では必ず取り上げられている。バースはいまもタイガース最高の助っ人と言われ、その年からファン界隈で語られるようになった迷信〝カーネル・サンダースの呪い〟のもとにもなった。タイガースがライオンズを破って日本一を決めると、直後からファンが道頓堀の有名な戎橋に集結し始めた。選手の応援歌を歌い、一曲が終わるたびにその選手に似ているファンが道頓堀に飛び込んだ。ところがひげを生やしたオクラホマ州出身のバースに似ている人間はいなかったため、彼らは近くのケンタッキーフライドチキンの店先にあったカーネル・サンダースの像をバースに見立てて川へ投げ込んだ。その後、像が暗く濁った道頓堀から見つかることはなく、翌年からタイガースの成績が再び低迷し始めたため、像を見つけない限りタイガースは二度と優勝できないという都市伝説がささやかれるようになった。度重なる捜索をへて、カーネルおじさんは二〇〇九年にようやく川底から見つかり、いまはKFCコーポレーションの本社に保管されているという（ただし、二〇一八年時点でチームにはまだ二回目の日本一の歓喜は訪れていない）。

⑩一九八七年のタイガースの〝一番長い日〟

優勝の翌シーズン、タイガースは快挙を再現できず、続く一九八七年にはさらに成績が落ち込み、吉田監督は深刻な解任危機にさらされた。スポーツ紙はシーズンを通じて、選手の振る舞いに、また吉田監督とコーチ陣のあいだに不満の兆候が表れていないかを嗅ぎまわった。そしてシーズン末の一〇月一二日、球団は〝臨時の〟役員会を招集し、監督の処遇を話し合う。親会社の梅田本社三階会議室で行なわれた会議は、朝の九時半に始まり、およそ五〇の新聞とテレビがその行方に注目した。多くの書籍で、この長い話し合いに参加したのは五人の幹部だと記されている。球団オーナーの久万俊二郎、二人の球団部長、球団社長の岡崎義人、そして岡崎の側近である古谷信吾だ。久万が吉田留任を推し、再建（おなじみの「土台づくり」が口にされた）を続けるべきだと訴えたのに対して、岡崎はチームの士気が下がり、フロントとの関係もこじれている以上、再建は不可能だと強調した。話し合いは延々続き、ようやく久万が岡崎の主張を受け入れて結論が出たのは、午後五時過ぎだった。地位が低い岡崎の意見がとおった点は興味深い。吉田も〝退団〟を覚悟していた。正式発表の場である記者会見も語り草になっている。厳しい表情で吉田とともに姿を見せた岡崎は、こうした会見の通例である結論を先に述べることはせず、長々と変化の必要性を語った。そして新聞の入稿の締め切りが迫り、記者たちがそわそわし出すなかでようやく本題に入り、声のトーンを一段上げると、「この数年間を振り返ったときに（この一言でその場にいた者たちはハッと緊張した）、監督には感謝しかない」と話し、ついに「解任」と口にした。カメラのフラッシュが両者の表情を捉える劇的な瞬間だった。

しかし新監督の下でも（村山が二度目の就任）タイガースの凋落は続き、八八年シーズンが始まるとさらなる騒動が起こった。バースが春のキャンプ中、息子の難しい手術に立ち会うためアメリカに帰国したことが球団の怒りを買ったのだ。手術は成功したが、両者の非難合戦が続いたこと、医療費を球団が肩代わりしていたことが原因となり、久万オーナーの指示でバースは六月に放出された。しかし、村山監督の手法は前監督以上に選手に不評で、チームはまたしても最下位に転落した。

そして翌七月、最悪の悲劇が起こった。前シーズンの低迷で批判の矢面に立たされ、バースの件で球団との仲立ちをしていた古谷が、東京への出張中に自ら命を絶ったのだ。その後メディアで描かれたのは、中間管理職である古谷がチームの長引く低迷を自分の責任と考え、また監督解任やバースの一件のような重大で難しい問題で板挟みに遭ったことで、精神的に追い込まれたのではという筋書きだった。

これらはもちろん簡単なまとめではあるが、タイガース史に欠かせない代表的な出来事の数々である。どれもタイガースのスポーツワールドに暮らす多くの人が記憶し、たびたび思い出す決定的瞬間であり、現在に至るまで物語、感情、モラルといったさまざまな深みをこの世界にもたらしている。過去に対する認識は、二八六種類の競合し、重なり合う記録があるという話にとどまらない。過去(とされるもの)は、常に現在の行動や反応に影響を及ぼすからだ。

歴史を知らない人間は同じ過ちを繰り返す、という格言はおそらく正しい。ところがタイガースワールドではその逆に、歴史を知る人間が同じ過ちを繰り返す。先ほど挙げた一〇の出来事は特に繰り返し語られ、名前を言っただけで相手がうなずき、懐かしむように微笑み、表情を険しくするものだ。どれも歴史の絶頂とどん底というだけでなく、現在に向けた教訓でもある。

ところが九六年九月に藤田監督が退任を拒否したとき、球団は〝一番長い日〟を繰り返すかのように、翌朝まで話し合いを続けた。マイク・グリーンウェルの処遇をめぐって厳しい意見が出されたときも、そこには過去の似た事例に対する措置と反応が影響した。素行不良の亀山は、過去の自堕落なスターの系譜に連なる人物だった。監督交代はどれも、身内を担ぎ上げようとするOBたちの派閥闘争の焼き直しだった。毎年三月末が訪れて人事異動が行なわれると、親会社と球団の対立の歴史が再現された。ジャイアンツ戦で新たな騒動（無茶なスライディング、危険球、微妙な判定、メディアでの辛辣なコメント）が起こるたびにライバル関係は再燃し、数十年にわたる両者の因縁と対立、憎しみ、悔しさと賞賛の入り交じった気持ちは増幅していった。

こうしたストーリーが、誇張した表現を使って何度も語られ、再利用される。猛虎からダメ虎への転落に、窒息しそうな球団の〝生え抜き意識〟、泥沼の〝低迷〟、醜い〝お家騒動〟に〝内部劇〟、優等生である〝ミスタータイガース〟や〝問題児〟への注目、そしてそうした話題に群がる〝トラキチ〟たち。

こうした過去の圧力をタイガースワールドの閉鎖性がさらに高める。久万は二〇年にわたって親会社の社長とタイガースのオーナーを兼任した。一九八五年の日本一は、優勝メンバーと監督に関西で生涯セレブとして扱われる権利をもたらし、球団は存在感を増した。吉田はその後、三度目となるタイガースの監督に就任した。真弓、岡田、掛布も全員タイガースで指導者を経験し、就任していない時期は監督候補としてメディアでさかんに取り上げられた。有力選手はコーチや監督、解説者になり、喧嘩別れのようなかたちで放出されたバースでさえ、たびたび大阪へ戻っている。わたしも九〇年代から〇〇年代、現在に至るまで、甲子園や関西の広告看板で彼の姿を見かけた。

もちろん、こうした自己補填《ほてん》を続ける歴史でも、ワールド内のすべてが記録されているわけではない。試合で話題になるのは試合そのものだ。選手や実況、観客はグラウンド上のアクションに集中し、試合が終わればそのアクションはメディアで詳しく語られ、列挙され、分析される。しかし多くのプロスポーツがそうであるように、野球もまた多くの準備時間を要するスポーツであり、アクションには長い合間があり、そしてその待ち時間との落差が、共通の用語と記憶を用いることで出来事の意義を深める。そうやって何十年ものあいだ、タイガースは関西の人々にとって大阪人のイメージの、大阪の実体経済の、そして東京中心の日本における大阪の存在感の代表になっていた。

分裂を通じた結束

野球は過酷なチームスポーツだ。我らのチームと彼らのチームが相対し、肉体的にも精神的にも負担は大きく、士気高く勝利を目指さなくてはならない。タイガースワールドの歴史記述を見れば〝我々のチーム〟の中にも深い分裂がある。それは誰もがタイガースを真剣に気にかけ、多種多様な視点から不安と失意、怒りを抱えているからだ。タイガース関連本に見られる猛虎とダメ虎の対立軸は、ジャイアンツとの積年のライバル関係と同じくらい、この世界に深く根を張っている。

吉田監督は最下位に終わった責任を取って辞任し、外部から招聘された名将の野村克也も就任中はチームを引き上げられなかった。この時点でわたしはタイガースを五年間追っていたが、それでもメディアとファンが絶えず強烈なプレッシャーをかけるなかで、万年最下位に沈む理由がわからずにいた。そこでフロントやメディア、学会人にこう尋ねてみた。タイガースが魅力的な応援対象であり続ける理由は、著名な日本古典文学研究者のアイヴァン・モリスが言うところの〝気高い敗北〟の精神にあるのではないかと。モリスは日本史上の有名な英雄たちを調べ、不幸に見舞われる、あるいは敗北にまみれながらも、避けられない結末を恐れることなく目標へ邁進する姿勢が賞賛されるモラル的マゾヒズムの傾向があることを発見した。これは、タイガースワールドの長い失望の歴史を貫く感情的、モラル的特徴ではないだろうか。アメリカでも、ボストン・レッドソックスやシカゴ・カブスは長くお荷物球団として知られながら、何十年ものあいだファンの応援の熱量が変わらなかった。

しかし、タイガース史の傾向や論理として妥当に思えた気高い敗北は、尋ねたファンと選手、メディア、学者からこぞって否定された。彼らにとって、スポーツは勝つためのものであり、敗戦、それも負け続けることの美学はなかった。あるのは苛立ちと、失意のシーズンが続くことへの深い諦観であり、負けを賞賛する者は一人もいなかった。また誰一人、諦めているから負けるのだとは言わなかった。

彼らが求めているのは、敗戦の失意でも、敗北の美学でもなく、敗因や弱いままな理由だった。失敗自体が一つの争点だった。失敗は、勝ちを目指したが負けたことと理解すべきなのか。失敗した理由は諦めたからなのか。どうにもならない理由で失敗したのか。失敗の責任は誰に、どの程度あるのか。こうしたことを考えていると、歴史を教訓とすることや、分析をスポーツの現実に応用することの難しさの問題が再び立ち現れる。確かに総体としてのタイガースはずっと〝ダメ虎〟だったかもしれない。しかし正確には誰の、どこがダメだったのか。スポーツワールドという、グラウンド内外の多数の人々の努力や才能が複雑に絡み合った集合体の中で、責任を誰に嫁し、どう測るべきなのか。しかもタイガースは、同じ〝責任の所在〟の問題を抱えた別の集合体と競い合っていて、中にいる人々はその才能と努力を駆使して成功を掴むために、あるいは失敗を避けるために戦わなくてはならない。これはスポーツを行ない、支援し、分析する中で繰り返し行き当たる根源的な難題だ。

それでも本章で述べたように、タイガースのスポーツワールドには一般論では分析しきれない部分もある。猛虎とダメ虎のメロドラマ的な振れ幅は、六〇年代以降の日本の社会変化に当てはめることで解釈と意義が見えてきた。特に東京への人と物の集中と、企業文化や職場組織重視のイデオロギーは、阪神タイガースの重要さ、そして無力さを理解するうえで、説得力のある用語にして枠組みと言える。

第10章

変わりゆくスポーツワールド
——現在の阪神タイガース

社会科学の分析単位は、調査の前提条件であると同時に、多くの場合教訓でもある。九〇年以上前のこけら落とし以来、甲子園で開催され続けている試合は、本質的には世界各地の球場やグラウンド、裏庭で行なわれているのと同じ野球だ。本書でわたしは、阪神タイガースをスポーツワールドと定義し、そこには選手とコーチングスタッフ、フロントと親会社、メディア、そして熱意のさまざまに異なるファンという、四つの主な構成要素があると述べた。空間的な座標の中心には甲子園があり、繰り返しの要素と直線的な時間の流れを持った一時的なリズムの中心には試合とシーズンがある。スポーツワールドと定義した理由は、タイガース野球を誰が生産し、伝え、消費しているかを明確に区別するのが難しいためだ。人々の無数のつながりの本質を正確に特定するのは不可能だが、さりとてその相互作用を無視するわけにもいかない。一つの試合として見たとき、野球は二つのチームがグラウンド上で九つのイニングを通じてプレイするものだが、試合の前後や最中の選手は、球団と親会社を代表する責任やメディアの絶え間ない重圧、ファンの期待、球場に刻まれた記憶を感じている。そして人間集団のくびきによって常に評価され、語られ、批判され、崇拝される。

定期開催されるプロのチームスポーツは、見た目には固定したリーグの中で行なわれる身体能力の競い合いである。しかし見えない部分には固有の性質（長いシーズン、複数のポジション、複雑な統計、インターバルの多いリズム）があり、それがエピソードと数字の網目を細かくし、感情表現と体験のメロドラマ的振れ幅を広げ、勝利と敗北に伴う二元的なモラルを揺さぶり、責任という本来追及できないものを追及させる。

これらはどれも、ある程度あらゆるチームスポーツに共通する。わたしの一〇代の娘が所属するソフトボールチームも、少女たちとコーチ陣、親の〝共同製作〟であることに変わりはない。しかし阪神タイガースの場合は密度と幅が桁違いで、その理由は本書の中で示してきた。固有の構造と歴史的経緯を持つあの世界では〝株式会社ニッポン〟時代の職場関係と仕事の手順の力学がドラマとして描き出され、また最大のライバルである読売ジャイアンツと比較したときのタイガースの成績には、関西で広がりつつあった二番手としての失意を強め、凝縮する作用があった。

第8章と9章では、そうしたタイガースワールドの決定的な特徴の要因を探るため、古くは日本野球の興りにまで遡った。プロ野球は一九三〇年代に登場し、学生野球が神聖視される時代に国民感情と構造の問題に直面しながらも成長していった。当初はいくつかのスポーツと共存する立場だったが、五〇年代ごろから主役に躍り出ると、日本の国民的……というより、国有スポーツとなった。一年を通じて野球に注目が集まるなかで、同じ時期に行なわれるほかのスポーツはファンの関心と熱意を集めるのに苦労し続けた。野球は男社会だから、観戦に訪れ、応援する女性は男の論理に従わなければならなかった。テレビとスポーツ日刊紙は、野球が全国でスポットライトを独占する牽引車となった。

六〇年代以降、タイガース以外の関西のチームは地域メディアの関心の面でも、固定ファンの獲得の面でも完全なる日陰の存在であることを強いられたが、プロ野球全体で見れば、タイガースもほかの一〇球団と同じようにジャイアンツの引き立て役だった。読売ジャイアンツの組織は、野球チームとしても、親会社のメディアグループとしても、六〇年代に人気と実力の強烈な相乗効果を生み出した。それは野球の競争力を（戦力バランスでも、資金力でも）大きくゆがめたが、人気に陰りは見えなかった。少なくともそれが、わたしが本格的な現地調査を終了した二〇〇三年時点の状況だった。

しかし、わたしはその後もタイガースや日本スポーツ全般について書き続け、そして当時は予想もしなかったが、振り返ると二〇〇三年はタイガースワールドの分水嶺だった。この最終章では、そのあたりを見ていこう。

万年最下位から優勝争いの常連へ

二〇〇三年九月一五日、タイガースは一八年ぶりにセ・リーグ優勝を果たした。それまでの長い苦闘の歴史を考えれば、驚くほど快調なシーズンを送った末の頂点だった。シーズン序盤から首位を守ると、四五試合を残した七月八日にセ・リーグ最速で〝マジック点灯〟に成功し、後半は恒例の〝死のロード〟にも苦しめられてやや失速したものの、他チームを寄せつけることなくペナントを獲得した。シーズン中に大きなサスペンスはなかったが、それでも地域の高揚感と全国からの注目は一向に衰えなかった。むしろ、長くゆったりとした優勝への歩みは、夏の数か月を通じた盛り上がりと販促に貢献した感すらあった。阪神百貨店の売り上げは伸び続け、親会社の株価は上昇し、全国のメディアが前向きな筋書きに便乗した。六月の時点で、朝日系の週刊誌『ＡＥＲＡ』はタイガース特集を組み、「阪神という国民のおもちゃ」と題した記事を載せた。

しかしその号にはもう一つ、その夏のタイガースに対する全国的な関心をもっと巧みに予見した記事が載っていた。題名は「阪神は日産になる」。カルロス・ゴーンの下で日産が急回復を果たしたことになぞらえたものだ。フランスの自動車大手ルノーから派遣されたゴーンは、一九九九年に日産の

COO、二〇〇一年にCEOに就任すると、辣腕を振るって日産を再建し、その手腕は日本のみならず各国の金融メディアで賞賛された。二〇〇二年には、『フォーチュン』誌から「アジアの年間最優秀実業家」に選出された。ちょうどその年、タイガースも外部から監督（同じく猛烈な負けず嫌いで知られる星野仙一）を招いて劇的な巻き返しへの第一歩を踏み出したところだったから、日産との比較はある意味で当然だった。日産がトヨタの後塵を拝していたのと同じように、タイガースもジャイアンツの引き立て役で、両者とも外部から新たなリーダーを招いたことが奏功していた。

こうした筋書きにメディアは跳びついた。『ニューズウィーク』誌は二〇〇三年七月二三日号の特集記事で、タイガースの躍進は日本経済復活の前触れかと示唆し、『週刊朝日』七月四日号ではもっとはっきり「タイガースが日本を救う」と題した特集が組まれた。阪神電鉄の歴史を記した岡田久雄が述べるように、興味深いことにこの「タイガースフィーバー」に最も縁遠い場所が、梅田の一等地にあった阪神電鉄の本社ビルで、そこにはタイガースのポスターの一枚すらなかった。

一〇月、タイガースはパ・リーグ王者の福岡ダイエーホークスと日本シリーズで相まみえた。ダイエーは南海ホークスの後継チームで、往年の野球ファンは一九六四年の有名な阪神対南海のシリーズを思い出した。当時のダイエーを元ジャイアンツの王貞治監督が率いていたことも、およそ半世紀前の一九五九年、王のプロ一年目に開催され、物議を醸す判定でタイガースが敗れた天覧試合を思い起こさせるようで、さらなるスパイスになった。

シリーズでは、福岡での最初の二試合をタイガースは落とした。その後、第三戦～五戦の舞台は甲子園に移り、関西のファンもチームの盛り返しに大いに期待した。当時わたしも大阪にいて、三戦目は甲子園、四戦目は大阪市内で観戦したが、チームは劇的な三連勝を飾った。藤本敦士の犠飛で二対一の勝利をもぎ取り、連戦初戦をものにすると、二戦目は金本知憲が〝サヨナラ〟本塁打を放ってヒーローとなった。

第五戦はさほどサスペンスフルではなかったが、タイガースが息を吹き返して日本一へ迫るなか、失敗続きと内部抗争がタイガースを応援するモチベーションの絶対的な基盤ではないことを証明するかのように、関西中に感情がほとばしった。あの第三戦ほど甲子園が大歓声に包まれたことはなかったし、梅田へ戻る列車があれほど歓喜に揺れたことも記憶になかった。危険なので飛び跳ねるのはおやめくださいという車内アナウンスも耳にした。

しかし残念ながら、ファンはセ・リーグ優勝だけで満足しなければならないことになる。その後、福岡へ再び戻って行なわれた最終二連戦で、タイガースはなすすべなく完敗した。それでも、チームや関西メディア、大阪のファンを取り巻く興奮がしぼむことはなかった。

翌シーズンは苦戦したものの、タイガースは続く二〇〇五年にまたもセ・リーグを制し、またも日本シリーズでは千葉ロッテマリーンズの前に涙を呑んだ。それでも、この二回の優勝でタイガースは一つの壁を越えたようだった。

一時代の終わり?

自分のフィールドワークを実施から一〇年以上もたった二〇一七年に振り返ることに何か利点があ

るとすれば、それは二〇〇三年と二〇〇五年の優勝がタイガースにとって、また日本のプロ野球にとっての一時代の終焉の象徴だったことが、いっそうはっきり見えてくる点だろう。さまざまな面で、わたしが本書で描いてきたスポーツワールドはもはや存在しない。実際、プロ野球はその後の一時期、必然とも言える人気と利益の落ち込みに直面した。相撲とサッカーが変化するなか、おそらく日本のスポーツ界には地殻変動が起こっている。この章ではその点にも触れるつもりだ。

タイガースの二回の優勝を一時代の終わりと捉えるのは短絡的だとみる向きもあるだろう。自分のフィールドワークの終了を一つの時代の終わりとみなすとは、なんと都合のいい考え方だと感じる方もいるかもしれない。実際、自らの調査やその後につづる民族誌が、時代の転換点を記したものだと信じる人類学者は多い。体験した変化が（現場で味わったがゆえに）実際より大きなものに思えて、その重要性を過大評価してしまうことはままある。言いわけをさせてもらうと、わたし自身はフィールドワークを終えた二〇〇三年の時点で、タイガースがこれほど大きく変わるとは思っていなかった。しかしその後の展開を見る限り、予想は間違いだった。

見当違いだったのは、優勝そのものや、数十年の雌伏《しふく》の時代が終わったことより、タイガースのスポーツワールド、プロ野球、そして広く関西や日本社会の構造が変化し、それがこの世界の構造もつくり変えたという意味合いが強い。中でも重要な変化は四つあった。

- フロント改革と新たなオーナー企業の登場
- 甲子園の改修と、応援団の自治権および危険度の減少

・スポーツ紙とテレビの影響力の急減
・サッカー人気拡大と、ＭＬＢへの選手流出を原因とするプロ野球の苦戦

こうしたいまも引き続く変化によって、タイガースのスポーツワールドは当時より儲かる一方、盛り上がりは欠いている。これはわたしが連絡を取り続けているフロントとコーチングスタッフ、メディア、ファンに共通の見方であり、その後に出た文章でもテーマとして取り上げられている。この四つについて少し詳しく見てみよう。

フロント改革と新たなオーナー企業の登場

わたしは二〇一六年六月の試合日に甲子園を訪れた。目的は元監督の吉田義男と会うためで、現れた彼は関係者入り口からわたしを迎え入れてくれたのだが、そこに前年秋に球団社長となった四藤慶一郎がいたのには実に驚いた。四藤は球団職員や記者と気さくに談笑し、わたしに挨拶にきて、近年の球団の変化について教えてくれた。さらに驚いたのは、奥の小さな食堂へ行くと隣の席に阪神電鉄の代表取締役である坂井信也が坐っていて、試合観戦の前に簡単な夕食を取っていたことだ。フィールドワーク期間中、わたしが久万オーナーを見かけたことは一回（それも車から降りたオーナーが、取り巻きで周囲を固めたまま足早にオーナー室へ向かうところ）しかなかったし、三好球団社長をはじめとする当時の社長もそそくさと歩み去るのが常で、入り口で誰かと話し込むなど考えられなかっ

た。フロントの雰囲気や透明性が明らかに変わっていた。

改革が始まったのは、二〇〇四年の球界再編問題のさなかに久万オーナーが退任し、新たなオーナーと代表取締役が指名されたころだ。久万は野村監督を招聘し、その後に星野監督を口説いたとされるが、その時期も本人が表に姿を現すことはほとんどなく、メディアから広く批判されていた。二〇〇四年から〇五年にかけてプロ野球が危機に陥ると（これもすぐ解説する）、ジャイアンツの渡辺恒雄オーナーの肩を持って（戦時中の帝大生時代から仲がよかったらしい）選手と配下の球団社長、そして関西のファンの反感を買い、そしてジャイアンツとタイガース、横浜ベイスターズによる一場靖弘への裏金疑惑が報じられると、これが決定打となってベイスターズのオーナーとともに辞任を余儀なくされた（ジャイアンツも同様の措置を採ったが、渡辺オーナーは球団の代表取締役会長に横滑りしただけだった）。タイガースを二〇年にわたって支配したオーナーにとっては不名誉な終わり方だったが、これをきっかけにフロントと親会社の組織の大幅な刷新が始まった。

関西の多くの人にとっては衝撃的だったが、タイガースの親会社そのものが積年のライバルである阪急電鉄に買収されたことも追い風になった。当時は小泉純一郎首相の下で企業の経営統合が進んだ時期で、政権は金融緩和と郵政等の国有事業の民営化も推し進めた。そのなかで派手な投資家が次々に登場し、日本企業は国内外の企業に吸収合併、あるいは買収されていった。とりわけ注目されたのが堀江貴文と村上世彰で、二人はどちらもブランド戦略の一環として経営難の球団に目をつけ、乗っ取ろうとした。ライブドアを経営していた堀江は近鉄バファローズに照準を定め、二〇〇四年、親会社に対してチームを手放すよう持ちかけた。堀江はほかにも二〇〇六年、別の大企業（フジテレビ）

に敵対的買収を仕掛けたが、どちらも失敗し、詐欺容疑で逮捕されて裁判にかけられた。

一方の村上は企業経営に積極的に口を出す〝もの言う株主〟で、いわゆるハゲタカファンドの経営者だった。所有するM&Aコンサルティングは、二〇〇五年までに阪神電鉄の株式の四割近くを取得して経営権を奪う直前まで行き、ほかの関西の私鉄各社、そして彼の球団トップ就任にはっきり難色を示していたオーナー会議をパニックに陥れた。二〇〇四年から二〇〇五年を通じて続いたこの問題は、二〇〇六年六月、阪神が一〇〇年来のライバルである阪急に買われるというかたちで決着をみた。

これが、二〇一八年現在まで続く状況である。グループの正式名称は阪急阪神ホールディングス株式会社（以後ホールディングス）で、グループは主に六つのグループの数十の企業で構成されており、その中にはホールディングスの完全子会社もあれば、過半数株式を保有する関連会社もある。現在も私鉄二社は元のアイデンティティーを残し、阪神の名前を冠した路線がいまも阪神梅田駅を中心に運行されている。そしてタイガースと甲子園の管理会社については、合併からしばらくは阪神電鉄が保有権を保持し続けていたが、二〇一七年後半の組織再編にともなってその部分にもメスが入り、両社は別グループに分けられてどちらもホールディングスに直接管理されることになった。そのことがタイガースの球団運営に及ぼす影響はまだはっきりしない。フロントに出向してくる本社幹部は引き続き〝阪神〟系だったが、この慣習は簡単に変わった。

ホールディングスによる球団運営は、宣伝は以前より巧みで、マーケティングは積極的で、補強資金も増えたが、変わらない部分も二つある。OB監督を好み、監督をころころ代える傾向だ。星野監督が健康問題を理由に退任を発表したあと（二〇〇九年まではオーナー付きシニアディレクターとして球団に関わり続けた）は、再び身内から後任を選び、スポーツメディアは有力候補としてタイガースに長く在籍した岡田彰布、掛布雅之、そして江夏豊の三人を挙げた。特に掛布と江夏は殿堂入りを果たした大選手で、解説の経験も長かったから、監督人事のたびに後任候補として名前が挙がっていた。一方の岡田は二人より若く、タイガースには一九八〇年から九三年まで所属したものの、その後は移籍先のオリックス・ブルーウェーブで二年間プレイし、引退後もコーチとしてオリックスに残っていた。その後の九八年にタイガースへ戻ると、翌年から一軍スタッフや二軍監督などを経験し、監督候補に挙げられるまでになった。岡田は球団社長と久万オーナーの気に入り（だというメディア評）で、当然と言うべきか、後任の座を射止めた。掛布や江夏（そして野村と星野）ほどの知名度はなかったが、高卒の掛布と江夏に対して岡田が早稲田大学卒だったことも、フロントの覚えがよろしかった要因かもしれない。

岡田の次の監督は、こちらも元人気選手で一九八五年のV戦士の一人である真弓明信だった（真弓も高卒だがプロ入り前に社会人チームに所属していた）。そして真弓が二〇一一年、プレーオフ進出を逃したことを理由に退任すると、今度は和田豊が就任した。和田はプロ一七年間をタイガース一筋で過ごした選手で、八五年の日本一を大卒の新人として経験し、二〇〇一年に現役を引退。その後もタイガースにコーチとして関わり続け、ついに一軍の指揮官に指名された。その後は監督を四年間務めて二〇一五年に退任したので、三一年にわたってタイガースのユニフォームを着続けた計算になる。二〇一六年から監督を務めた金本は二〇〇二年に移籍してきた選手で、二〇〇三年の優勝の立役者であり、二〇一二年の引退までチームの看板選手であり続けた。

甲子園の改修と、応援団の自治権および危険度の減少

この数十年のタイガースのスポーツワールドに関して、住人が口を揃えて賛同する数少ない点の一つが、日本スポーツ史上最高のスタジアムの一つである甲子園球場の歴史的意義と独特の雰囲気だろう。ところが建設から三四半世紀がたち、各所にその影響が見え始めたことで、親会社は九〇年代からいくつかの改修計画を検討し始めていた。当時の日本では、アメリカの先例にならって売店やアミューズメントエリアの併設されたドーム球場を建設するのが流行で、九七年にはナゴヤドームと大阪ドームが開場していた。阪神電鉄の幹部も同様に甲子園を広い阪神パークの一部としてドーム化する計画を立てていたが、バブル崩壊後の景気後退のなかで、保守的な阪神電鉄は西梅田エリアの再開発のほうに注力し、甲子園改修はいったん棚上げとなった。九五年の阪神・淡路大震災も経営に大きな打撃を与え（九六年に阪神電鉄は史上はじめて赤字を出した）、会社の備蓄は駅舎や路線、車両、そして甲子園の緊急補修に使われた。震災は、設備の劣化の加速、そして急な支出という二つの意味で、甲子園にとって不幸な出来事だった。

しかし二〇〇三年の優勝直後、球場の経年劣化が止まらないことを受け、会社は再び改修計画の策定に着手する。このころには、日米両方でドーム建設のブームはしぼんでいたため、会社は野球専用の露天の天然芝球場とする方針を再確認した。計画は二〇〇七年から一二年にかけてのオフシーズンに段階的に進行し、（ボストンのフェンウェイ・パークのような）元々のスタジアムの特徴や客席からの見え方、美観を損なわないかたちで完了した。屋根と外壁、座席、入り口はすべて交換され

た。練習施設やロッカールーム（シャワーと風呂付き）、フロントのオフィスも新しくなり、記者席はきっちり区切られ、売店エリアや外野スタンド下の甲子園歴史館も床面積が増した。内野上段の屋根のある場所には〝ロイヤルスイート〟席が用意され、また屋上にはソーラーパネルが設置され、照明の大半はここから電力を採っている。総合的に言って、昔を知るファン（わたしも含むが、わたしはファンではなく昔を知るフィールドワーカーだ）は、あの古くさい感じがよかったと懐かしむだろうが、新しい球場は職員、選手、ファンの誰にとってもはるかに快適で美しい場所になっている。

一方、同じように劇的で、同時にショッキングなのがファン組織の変化だ。二〇一五年に甲子園を訪れた人は、応援のボリュームも、派手さも、熱意も、統制の取れた応援歌も、二〇〇三年と何も変わっていないと思うかもしれないが、裏では根本的な部分が変わってきている。甲子園では応援団が独自の権力を有し、応援のリズムとパターンを取り仕切り、球場の規則を（少なくとも自分たちの縄張りであるライトスタンドでは）公然と無視しており、それが球団の懸案事項だった。応援団はその見返りに、誇りを持って観客の行動を取り締まってきた。

ところが、その三〇年来のパワーバランスが崩れる出来事が〇二年から〇三年にかけて起こった。原因は、二番目の規模を持つ応援団組織の中虎連合会をめぐる事件だった。中虎の幹部については以前から、日本最大の反社会勢力で、大阪ではとりわけ強い支配力を持つ山口組とのつながりが深いと言われていた。そのためか、ファンのあいだでのちょっとした暴力事件や軽犯罪はあとを絶たず、ほかの応援団も奮闘してはいたが、外野席から犯罪のにおいを完全に消し去ることはできずにいた。応援団が球団から優先的にチケットを融通されていたことが、転売で利益を得たい各暴力団の介入を招き、それでもチームの低迷期には転売はさほどおいしい商売ではなかったのだが、成績の改善で暴力団の関心も再び高まったようで、二〇〇〇年代初頭には少なくとも山口組系の暴力団員二人が中虎連合会の幹部に就任していた。

そして二〇〇二年九月二四日、ジャイアンツがセ・リーグ優勝を決めた日に、最初の重大事件が発生する。その日、ジャイアンツは甲子園でタイガースと対戦し、試合に敗れた（延長一二回に及ぶ激闘だった）のだが、他会場で二位のヤクルトスワローズがドラゴンズに敗れていたため優勝が決まった。通常、優勝後には選手らがグラウンドへ出て、監督が宙に舞う〝胴上げ〟が行なわれる。球場職員もそれを予測し、試合が終わる前の段階で応援団のもとへ行って、胴上げの慣習を尊重してほしいと願い出た。つまり、因縁のライバルが甲子園の地で喜びに沸く姿を目にするのをがまんしてほしいと訴えた。これ自体はさほど大きな問題ではなかったのだが、タイガースが試合に勝ったことで事態は複雑になる。中虎の幹部がいつもの勝利のルーチン（六甲おろしの合唱など）をやるぞと言い張るなかで、ジャイアンツの選手たちがグラウンドへ出てきて胴上げを始めようとすると、外野スタンドは騒然となり、中虎の幹部は「ルーチンを止めたら殺して甲子園の外野に埋めるぞ」と球団職員を脅した。球団職員は引き下がり、ジャイアンツは待たされたが、幹部連はのちに逮捕された。チームが優勝した翌二〇〇三年にも中虎連合会の暴走は止まらず、外野の自由席を勝手に占拠して、やって来た一般客に料金を請求したり、七回に飛ばす〝反撃の〟ジェット風船を勝手に売ったり、ヒッティングマーチの著作権を詐称したり、警備員にいっそう高圧的な態度を取ったりといったトラブルを起こした。

事件は数ある応援団のごく一部が起こしたものだったが、フロントと球場は、これを独立した応援団を一斉に取り締まる機会とみなした。中虎連合会の幹部がさらに逮捕され、警察が出動し、チケットの優先販売は取りやめとなった。組織的な応援には登録と正式な認可が義務づけられ、応援団と観客向けのルールが整備された。別の球団や球場でも同様の措置が講じられた結果、応援団が自治権を持っていた時代は日本全土で幕を閉じた。

もちろん、甲子園での試合観戦はいまでもすばらしく楽しいし、黄ジャージ組はいまも応援歌などの音頭を取っている。しかし改めて甲子園を訪れると、そこには新たなファン秩序の明確な兆候も表れていた。観客たちが公式のスコアボードや球団の公式マスコット、あるいは〝チアガール〟に一定の敬意を払い、イニング間に彼女たちが踊りを始めると、応援団がきちんと坐ってそちらに従っていたのだ。観戦ルールが至るところに張り出され、内野席と外野席を行き来する警備員は、明らかに以前より大きな自信と権威をまとっていた。

スポーツ紙とテレビの影響力の急減

球場とファンが〝おとなしくなった〟以上に衝撃的な出来事も起こっている。すでに述べたとおり、一九九〇年代後半に関西で電車に乗れば、多くの人が新聞を読みふけっている光景を目にしたものだった。自分で買わなくとも自然と派手な一面に目が行き、知らず知らずのうちに関西のチームの近況を知っていた。ところが、そうした光景は二〇一七年には一変した。あのころと同じ電車に乗っても、まわりの誰も新聞を読んでいないことが多くなった。ほとんど全員が携帯電話やスマートフォンにかじりつき、漫画を読むか、ソーシャルメディアをやるか、ゲームで遊ぶかしている（そこもポイントだ。かつての新聞では内容が明らかだったのに、携帯電話だと何をやっているかほとんどわからない）。二〇〇〇年代初頭以降、スポーツ紙とテレビは収入と購買層、視聴者層の多くを失い（つまりチームの収入も減った）、デジタルメディアやソーシャルメディアへの移行に苦戦している。

日本の一人あたりの新聞代と購入部数は世界一ではあるものの、売り上げは落ち込み、しかも数字の実態はほとんどが家庭での定期購読だから、新聞が読まれる機会はどんどん減っている。二〇〇〇年から二〇一六年のあいだに、一般紙の売り上げは四七四〇万一六六九部から三九八二万一一〇六部へ落ち込んだ。スポーツ紙は惨憺《さんたん》たるありさまで、六三〇万七一六二部から三四五万五〇四一部へと四五パーセントも減った。大阪でも東京でも、駅のキオスクや街の売店でスポーツ新聞の噴水を目にすることは少なくなった。そもそもキオスク自体が減って自動販売機になり、残っている店でもスポーツ紙や雑誌を置くスペースは小さくなった。コンビニでも、一〇年前と比べると隅へ追いやられている。

主流メディアでのプロ野球中継も、放映権料、試合数、視聴率のすべてで苦戦している。入場者数は二〇一〇年にやや上昇したというが、テレビの視聴率は二〇〇六年以降は下降の一途を辿る。特に大打撃を受けたのがジャイアンツで、ビデオリサーチによると、ジャイアンツ戦の視聴率は九四年には二三・一パーセントだったのが、〇九年には一〇パーセント、翌年には八・四パーセントに落ち込み、記録を取り始めた八四年以降で最低の数字を記録した。視聴率低下は、二〇〇六年以降、放送自体が急激に減ったことと関係している。二〇一〇年のジャイアンツ戦の地上波中継はたったの二七試合だった。一試合約一億円にのぼった放映権料も落ち込み、読売グループがジャイアンツ戦の中継で稼ぐことは難しくなっているという。そしてその影響は、ジャイアンツ戦が一番人気だった他球団にも波及している。衛星放送でのプロ野球中継は増えているが、放映権料は地上波のおよそ三分の一だ。

そのなかでタイガースは影響を最小限に抑え、視聴率は他球団と比べれば安定している。五大スポーツ紙も、売り上げが明らかに落ち込むなか、いまも甲子園に記者とカメラマンの大軍団を送り込んでいる。それでも数値化できない重要な部分、タイガースのスポーツワールドの公共圏とも呼ぶべき部分には大きな変化が起こっている。この世界で情報を運び、情熱を生み出す役割の多くを担っていたスポーツ紙が関西の公共の場から消えたことで、壊滅的な事態が生じているのだ。

ほとんどのデジタル社会と同じように、日本でも新聞を読み、テレビを観ることが減り、替わりにスマートフォンでのネットサーフィンが増えた。野球で問題なのは、あらゆるメディアがオンラインで存在感を示せず、ネット人口の関心を惹けていないことだ。タイガースの試合がネット中継されることは少なく、料金も高い。新聞のオンライン版は紙よりも情報が細切れで、閲覧に時間がかかり、料金がかかるうえ、グラフィックも少ない。スポーツ紙にとっては致命的だ。オンラインの統計データは寂しく、一面をいっぱいに使ってストーリーと表、写真、図などを組み合わせることができないからおもしろくない。スポーツ紙は、タイガースワールドの結合組織としての影響力を急速に失いつつある。

サッカー人気拡大と、MLBへの選手流出

二〇〇三年以降、プロ野球は激動の時代を迎えている。九〇年代初頭のバブル崩壊から続く長い景気低迷は、企業の業績と市民の消費に暗い影を落とし、スポンサーを見つけるのは難しくなっている。日本は世界でも有数の企業スポーツがさかんな国で、オリンピックを目指す選手にとっては、実業団に所属することがその主な手段となっていた。野球も社会人チームがプロ野球球団と高卒、大卒の新人を奪い合うこともあったし、またドラフト選手の有力な輩出元にもなっていた。ところが二〇〇〇年代初頭ごろには、各企業は野球を含めたスポーツへの投資を大幅に縮小し始めていた。もっと直接的には、NPB各球団のオーナーはチームへの投資の意義を見直し、球団の売却を検討するところもあった。同時に投資家が利益率というよりは知名度、つまり事業の顔としての価値に期待して、球団の保有に積極的に乗り出すようになっていた。

NPBは、こうした動きへの備えがなかった。当時のジャイアンツの渡辺オーナーは、以前から弱いチームを除外し、八チーム一リーグ制に縮小することを夢見ているとうわささされていたが、その意向が二〇〇四年、関西の二球団であるバファローズとブルーウェーブが合併に合意し、オーナー会議に承認を求めたときに明確になった。関西の人気を数十年にわたってタイガースが独占したことで、両球団は徐々に経営体力をなくしていた。プロ野球の危機は加速し、オーナーたちが衝突し、ファンの怒りが噴出した。最も厳しい対応を見せたのが選手会で、選手の仕事を奪いかねない球界再編の話が明らかになるや、彼らは熟慮の末、二〇〇四年シーズン末の九月に史上初のストライキを敢行した。

オーナー会議はなんとかこの動きを封じ込めようとしたが、選手会はファンの大きな支持を得ており、オーナー側もNPBを通じた交渉の席に着くしかなかった。そして話し合いのなかで、パ・リーグのチームにとってはドル箱カードの創出につながる交流戦を開始することや、ドラフト制度を改革することなどがまとまった。

渡辺オーナーと支持派（久万オーナーも部下の反対を押し切って渡辺側に付いた）は、一リーグ構想を取り下げることになった。バファローズとブルーウェーブの合併は承認されたが、六チーム二リーグ制は維持され、東北楽天ゴールデンイーグルスが新規参入を果たした。チーム名が示すとおり、本拠地はいままでNPB球団のなかった東北に置かれ、オーナー企業は新興のネット小売り企業、楽天に決まった。数か月後には、福岡ダイエーホークス（前年にタイガースを日本シリーズで破ったチーム）が通信サービス大手のソフトバンクに買収された。どちらも会社を率いるのは積極的な実業家であり、既存の球団オーナーとは一線を画す少々強引にも見えるマーケティングを行なった。同時期に日本ハムファイターズが北海道へ移転したこともあって、プロ野球は北海道に一チーム、東北に一チームを備えるかたちとなったが、それでも多くの球団は少数の都市圏に集中したままだった［地図3］。ストライキでは選手とオーナーとのあいだの深い溝が明らかになったが、選手の権利や待遇の改善は最小限にとどまり、ポスティング制度も維持された。二〇〇八年には新たに外部からコミッショナーが招聘され、駐米大使も務めてMLBの事情にも明るい加藤良三が就任したが、オーナー会議は決して権力を手放さず、ほとんどの球団はマーケティングと放映権の両面で不利益を被り続けた。

とはいえ、プロ野球の問題は改革に二の足を踏む時代遅れの保守性だけにあったわけではなく、

［地図3］2018年の日本プロ野球12球団の本拠地

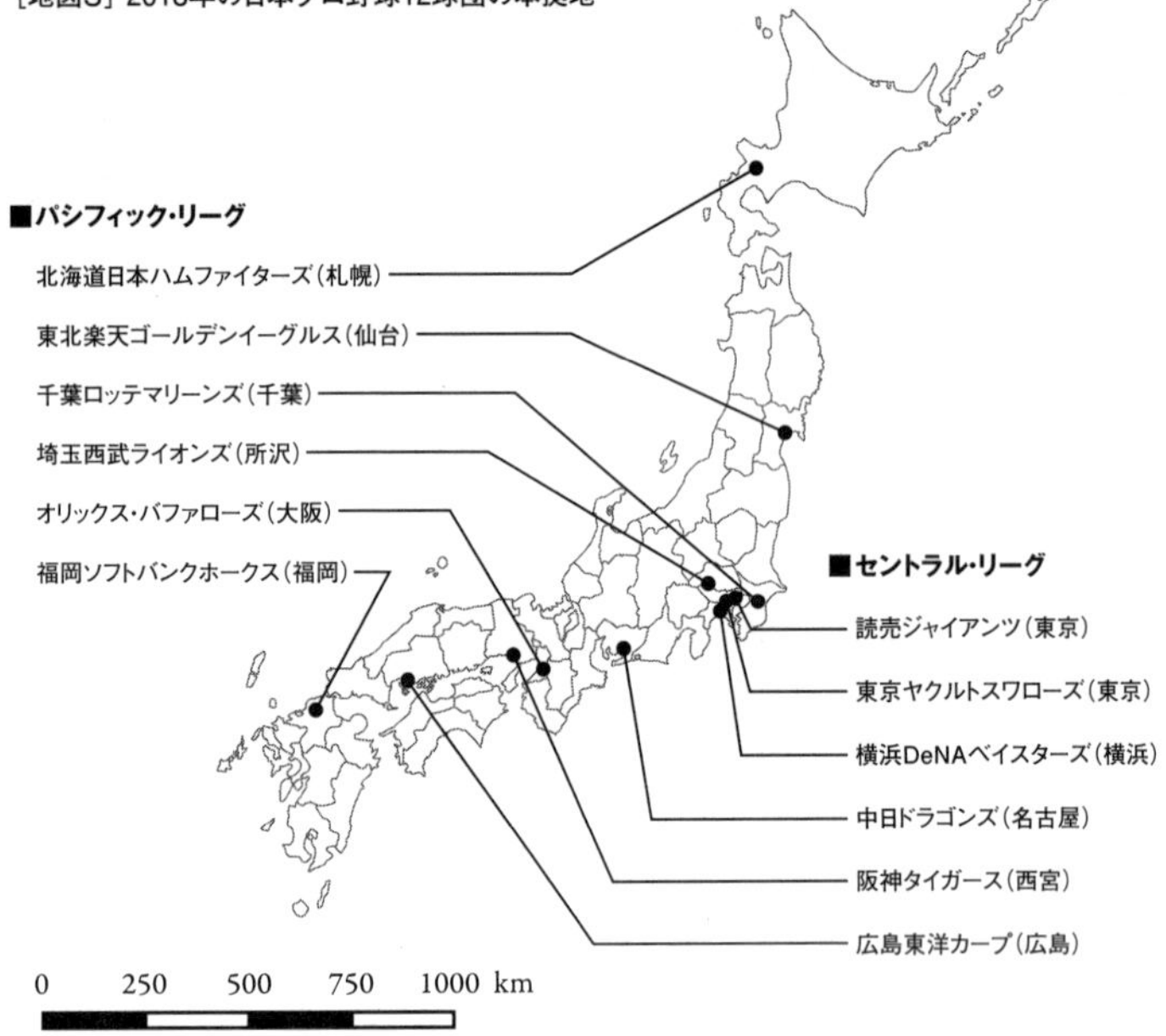

もっと大きな状況も影響しており、特にMLBと人気を高めるサッカーの攻勢は年々強まっている。プロ野球のスター選手がメジャーに挑戦し、活躍する流れもこの二〇年で加速している。野茂英雄やイチロー、松井秀喜といったスター選手が次々に成功を収めることで、日本の選手とファンにとってのMLBの魅力は拡大し、メジャーの試合が地上波や衛星放送、ネットテレビで放送される機会が増した。プロ野球を経由せずにアメリカのチームの入団テストを受ける高卒や大卒の若手も現れてきている。アメリカでプレイする日本人は、本書の執筆時点で四〇人ほどいると言われる。そのうちメジャーリーガーはごく一部で、ほとんどが食事代になるかならないかの給料でマイ

ナーに所属している。当然、日本の球団は神経質になっているが、流出を止める力はない。ＮＰＢは保有選手の移籍を規制するルールをＭＬＢと結んでいるが、当座しのぎにすぎず、プロ野球は空洞化が進んでいる。

タイガースでは、その影響はひとまず限定的だ。確かに、何人かは海を渡り、新庄剛志は二〇〇一年にニューヨーク・メッツへ、井川慶は二〇〇七年にニューヨーク・ヤンキースへ、タイガースに一一年所属した藪恵壹は二〇〇五年にオークランド・アスレチックスへ移籍した。また逆に、少数ではあるが日本へ戻ってキャリアの晩年を過ごす選手もいる。伊良部秀輝はヤンキースで浮き沈みの激しいキャリアを送ったのち、タイガースで二〇〇三年のセ・リーグ優勝に貢献した。

もう一つ、野球に圧力をかけている勢力が国内外のサッカーで、日本のＪリーグやイングランド・プレミアリーグなどのヨーロッパの一流リーグが含まれる。一九九一年のＪリーグの設立にあたっては、サッカーの台頭を恐れた野球界の既得権益層がＪリーグの支援をやめるよう各企業にはたらきかけたり、有名なスタジアムから締め出したり、テレビ放送やスポーツ紙での扱いを制限したりして、サッカーの影響力を削ごうとした。そうした工作が功を奏したのか、Ｊリーグは〝目新しさ〟が薄れた九〇年代中盤からは徐々に人気を落とした。二〇〇二年の日韓ワールドカップは人気復活の起爆剤になると期待されたが、宣伝努力や大会前半の日本代表の奮闘（後半は韓国代表の陰に隠れた感が強かった）、新スタジアムの建設ラッシュがあったにもかかわらず、効果は限定的だった。

それでも、ここ一〇年の日本サッカーは以前より財政基盤を安定させ、ファン層を拡大し、メディアでの露出も増やしている。女子は世界有数の強豪になり、男子はワールドカップの成績は女子には遠く及ばないものの、国内リーグは人気を回復し、代表も、クラブチームもアジアの大会では成功を収めている。国際サッカー連盟（ＦＩＦＡ）を構成する六大陸の連盟の一つ、アジアサッカー連盟（ＡＦＣ）は、西はレバノンやパレスチナ、東は日本、南はオーストラリア、北はモンゴルまでの四七か国を統括する団体だ。そのためサッカー界ではほかのスポーツにないほどアジア各国の結びつきが強まり、強化に最適な環境が生まれている。日本はこれまで常にアメリカ志向だったが、ことサッカーに関してはアジアの地政学は非常に魅力的だ。サッカーが、一世紀以上にわたって日本のスポーツ界を支配してきた野球の牙城をついに崩す日がやって来るかもしれない。

職場の変化と二番手意識の克服

二〇一八年の阪神タイガースを目にした人は、二〇年前とほとんど何も変わっていないと言うだろう。世界の中心にある試合も、試合が毎晩行なわれる球場も、チームの組織や球団と親会社との上下関係も、タイガースメディアの仕事の流れや文章表現も、応援団の一糸乱れぬ応援も、関西中のファンの熱意も、同じに思える。しかしよくよく眺めると、近年の変化によって、本書で分析してきたタイガースワールドの特徴が揺らいでいるのがわかる。日本のプロ野球は末期状態かといった話には、あまり関心がない（答えを言える知識はあると思うが）。また、タイガースワールドの今後を予想することが、人類学者の仕事だとも思わない。それでも論理的な帰結として、二〇〇三年とそれに続く数年は、三〇年近く維持された決定的な特徴の大きな転換点だった。

それは何も、いま述べた四つの構造的変化に限った話ではない。ほかに二つの大きな社会変化によって、七〇年代以降のタイガースの大きな特徴だった職場のメロドラマ性、そして第二の都市のコンプレックスに起因する魅力が損なわれてきている。

九〇年以降の長引く不景気が原因で、かつて世界第二の規模を誇った日本経済は、中国に次ぐ三番手に転落した。しかし職場の力学とタイガースのスポーツワールドのつながりの希薄化の部分で、もっと影響が大きかったのは全国規模の雇用形態の移り変わりだ。とりわけ三つの変化が関西の社会人の職場意識を劇的に変えている。まず、働き方が大幅に多様化した。一九五〇年以降の数十年間、さらには八〇年代初頭に至るまで、民間企業と公的機関とで給与や社会的地位に差はあったものの、当時は社会人の八五パーセントが〝正社員〟の肩書きを得ていた。しかし、その割合は九〇年代から〇〇年代初頭にかけて低下し、二〇一六年には約六割にまで落ち込んだ。特に非正規の割合が多いのは二〇代と六〇代、そして女性だ。形態はいくつかあるが、どれも短期の期間雇用であり、労働組合の対象外で、福利厚生は限られ、そして仕事への積極性も薄い。第二に、関西を直撃している国内製造業の空洞化と海外移転がある。最後に、この二つの変化によって、大企業と中小のサプライヤーとのあいだに当たり前にあった契約上のつながりが切れつつある。

端的に言って、経済の自由化による雇用の不安定化が関西では顕著だ。その影響についてはさまざまな研究があるが、タイガースのスポーツワールドへの最も重大で直接的な影響としては、関西の多くの住人にとって、仕事そのものの安定性への不安のほうが、職場内の力学に対する不安よりもゆゆしき問題となったことを強調したい。つまり関西の人々は、職場の人間関係（転職も多くなっている

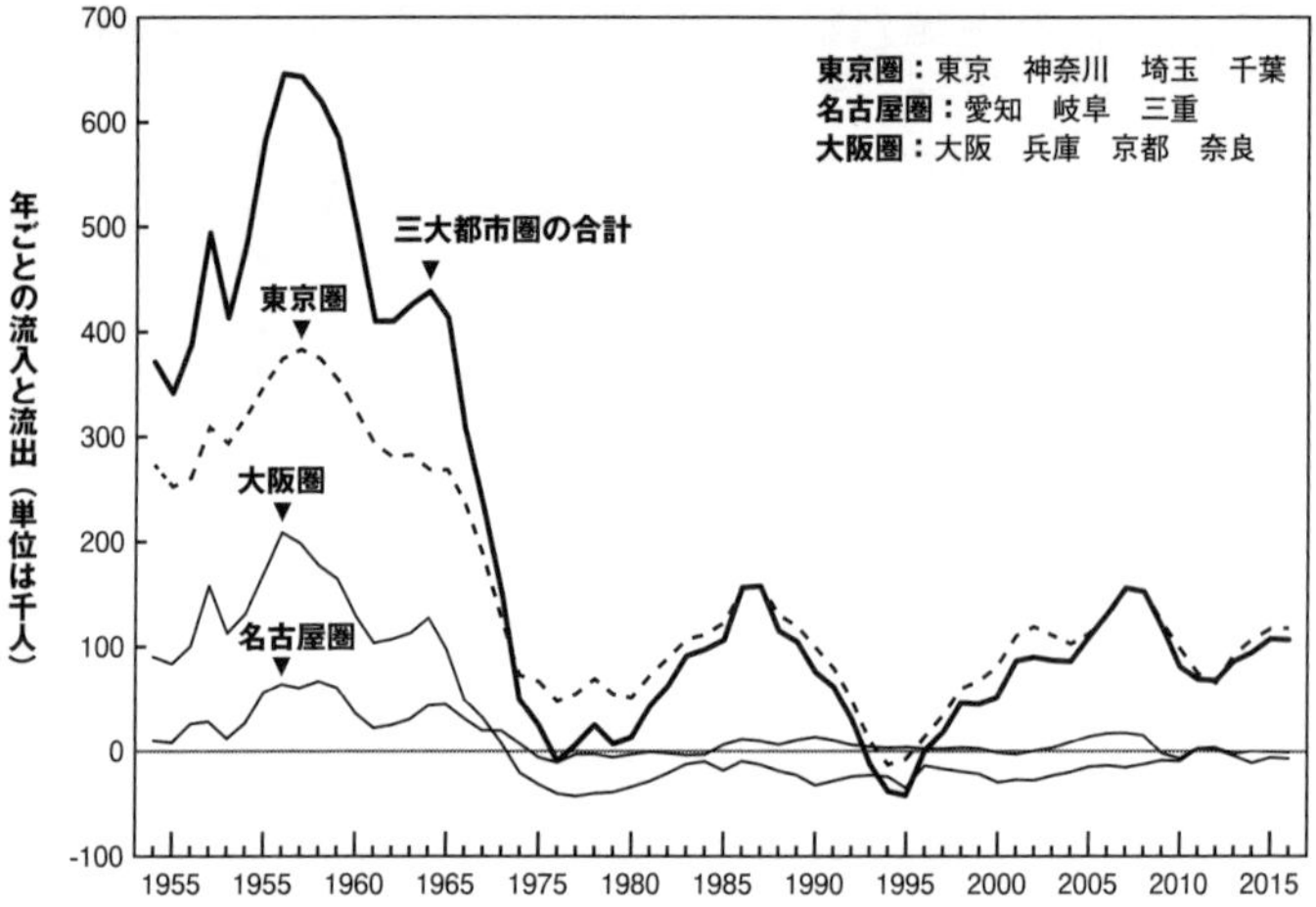

［図3］東京、大阪、名古屋圏における1955-2015年の人口流入/流出。
ゼロのラインがプラス（流入、上）とマイナス（流出、下）の均衡を表す。
総務省のデータより抜粋

から、一つの職場への愛着は薄れている）よりも待遇や仕事の安定性を気にするようになっている。

　また、東京へのさらなる一極集中と、大阪をはじめとする主要都市圏の人口減少も、社会的傾向としてタイガースのスポーツワールドを直撃している。都市圏への人口集中は、江戸時代が始まった一七世紀から続く流れであり、その後に江戸は世界最大の都市へ、一方で大阪は商いの街へ成長した。どちらも一九世紀と二〇世紀を通じて発展を続けたが、すでに述べたように、六〇年代を境に人口と政府機関、企業、文化施設はすべて東京に集中するようになった。

　つまり、現状の流れは取り立てて目新しいものではないが、それでもいまの東京の一人勝ちぶりはすさまじい。上図に示すとおり、東京への人の流入はバブル期の八〇年代前半から中盤をピークにいったん落ち込んだが、その後に数字は回復し、以後は毎年急激な伸びを示している。対照的に大阪は戦後初期を最後に回復せず、七三年以降は一貫して減少している。そして皮肉なことに、大阪の社会的地位は日本第二の都市というより、同じく縮小を続ける名古屋、福岡、仙台、札幌と同じ〝その他大勢〟になりつつある。わたしはこのあたりを実証できる立場にはないが、それでも人々の口ぶりからそうした傾向は強く感じる。メディアに登場する評論家、あるいは挑発的な態度で物議を醸した元大阪府知事の橋下徹、前知事の松井一郎といった面々は、官僚主義や東京の経済力をしきりに批判するが、こうした敵も多い政治勢力が大阪の自治権を拡大しろ、関西の特別な地位を認めろと主張することで、逆に関西は分裂し、関西の気概の象徴としてのタイガースの力は薄れつつある。

近代日本社会とスポーツの分析における阪神タイガースの教訓

ゆっくりしたペースの野球は日本人の気質にぴったりだ。消極的なプレイスタイルは、日本人の保守性や持ってまわったやり方を映している。監督とコーチは、野球を忠誠心と規律、つまりかつての封建領主が兵士や部下に求めた素養を教え込む手段とみなしている。そこでは長時間の練習と自己否定が求められ、精神面が強調される。日本人の野球観は、そうした側面を強く持っている。

これは一九九四年にアメリカの公共放送サービスで広く放送されたドキュメンタリー番組「日本野球」の冒頭のナレーションである。この言葉には、数十年にわたる海外の解説者や記者、学者の見解が凝縮されていた。日本の野球は日本式野球であり、アメリカの（普通の）ベースボールとはまったく異なるという理解。記者たちはその論理に従って記事や見出しをつづった。「日本の野球は戦争の技術」「腕がちぎれても投げよ」「これが日本人にとってのベースボール？」「同じ負け犬タイガースでも、阪神とデトロイトは別もの」「まったく別の球技」。こうしたものを素材に、〝日出ずる国〟のサムライ野球に対するステレオタイプな見方が形成されている。過酷で過剰な練習、コーチと監督への絶対服従、うしろ向きな戦い方、傲慢なオーナー、無個性なファンなど……。こうした不気味なほど単純すぎる考え方が圧倒的に広まっている。

そしてこの面に関しては、日本人自身も型にはまった考え方をしがちだ。それは日本の選手やフロント、メディア、ファンがアメリカ人助っ人を理解しよう（あるいはからかおう）とする際、あるいは海を渡ってメジャーに挑戦した日本人スターの動向をしきりに気にする際に顕著に表れる。あの選手は、まったく環境の異なるアメリカで本当にうまくやっていけるのだろうか？

こうしたステレオタイプな捉え方の問題は、完全に間違っていること（人は違いを鮮明に描き出そうと、安易な全体化をしがちだ）ではなく、現実のスポーツ体験にほとんど即していないことにある。確かに日本と（あるいはキューバやドミニカなどの野球がさかんな国と）アメリカの野球は大きく異なるが、それと同じくらい〝日本野球〟なるものと現場でのプレイ、指導、観戦スタイルとはかけ離れている。東京の公園で行なわれるリトルリーグの指導だろうが、県大会に臨む高校の野球部の応援だろうが、あるいは甲子園でのタイガース戦の中継だろうが、日本式なるものを持ち出してもそれを理解し、評価することはほとんどできない。野球に限らず、スポーツのプレイや観戦、判断は本質的に状況に即したものであり、そこに国のスタイルにつながる文脈はほぼない。

だからこそ、スポーツワールドという考え方がスポーツ体験を表すのに重要であり、体験を社会科学的に分析するのに最適なのだ。スポーツは、計算と感情、モラル的使命を帯びた身体能力の競い合いに、心と体のエネルギーを注ぐ行為であり、偶然に発生することは決してない。そこには常に意味と価値、パワーの網の目があり、そしてスポーツワールドを描き出す意味はまさにそこにある。選手と記者、観客、場所、出来事は、どれも総称ではなく、特定の瞬間と、それらを生み出した要因によってお互いに絡み合いながらこの世界に存在している。阪神タイガースは極めて特殊なスポーツワールドであり、規模、密度、歴史的経緯のどれをとってもプロ野球、あるいは日本のスポーツの代表例ではないが、一つの事例として、近代スポーツの社会的基盤を考察する素材にはなる。

まず、スポーツとしての野球の構造と、それがかたちづくる住人の関与を理解するための事例になる。長いシーズン、リーグ戦形式での少数チームによる争い、ポジションの専門性、行動と待機が交互に訪れるリズム、循環と直線という二つの時間軸の同時進行などなど。この本では、それらがソープオペラに似た行動、あるいは感情の構造を持つことを示してきた。タイガースのスポーツワールドは、いくつもの重なり合ったエピソードが延々と語られ、メロドラマ的な感情の奔流を感じ、表現し、勝敗という明確な事実によってモラルが揺さぶられ、行動と停止の絶え間ない連鎖によってサスペンスが生まれ、そして責任の所在がまったく不明瞭な場所だった。これほど多くの人が、これほど多くのかたちで関わる世界で、誰が賞賛に値し、誰が戦犯にふさわしいかを決めるのは不可能だ。そこでは親会社とフロント、チームが絶対的な上下関係のなかで牽制し合い、スポーツ紙が中心的な役割を担い、応援団が異例の独立性を維持する状況が組み合わさって、物語と統計、感情の圧力が増していた。

またタイガースは、二〇世紀後半における日本の社会変化を理解するための事例にもなる。何度も言うが、タイガースを理解するカギは、この世界の職場としての魅力にある。もちろん、選手にとってタイガースは職場だ。選手はチーム所属のプロとしてキャリアを築き、それを維持するなかで、中には大金を手にする者もいるが、厳しい評価と負傷のリスクのなかで、たいていは短い現役生活に幕を下ろす。フロントや親会社にとってもタイガースは職場であり、彼らは人事や懲罰、査定、選抜、予算、政治といった視点でタイガースを捉え、判断する。しかしわたしは、メディアもタイガースを職場と捉えていたと考えている。特にスポーツ紙は、試合展開やプレイの詳細を報じるのと同じくらい、フロントや親会社の上下関係と対立、衝突の暴露や分析、責任の所在の追及といったかたちでこのスポーツワールドを職場として描き出していた。そして最後に、ファンと観客にとってもタイガースは遊び場であると同時に職場だった。彼らはメディアの提示するタイガースのイメージを積極的かつ創造的に消費し、選手やスタッフの野心と弱み、権力争いを自分の職場に引きつけて考えていた。タイガースを見ていると、体系的な身体能力の競い合いだけでなく、ライフワールドとしてのスポーツワールドがファンの日常生活とのあいだに持つ共通項、あるいは相互作用に魅力を感じるからこそ、人はスポーツに入れ込むのだとわかる。

そして、タイガースのソープオペラの第二のテーマも同じように魅力的だった。一九七〇年代までに東京が主役、大阪は脇役という関係性が確定したことで、関西には関西弁や大阪のユーモア、観光名所、名物を誇らしく駆使して東京に対抗するという、ある種弱気で、ある種強気なアイデンティティー表現が生まれた。しかし、野球が一定のステータスを維持し、メディアの関心も高く、そしてプロリーグの構造が整備されていた日本では、それらにも増してタイガースが関西の独自性を生み、守る象徴となっていた。この点でも、タイガースをスポーツワールドとして分析することで、二一世紀の日本につながる根本的な政治、経済の変化が見えてきた。

近代スポーツの意義を単一の本質に落とし込もうとする人間は多い。祝祭（楽しみのためのスポーツ）、競争（勝利のためのスポーツ）、精神（人格形成や試練のためのスポーツ）、商業（利益のためのスポーツ）。しかし、そうしたまとめは幻想であり、誤りであると教えてくれることが、阪神タイガースのスポーツワールドの幅広い教訓だろう。おわかりのとおり、タイガースの体験にはそうした本質のすべてが詰まっているし、おそらくほかの大半のスポーツワールドでもそうなのだと思う。そうした多彩な動機と意義を有するからこそ、スポーツとその世界は、近代社会においてとりわけ重要な地位を保っているのである。

洋交易について記した500ページの論文の中で、マリノフスキは次のようなスタイルで書いている。「クラの遠征に出発する前の数日間は、村の中が慌ただしい雰囲気に包まれる。近隣から人々が訪れ、遠征の足しにと食料品を中心とした贈り物を差し出す」

こうした人類学的現在としての簡潔な現在形は魅力的で、読者はその言葉を読みながら、まるでそれが目の前で起こっているかのような想像をし、それによって読者と著者、研究対象は同じ時間に同時に存在できる。ある種の時間跳躍で、マリノフスキの例で言えば、論文はロンドンで1922年に発表されたが、書かれたのは1918年から19年にかけてのカナリア諸島で、フィールドワークが実施されてメモが取られたのは1914年から17年のメラネシアだ。人類学者はこの用法の意図と読者に与える影響について議論を続けている。反対派は、調査対象の生きた世界に対する時間認識に誤解を生じさせ、歴史的な位置づけを失わせると主張する。賛成派は、人類学的現在を人類学者が〝現場〟にいた時間の延長と解釈し、個人的な調査体験に基づいた分析を可能にするものだと主張する。データの限界を認める必要がある、というわけだ。

この問題をここで取り上げたのは、本書の大半が過去形で書かれているからであり、わたしはそれを人類学的過去と呼びたい。本書の土台となるフィールドワークは1996年から2003年にかけて行なった。阪神タイガースと日本野球界には変わらない部分もある（ルールブックは不変）が、あれから15年がたった現在の視点で見ると、タイガースには日本野球と日本社会の激変にも通じる大きな変化も見て取れる。そしてチーム創設初期のタイガースの姿、90年代後半から00年代初頭にかけての姿、そして現在の姿を見比べられるからこそ、今回の人類学的フィールドワーク、そしてスポーツワールドという考え方を過去、現在、未来という歴史的な時間枠の中に置き、教訓を引き出せるのである。

で関係を結ぶ難しさ以上に異例だったのが、調査の過程だった。プライベートな事情と大学での仕事の都合上、わたしは長い期間、継続的に現地調査を行なって（理想はまる1年から2年というのが一般的）、その後一気に民族誌を〝書き上げる〟という通常の手法を採ることができなかった。4か月以上連続でフィールドワークに出ることはできず、数週間がやっとのこともあった。総合すると、わたしが〝現場にいた〟期間は計13か月だ。

1996　7〜11月（シーズン中盤から秋のキャンプまで）
1997　2〜3月（春季キャンプ）　5〜6月（シーズン前半）
1998　7月（シーズン中盤）
1999　3月（オープン戦シーズン）
2001　7〜8月（シーズン中盤）
2002　3月（オープン戦シーズン）
2003　1月（シーズン前）　7〜8月（シーズン中盤）　10月（日本シリーズ）

調査が飛び飛びになることは、当初は残念だったしつらかった。〝現場〟に長くとどまって調査に専念するという、人類学者として望ましい手法に反していたからだ。ところがやがて、こうした日程にもいくつか利点があることに気づいた。調査をしていない期間にもスポーツニュースを追い、試合のネット中継を観て、フロントスタッフや記者、応援団員とメールでやりとりし、タイガースやスポーツに関する書籍を読む作業を続けたことで、直接的な観察や聞き取りをその中に当てはめて考えられるようになったのだ。そうすることで、各滞在に関する認識や知識が徐々に深まっていった。実際に〝そこ〟にいるわけではないときも、タイガースワールドのことは常に、さまざまなかたちで頭の中にあった。しかもタイガース野球を何年も追った（追わざるをえなかった）ことで、キャリアの構造やプロ野球のリズム、構造の変容を、1年間の集中調査では不可能なかたちで深く理解できた。

そうした散発的なフィールドワーク期間のあとも、わたしはときどきフォローアップのための聞き取りに現地を訪れ、遠くからタイガースの観察を続け、それによってあの時代の重要性を客観的に捉えるというまたとない機会に恵まれている。通常、我々は帰国後にできるだけ早く〝書き上げる〟ことを目指し、調査後の事象には気を配らない。わたしの関西とタイガース野球に関する初期の論文も、そうした瞬間的な視点で書かれている。しかしいま、わたしはその後の10年以上のあいだにタイガース、関西、日本野球に起こったことを知っていて、そしてそのおかげで、あのフィールドワークの日々をあの世界を生み出すに至った過去だけでなく、その後に生じた世界との関係性で捉えることができている。

こうした異例の調査条件に関連して、最後に本書で使用した時制について説明したい。おそらくほとんどの読者にとって、動詞の時制は文章のスタイルに関するものでしかないだろうが、社会科学的な文章、特に人類学的な記述において、時制には方法論的、理論的な意義がある。民族誌では簡潔な現在形が使われることが多く、我々はこれを特別に〝人類学的現在〟と呼んでいる。このスタイルは、20世紀初頭の人類学の生みの親たちに遡る。特に有名なのがブロニスラフ・マリノフスキの研究論文で、メラネシアのトロブリアンド諸島の人々が行なう〝クラ〟と呼ばれる海学者として彼らから話を聞く仕事は、大きな可能性があると同時に難しさもあった。タイガースの選手は基本的にはみな親切で優しかったが、深い関係にはなかなか踏み込めなかった。多くの者がメディア対応をよく心得ていたし、ささいな情報をかき集め、言葉尻を捉えて毎日の記事にしようとするメディアの貪欲な〝取材〟スタイルも知っていた。シーズン中に正式なインタビューをするにはフロントの広報担当者をとおさなければならず、わたしもその手続きを取った。しかし同時に、甲子園やタイガース・デン、シーズン前の宿泊先のホテルのトレーナー室では、ちょっとした雑談が始まることもあった。当初選手たちは、わたしといつも顔を合わせる記者たちとの違いがわからずにいたようだが、何年も話をしているうちにこちらの目的を理解し、球団にまつわる興味深いエピソードや思い出話を披露してくれた。

フロントスタッフや親会社の社員との交流も多岐にわたった。彼らもまた非常に礼儀正しかったが、話が球団内の政治に及ぶと多くの者が言葉を濁した。最終的に10人弱（いまでも付き合いがある）と親しくなったが、みな球団や親会社のイメージに対しては敏感で、自由に意見を言ってくれはしたものの、それにはまず、こちらがプライバシーを守り、直接的な引用はしないということをわかってもらう必要があった。

記者との通常の関係も築いた。人類学の多くの分野で、現地の世界に長く携わり、用語に通じ、深い知識を蓄えているのは我々人類学者である。ゆえに通訳を伴って現れ、ちょっとしたコメントを取ってすぐに去って行く記者を我々は鼻で笑う。ところが悔しいことに、この研究ではその関係が逆転していた。タイガースでも、他球団でも、番記者や元選手といったメディア関係者はこちらをはるかに上回る経験と専門知識を有していた。彼らの多くはタイガース周辺で日々を過ごす生活を何年も続け、多くの場所で情報提供者との関係を築き、野球用語にも堪能で、そしてタイガースの血脈にも通じていた。彼らから多くを学ばせてもらった新参者はわたしのほうだった。

そしてご想像のとおり、最も気さくで、タイガースへの情熱や、人生と自身のアイデンティティーに占めるタイガースの位置について熱心に語ってくれるのはファンたちだった。彼らとの交流は、フロントスタッフとの関係とは正反対のものになった。ファンはわたしを本気で受け入れ、わたしがタイガースファンになり、ファンとして行動し、ファングッズを身につけて一緒になってチームに熱狂的な声援を送ってくれるものと思っていた。

実際どうだったのだろう。わたしはファンになったのだろうか。確かにファンのみなさん、特にこちらに心を開き、招き入れてくれた方々のことはとても大事に思っているし、彼ら自身や、ファンのタイガース愛を理解したいと思った。選手とそのキャリア、フロントとその不安、メディアとそのプレッシャーに加え、ファンとその情熱もタイガースのスポーツワールドを構成する重要な要素だったからだ。だから人脈をつくり、観察し、共感した。子どものころからレッドソックスを好きだったことを考えると、親近感のようなものだったのかもしれない。ただ、わたしは決して本物のファンにはならなかった。そして正直に言わせてもらえば、ファンにならず、一線を引いていたからこそ、タイガースのファンであることにあれだけのエネルギーを注ぎ込む意味がよく理解できたのではないかと考えている。

こうしたタイガースのスポーツワールドのさまざまな成員と、それぞれのかたち

リサーチと執筆に関する覚え書き

人類学的分析の手法としては、少数の人間集団とともに1年ほどを過ごし、彼らとある程度同じ条件で生活し、その生活を観察し、彼らの言葉でその生活について公式に（聞き取り調査で）、また非公式に（日常会話で）話を聞くというやり方が20世紀初頭からの常道となっている。人類学者はこれをフィールドワークと呼び、その有益性と学者たちの倫理観については長い議論がある。フィールドワークでは、個人的な困難や倫理的なジレンマ、認識上の疑念に行き当たる。境界線上にいる我々の立ち位置を表す言葉としては、さまざまなフレーズが考え出されてきた。辺縁の現地人に、内側にいるよそ者。そうした相互主観的な見方で、人類学者は当事者として観察する。フィールドワークの手法については、自伝から辛辣な批評までさまざまな書籍がある（代表例はロッベンとスルーカの読本で、日本ではベスターとスタインホフらの作品が非常に参考になる）。

わたしは日本で20年に及ぶ人類学的な体験をし、そののち1990年代中盤にこのフィールドワークを始めたが、その時点でスポーツ研究の特別な知識を持っていたわけではなかった。同僚からはよく、キャリアの中盤に少し遊んでみたくなったのではないか、あるいはあらゆるアメリカ人男性が言われるように、個人的なスポーツ好きが高じたことなのではないかと言われる。しかし、子ども時代の郷愁から、あるいは兄弟への対抗心から、ボストン・レッドソックスに愛着を抱き、レッドソックス・ネイションの片隅に籍を置いていることを別にすれば、わたしは野球というスポーツにそこまで入れ込んでいるわけではない。このフィールドワークを思い立ったのは、野球の日本における重要性に気づき、近代日本の百数十年に最も大きな影響を及ぼしているのが野球なのではないかという想いを強めていったからだ。

本書はスポーツ民族誌として、阪神タイガースのプロ野球をわたしが10年間、主に96年中盤から03年、のちの05年に少し観察した経験に基づいて書かれている。現在もタイガースに関するニュースや文章を追い、ときおり甲子園と球団を訪れて聞き取りと観察を行なっている。その間、甲子園では何度も長い時間を過ごした。練習と試合を観て、選手やコーチ、フロント、スタジアム職員、観客、ファン、どこにでもいるメディアと話をした。11の球場の記者席や内野席、外野席で数百試合を観戦し、呑み屋や自宅でも観た。高知県での春季キャンプや、日本各地でのロードゲーム、秋季キャンプ、多数のファームの試合、さらには2003年の日本シリーズにも足を運んだ。親会社の幹部や記者、編集者、カメラマン、解説者、呑み屋の店主、応援団幹部に話を聞いた。記者室や放送席、選手寮も目にしたし、応援団の活動にもいくつか参加した。時間とエネルギーを注ぐのは主にタイガースだったが、オリックス・ブルーウェーブと近鉄バファローズに関しても、ときおり現地を訪れ、話を聞き、情報に目をとおしつづけることで、この二つの場所とそこにいる個人についてある程度の知識を得られた。

プロ野球は人類学者がよく出入りする現場ではなく、故にその場所に入って人々と会う許可を得たり、大量のニュースや報道を処理するのには慎重な配慮を要した。本文中で述べているとおり、選手とコーチングスタッフ、親会社の社員、メディア、ファン、そして関西の住人は、タイガースのスポーツワールドの欠くべからざる要素ではあるものの、同時に彼らの横のつながりは間接的で希薄だ。それゆえ、人類綿貫慶徳「近代日本における職業野球誕生に関する史的考察」（日本スポーツ社会学会『スポーツ史研究』14巻、2001、39-54ページ）
渡辺謙太郎「自分史的ラジオ実況論」（野球文化學會論叢『ベースボーロジー』4号、2003、128-165ページ）
渡辺融「明治期の横浜における外国人スポーツ・クラブの活動と日本のスポーツ」(東京大学教養学部体育科『体育学紀要』10巻、1976、1-33ページ）
渡辺融「ベースボールから野球へ」（東京大学教養学部比較文学比較文化研究室『比較文化研究』

2010)
本田勝一「新版『野球とその害毒』」(籌澤書店『貧困なる精神：悪口雑言罵詈誹謗集』第23集、1991、108-156ページ)
マーティ・キーナート『「YES」と言えなかった大リーガー』(ベースボール・マガジン社、1991)
マーティ・キーナート『愛すべき助っ人たち』(ベースボール・マガジン社、1998)
松木謙治郎『タイガースの生い立ち—阪神球団史　新版』(恒文社、1982)
松木謙治郎、奥井成一『大阪タイガース球団史　1992年版』(ベースボール・マガジン社、1992)
松崎仁紀「野球とフットボール、掛け持ち選手の系譜」(野球文化學會論叢『ベースボーロジー』2号、2001、128-165ページ)
三木理史『近代日本交通史第9巻　水の都と都市交通』(成山堂書店、2003)
三木理史『都市交通の成立』(日本経済評論社、2000)
三宅博『虎の007』(角川マガジンズ、2012)
三宅博『虎のスコアラーが教える「プロ」の野球観戦術』(祥伝社、2013)
矢野燿大『阪神の女房』(朝日新聞出版社、2011)
山田隆道『阪神タイガース 暗黒のダメ虎史 あのとき虎は弱かった』(ミリオン出版、2009)
山室寛之『野球と戦争』(中央公論新社、2010)
優勝しないタイガースを愛する会『阪神タイガースよ、優勝しないでくれ！』(長崎出版、2003)
吉田義男『阪神タイガース』(新潮社、2003)
吉見俊哉「メディア・イベント概念の諸相」(津金澤聰廣『近代日本のメディア・イベント』同文館出版、1996、3-30ページ)
鹿砦社編集部『なんとかせんかいタイガース!!』(鹿砦社、1996)
鹿砦社編集部『しっかりせんかいタイガース!!』(鹿砦社、1997)
鹿砦社編集部『野村は笑い、虎は泣く！　野村タイガースの舞台裏』(鹿砦社、1999)
鹿砦社編集部『阪神タイガースおっかけマップ2004』(鹿砦社、2004)
ロジャー・カーン(佐山和夫訳)『夏の若者たち　青春篇』(ベースボール・マガジン社、1997)
ロバート・K・フィッツ(山田美明訳)『大戦前夜のベーブ・ルース』(原書房、2013)
ロバート・ホワイティング(鈴木武樹訳)『菊とバット』(サイマル出版会、1977)
ロバート・ホワイティング(松井みどり訳)『ニッポン野球は永久に不滅です』(筑摩書房、1987)
ロバート・ホワイティング(玉木正之訳)『和をもって日本となす』](角川書店、1990)
ロバート・ホワイティング(松井みどり訳)『ベースボール・ジャンキー』(朝日新聞社、1991)
脇坂昭『野球はベースボールに勝てるか』(學生社、1989)
和田豊『虎の意地』(集英社、2003)

教育的意義・効果に関する所説をめぐって」(立命館大学産業社会学会『立命館産業社会論集』41巻4号、2006、115-134ページ)
西原茂樹「関西メディアと野球」(坂上康博、高岡弘幸『幻の東京オリンピックとその時代』青弓社、2009、379-404.ページ)
日刊スポーツ新聞西日本『喜怒哀楽の歩み 猛虎の80年』(日刊スポーツ新聞社、2015)
日本新聞協会『日本新聞年鑑2017』(日本新聞協会、2016)
野村克也『巨人軍論』(角川書店、2006)
野村昌二「プロ野球ビジネスは生き返るか」(朝日新聞出版『AREA』2010年11月29日号、44-47ページ)
野村周平「さらば阪神の『赤い彗星』」(朝日新聞出版『AERA』2009年12月28日号、27ページ)
秦真人、加賀秀雄「野球害毒論争(1911年)の実相に関する実証的検討」(名古屋大学総合保健体育科学センター『総合保健体育科学』紀要13巻1号、1991、19-31ページ)
秦真人、加賀秀雄「1911年における野球論争の実証的研究(Ⅰ)」(名古屋大学総合保健体育科学センター『総合保健体育科学』紀要14巻1号、1991、25-31ページ)
秦真人、加賀秀雄「1911年における野球論争の実証的研究(Ⅱ)」(名古屋大学総合保健体育科学センター『総合保健体育科学』紀要14巻1号、1991、33-38ページ)
秦真人、加賀秀雄「1911年における野球論争の実証的研究(Ⅲ)」(名古屋大学総合保健体育科学センター『総合保健体育科学』紀要15巻1号、1992、39-48ページ)
秦真人「1911年における野球論争の実証的研究(Ⅳ)」(名古屋大学総合保健体育科学センター『総合保健体育科学』紀要16巻1号、1993、29-43ページ)
原武史『「民都」大阪対「帝都」東京』(講談社、1998)
「阪神間モダニズム」展実行委員会『阪神間モダニズム』(淡交社、1997)
阪神タイガース『阪神タイガース昭和のあゆみ』(阪神タイガース、1991)
阪神タイガース『阪神タイガースメディアガイド1996』(阪神タイガース、1996)
阪神タイガースに熱狂するヤジ研究会『甲子園のヤジ:応援・罵倒の公用語、大阪弁のド迫力』(同文書院、1994)
阪神電気鉄道『阪神電気鉄道八十年史』(阪神電気鉄道、1985)
桧山進次郎『生え抜き』(朝日新聞出版社、2011)
平井肇「日本プロ野球の組織論的アプローチ」(大修館書店『体育科教育』48巻3号、1983、45-64ページ)
平井隆司『 阪神タイガース「黒歴史」』(講談社、2016)
福田拓哉「わが国のプロ野球におけるマネジメントの特徴とその成立要因の研究」(立命館大学経営学会『立命館経営学研究』49 巻6号、2011、135-159ページ)
別冊宝島編集部『元阪神424人の今　今だからこそ昔のタイガースの話をしよう』(宝島社、2012)
別冊宝島編集部『プロ野球パーフェクトデータ選手名鑑2015』(宝島社、2015)
ハワード・S・ベッカー(後藤将之訳)『アート・ワールド』(慶應義塾大学出版会、2016)
ブロニスラフ・マリノフスキ(増田義郎訳)『西太平洋の遠洋航海者』(講談社、

ツ社会学会『スポーツ社会学研究』2巻、1994、54-66ページ）
高橋豪仁『スポーツ応援文化の社会学』（世界思想社、2011）
竹村民郎、鈴木貞美『関西モダニズム再考』（思文閣出版、2008）
田代正「中等学校野球の動向からみた『野球統制令』の歴史的意義」（日本スポーツ社会学会『スポーツ史研究』9巻、1996、11-26ページ）
多田道太郎、河内厚郎、毎日新聞未来探検隊『阪神観』（東方出版、1993）
橘俊詔「プロ野球と労働市場」（労働政策研究・研修機構『日本労働研究雑誌』2005年4月号、14-16ページ）
橘俊詔『プロ野球の経済学』（東洋経済新報社、2016）
玉木正之『タイガースへの鎮魂歌（レクイエム）』（朝日新聞社、1988）
玉置道夫『一億八千万人の甲子園』（オール出版、1989）
玉置道夫『これがタイガース』（創英社、1991）
土屋礼子「創刊期のスポーツ紙と野球イベント」（津金澤聰廣『戦後日本のメディア・イベント　1945－1960年』（世界思想社、1996、47-70ページ）
寺尾博和「阪神の真相：久万オーナーの思想と現実」（日刊スポーツ新聞社『日刊スポーツ』大阪版2004年1月7日号～1月21日号）
寺尾博和「伝説：川上哲治―巨人不滅のV9」（日刊スポーツ新聞社『日刊スポーツ』大阪版2011年1月25日号～2月12日号）
飛田穂洲『飛田穂洲の高校野球入門』全2巻（ ベースボール・マガジン社、1972）
鳥越規央『本当は強い阪神タイガース』（筑摩書房、2013）
永井良和「つくられるスポーツファン」（杉本厚夫『スポーツファンの社会学』世界思想社、1997、51-70ページ）
永井良和、橋爪紳也『南海ホークスがあったころ』（紀伊国屋書店、2003）
中川右介『阪神タイガース 1965-1978』（KADOKAWA、2016）
中田潤、矢崎良一、橋本清、池田浩明、高橋安幸『元・阪神：謎のトレード・突然のFA・不可解な解雇・12の理由』（竹書房、2004）
永谷脩『野村・星野・岡田復活の方程式』（イースト・プレス、2005）
中津川詔子「応援すると負ける」（朝日新聞出版『AERA』2004年11月1日号、94ページ）
永野秀雄「プロスポーツ選手の労働者性」（労働政策研究・研修機構『日本労働研究雑誌』2005年4月号、20-22ページ）
中村哲也「野球統制令」と学生野球の自治」（スポーツ史学会『スポーツ史研究 』20巻、2007、:81-94ページ）
中村哲也「明治後期における『一高野球』像の再検討」（一橋大学スポーツ科学研究室『一橋大学スポーツ研究』28巻、2009、27-34ページ）
中村哲也『学生野球憲章とはなにか』（青弓社、2010）
中牧弘允「経営人類学にむけて：会社の『民族誌』とサラリーマンの『常民研究』」（中牧弘允、日置弘一郎『経営人類学ことはじめ』東方出版、1997、13-29ページ）
西井禎一『なにわタイガース学 』（一番出版、1995）
西澤暲『阪神戦・実況32年。』（講談社、2014）
西原茂樹「東京・大阪両都市の新聞社による野球（スポーツ）イベントの展開過程」（立命館大学産業社会学会『立命館産業社会論集』40巻3号、2004、115-134ページ）
西原茂樹「1910～30年代初頭の甲子園大会関連論説における野球（スポーツ）の

橘川武郎「プロ野球阪神タイガース「連覇」を組織論で占う」(毎日新聞出版『週刊エコノミスト』2004年4月6日、49-51ページ)
橘川武郎「プロ野球の危機と阪神タイガース」(一橋大学イノベーション研究センター『一橋ビジネスレビュー』56巻4号、2009、62-73ページ)
国定浩一『阪神ファンの経済効果』(角川書店、2002)
日下裕弘「明治期における武士的・武士道的野球信条に関する文化社会学的研究」(体育・スポーツ社会学研究会『体育・スポーツ社会学研究4』道和書院、1985、23-44ページ)
小林至、別冊宝島編集部『プロ野球ビジネスのしくみ』(宝島社、2002)
小杉なんぎん『阪神ファンの流儀』(KKベストセラーズ、2013)
佐伯真一『戦場の精神史　武士道という幻影』(NHK出版、2004)
坂井康広「戦前期における電鉄会社系野球場と野球界の変容」(日本スポーツ社会学会『スポーツ社会学研究』12巻、2004、71-80ページ)
坂上康博『にっぽん野球の系譜学』(青弓社、2001)
佐藤修史「阪神は日産になる」(朝日新聞出版『AERA』2003年6月9日号、8-11ページ)
佐山和夫『ベースボールと日本野球』(中央公論社、1998)
佐山和夫『日本野球はなぜベースボールを超えたのか』(彩流社 、2007)
産経新聞運動部「阪神タイガース事件史」(産経新聞社『産経新聞』2011年12月11日号～ 2012年3月12日号)
塩沢幸登『死闘　昭和三十七年阪神タイガース』(河出書房新社、2012)
島田明『明治44年慶応野球部 アメリカ横断実記』(ベースボール・マガジン社、1995)
庄司達也「郊外住宅と鉄道」(和田博文『コレクション・モダン都市文化』第36巻、ゆまに書房、2008)
真銅正宏『大阪のモダニズム』(ゆまに書房、2006)
新保信長『タイガースファンという生き方』(メディアファクトリー、1999)
菅野真二『ニッポン野球の青春』(大修館書店、2003)
杉本厚夫「阪神タイガースファンにみる大阪文化」(関西社会学会『フォーラム現代社会学』、2006、69-76ページ)
杉本尚次「野球をめぐる文化地理学的考察」(守屋毅『現代日本文化における伝統と変容 6 日本人と遊び』、1989、ドメス出版)
鈴木明「一九四五年のプレイボール」(学習研究社編集部『証言の昭和史6　焼跡に流れるリンゴの唄―占領下の日本』学習研究社、1982、168-173ページ)
鈴木明『セ・パ分裂　プロ野球を変えた男たち』(新潮社、1987)
総務省『住民基本台帳人口移動報告 平成28年(2016年)結果』http://www.stat.go.jp/data/idou/2016np/kihon/youyaku/index.html
第一高等学校校友会「野球部史」(明治文化資料叢書刊行会編『明治文化資料叢書』第10巻、風間書房、1962)
高井昌吏『女子マネージャーの誕生とメディア』(ミネルヴァ書房、2005)
高嶋航『帝国日本とスポーツ』(塙書房、2012)
高津勝『日本近代スポーツ史の底流』(創文企画、1994)
高橋豪仁「広島市民球場におけるプロ野球の集合的応援に関する研究」(日本スポー

岩井洋、広沢俊宗、井上義和「プロ野球ファンに関する研究(VI)」(関西国際大学『関西国際大学地域研究所叢書』3巻、2006、41-48ページ)
岩川隆「日本人と巨人軍1　犠打の精神」(文藝春秋『文藝春秋』1984年6月号、132-148ページ)
岩川隆「日本人と巨人軍2　GYマークの大和魂」(文藝春秋『文藝春秋』1984年8月号、168-184ページ)
ウィリアム・W・ケリー「文化人類学的アプローチ—愛すべき阪神タイガース応援団」(宇佐美陽『プロ野球観戦学』時事通信社、1999、21-28ページ)
上田賢一『猛虎伝説：阪神タイガースの栄光と苦悩』(集英社、2003)
ウォーレン・クロマティ、ロバート・ホワイティング(松井みどり訳)『さらばサムライ野球』(講談社、1992)
牛込惟浩『サムライ野球と助っ人たち』(三省堂、1993)
宇田正、武知京三、浅香勝輔『民鉄経営の歴史と文化　西日本編』古今書院、1995)
江刺正吾「甲子園とジェンダー」(江刺正吾、小椋博編『高校野球の社会学：甲子園を読む』世界思想社、1994、63-82ページ)
江戸東京博物館、行吉正一、米山淳一『東京オリンピックと新幹線』(青幻社、2014)
太田サトル「阪神という国民のおもちゃ」(朝日新聞出版『AERA』2003年6月9日号、12-15ページ)
大谷晃一『大阪学：世相』(経営書院、1998)
大谷晃一『大阪学特別講座1　阪神タイガース』(ザ・マサダ、1999)
大谷晃一『大阪学：阪神タイガース編』(新潮社、2003)
岡田久雄『阪神電鉄物語』(JTB、2003)
岡崎満義「V9巨人軍の『戦争』」(文藝春秋『文藝春秋』1982年4月号)
岡村正史『力道山—人生は体当たり、ぶつかるだけだ』(ミネルヴァ書房、2008)
岡本さとる『阪神ファンの変態的快楽』(飯倉書房、1996)
尾崎盛光『就職：商品としての学生』(中央公論社、1967)
小野瀬剛志「昭和初期におけるスポーツ論争:『日本的スポーツ観』批判をめぐって」(日本スポーツ社会学会『スポーツ社会学研究』9巻、2001、60-70ページ)
小野瀬剛志「野球害毒論争(1911年)に見る野球イデオロギー形成の一側面」(日本スポーツ社会学会『スポーツ社会学研究』15巻、2002、61-72ページ)
河内厚郎『阪神学事始』(神戸新聞総合出版センター、1994)
神田順治「飛田穂州」(三谷太一郎『言論は日本を動かす』5巻、講談社、1986、127-158ページ)
菅野覚明『武士道の逆襲』(講談社、2004)
菊幸一『「近代プロ・スポーツ」の歴史社会学』(不昧堂出版、1993)
菊幸一「物的文化装置としての甲子園スタジアム」(江刺正、小椋博『高校野球の社会学：甲子園を読む』世界思想社、1994、83-111ページ〉
北矢行男『プロ野球の経営学』(東洋経済新報社、1992)
橘川武郎「阪神タイガースの経済学」(ダイヤモンド社『週刊ダイヤモンド』、1997年9月27日、128-129ページ)

Williams, Raymond. (1977). "Structures of Feeling." In Marxism and Literature, by Raymond Williams, 128–135. Oxford: Oxford University Press.
Yano, Christine R. (2002). *Tears of Longing: Nostalgia and the Nation in Japanese Popular Song*. Cambridge, MA: Harvard University Asia Center.
Yoshida Reiji. (2009). "Colonel Stages a Comeback in Osaka" *Japan Times*, March 11. 2013年6月13日アクセス。 https://archive.is/20130218132853/http://info.japantimes.co.jp/text/nn20090311a3.html.
Yoshimi Shun'ya. (2003). "Television and Nationalism: Historical Change in the National Domestic TV Formation of Postwar Japan." *European Journal of Cultural Studies* 6(4): 459–506.
Yoshimi Shun'ya. (2005). "Japanese Television: Early Development and Research." In *A Companion to Television*, edited by Janet Wasko, 540–557. Malden, MA, and Oxford: Blackwell Press

〈日本語文献〉

阿部生雄『近代スポーツマンシップの誕生と成長』（筑波大学出版会、2009）
安倍昌彦『スカウト』（日刊スポーツ出版社、2009）
新雅史『「東洋の魔女」論』（イースト・プレス、2013）
有山輝雄『マスメディア・イベントとしての甲子園野球』（ゆまに書房『メディア史研究 VOL.1』、1994、102–119ページ）
有山輝雄『甲子園と日本人』（吉川弘文館、1997）
朝日新聞編集部「付録：野球とその害毒」（本多勝一『貧困なる青春日記　本多勝一集』、1991、175-221ページ）
イアン・コンドリー（田中東子、山本敦久訳、上野俊哉監訳）『日本のヒップホップ―文化グローバリゼーションの〈現場〉』（NTT出版、2009）
猪狩誠也「スポーツ：国際化と大衆化」（南博・社会心理研究所『昭和文化』（勁草書房、1987、504–527ページ）
池井優『野球と日本人 』（丸善、1991）
石井連蔵「飛田穂州の思い出」（『朝日新聞記者の証言2　スポーツ記者の視座』朝日ソノラマ、1980、59–77ページ）
石坂友司「学歴エリートの誕生とスポーツ」（日本スポーツ社会学会『スポーツ社会学研究』10巻、2002、60–71ページ）
石坂友司「野球害毒論争 (1911年)再考」（日本スポーツ社会学会『スポーツ社会学研究』11巻、2003、115–126ページ）
一本松幹雄『王者猛虎軍の栄光と苦悩』（南雲堂、1999）
井上章一『阪神タイガースの正体』（太田出版、2001）
井上章一『「あと一球っ！」の精神史』（太田出版、2001）
井上俊『歴史文化ライブラリー 179　武道の誕生』（吉川弘文館、2004）
今尾恵介『地図と鉄道省文書で読む私鉄の歩み　関西1　阪神・阪急・京阪』（白水社、2017）

Tada Michitarō (1988). "Osaka Popular Culture: A Down-to-Earth Appraisal." In *The Japanese Trajectory: Modernization and Beyond*, edited by Gavan McCormack and Sugimoto Yoshio, 33–53. Cambridge, UK: Cambridge University Press.
Tagsold, Christian. (2011). "Remember to Get Back on Your Feet Quickly": The Japanese Women's Volleyball Team at the 1964 Olympics as a 'Realm of Memory'." *Sport in Society* 14(4): 444–453.
Takahashi Hidesato. (2007). "The Conviviality of Cheering: An Ethnography of Fan Clubs in Professional." In *This Sporting Life*: Sports and Body Culture in Modern Japan, edited by William W. Kelly, 263–280. New Haven, CT: Council on East Asian Studies, Yale University.
Thompson, Lee Austin. (1986). "Professional Wrestling in Japan: Media and Message." *International Review for the Sociology of Sport* 21(1): 65–82. Thompson, Lee Austin. (2011). "The Professional Wrestler Rikidōzan as a Site of Memory." *Sport in Society* 14(4): 532–541.
Thompson, Stephen I. (1991). "Baseball and the Heart and Mind of Japan: The Randy Bass Case." In *Baseball History: An Annual of Original Baseball Research*, edited by Peter Levine, 39–50. Westport, CT: Meckler.
Thompson, Stephen I., and Ikei Masaru. (1987–1988). "Victor Starfi n: The Blue-Eyed Japanese." *Baseball History 2*(4): 4–19.
Todeschini, Maya Morioka. (2011). " 'Webs of Engagement': Managerial Responsibility in a Japanese Company." *Journal of Business Ethics* 101(S1): 45–59.
Tsukamoto Takashi. (2011). "Devolution, New Regionalism and Economic Revitalization in Japan: Emerging Urban Political Economy and Politics of Scale in Osaka–Kansai." *Cities* 28(4): 281–289.
van Maanen, Hans. (2010). *How to Study Art Worlds: On the Societal Functioning of Aesthetic Values*. Amsterdam: Amsterdam University Press.
Villi, Mikko, and Hayashi Kaori. (2017). " 'The Mission Is to Keep This Industry Intact'." *Journalism Studies* 18(8): 960–977.
Westney, D. Eleanor. (1987). *Imitation and Innovation: The Transfer of Western Organizational Patterns to Meiji Japan*. Cambridge, MA: Harvard University Press.
Whannel, Garry. (1992). *Fields in Vision: Television Sport and Cultural Transformation*. London and New York: Routledge.
Whiting, Robert. (2006). "The Samurai Way of Baseball and the National Character Debate." *Studies on Asia*, ser. 3, 3(2): 104–122.
Whiting, Robert. (2008). "Samurai Baseball vs. Baseball in Japan—Revisited." *Asia-Pacific Journal: Japan Focus* 6(5). 2008年5月4日アクセス。 https://apjjf .org/-Robert-Whiting/2764/article.html.
Whiting, Robert. (2009). *You've Gotta Have Wa: When Two Cultures Collide on the Baseball Diamond*. 2nd ed., rev. New York: Vintage.
Will, George F. (1990). *Men at Work: The Craft of Baseball*. New York: Macmillan.

Press.
Reaves, Joseph A. (1997). *Warsaw to Wrigley: A Foreign Correspondent's Tale of Coming Home from Communism to the Cubs*. South Bend, IN: Diamond Communications.
Robben, Antonius C. G. M., and Jeff rey A. Sluka, eds. (2007). *Ethnographic Fieldwork: An Anthropological Reader. Malden*, MA: Blackwell Publishers.
Roden, Donald F. (1980a). "Baseball and the Quest for National Dignity in Meiji Japan." *American Historical Review* 85(3): 511–534.
Roden, Donald F. (1980b). *Schooldays in Imperial Japan: A Study in the Culture of a Student Elite*. Berkeley: University of California Press.
Rose, Ava, and James Friedman. (1994). "Television Sports as Mas(s)culine Cults of Distraction." *Screen* 35(1):22–35
Shapiro, Michael. (1989). "A Whole Different Ball Game." *Japan Society Newsletter*, June, 2–5.
Sharf, Robert H. (1993). "The Zen of Japanese Nationalism." *History of Religions* 33(1): 1–43.
Shaughnessy, Dan. (2011). "Riveting Drama at Fenway Theater." *Boston Globe*, October 16. 2018年6月30日アクセス。 https://www.bostonglobe.com/sports/2011/10/16/red-sox-providing-riveting-drama-fenway-theater/MmXdFQKs7hgf7wU6HnOoYN/story.html.
Skinner, Kenneth A. (1979). "Sararīman Manga." *Japan Interpreter* 12(3–4): 449–457.
Smith, Henry D., II. (1980). "The Paradoxes of the Japanese Samurai." In *Learning from Shogun: Japanese History and Western Fantasy*, 86–98. Santa Barbara: Program in Asian Studies, University of California.
Spence, Louise. (2005). *Watching Daytime Soap Operas: The Power of Pleasure*. Middletown, CT: Wesleyan University Press.
Spielvogel, Laura. (2003). *Working Out in Japan: Shaping the Female Body in Tokyo Fitness* Clubs. Durham, NC: Duke University Press.
Stanka, Jean, and Joe Stanka. (1989). *Coping with Clouters, Culture and Crisis*. Wilmington, DE: Dawn Press.
Starn, Orin. (2012). *The Passion of Tiger Woods: An Anthropologist Reports on Golf, Race, and Celebrity Scandal*. Durham, NC: Duke University Press.
Stevens, Carolyn S. (2004) "Buying Intimacy: Proximity and Exchange at a Japanese Rock Concert." In *Fanning the Flames: Fans and Consumer Culture in Contemporary Japan*, edited by William W. Kelly, 59–78. Albany: State University of New York Press.
Stocker, Joel Floyd. (2002). "The 'Local' in Japanese Media Culture: Manzai Comedy, Osaka, and Entertainment Enterprise Yoshimoto Kogyo." PhD diss., University of Wisconsin, Madison.
Swyers, Holly (2010). *Wrigley Regulars: Finding Community in the Bleachers*. Urbana: University of Illinois Press.

Miyamoto Ken'ichi. (1993). "Japan's World Cities: Osaka and Tokyo Compared." In *Japanese Cities in the World Economy*, edited by Fujita Kuniko and Richard Child Hill, 53–82. Philadelphia: Temple University Press.
Modleski, Tania. (1983). "The Rhythms of Reception: Daytime Television and Women's Work." In *Regarding Television: Critical Approaches—An Anthology*, edited by E. Ann Kaplan, 67–75. Frederick, MD: University Publications of America.
Modleski, Tania. (2008). *Loving with a Vengeance: Mass-Produced Fantasies for Women*.New York: Routledge.
Moeran, Brian. (1997). *Folk Art Potters of Japan: Beyond an Anthropology of Aesthetics. Richmond*, Surrey: Curzon Books.
Morse, Margaret. (1983). "Sport on Television: Replay and Display." In *Regarding Television: Critical Approaches—An Anthology*, edited by E. Ann Kaplan, 44–66. Frederick, MD: University Publications of America <in association with American Film Institute>.
Nippon.com. (2014). "Newspaper Circulation in Japan: Still High but Steadily Falling." December 5. Accessed January 17, 2016. https://www.nippon.com /en/features/h00084/ Nippon.com. (2015). "Japanese Publishing in Free Fall." January 21. Accessed May 30, 2018. https://www.nippon.com/en/features/h00092/.
NitobeInazō (1969). Bushido: The Soul of Japan. Rutland, VT: Charles E. Tuttle.
Ogawa Isao. (1998). "History of Amusement Park Construction by Private Railway Companies in Japan." Japan Railway and Transport Review (15): 28–34.
Onishi Norimitsu. (2004). "Forget the Fans: It's Bean Ball in the Boardroom." *New York Times*, August 25, Section A, 4.
Osawa Machiko, Kim Myoung Jung, and Jeff rey Kingston. (2013). "Precarious Work in Japan." *American Behavioral Scientist* 57(3): 309–334.
Painter, Andrew A. (1996). "Japanese Daytime Television, Popular Culture, and Ideology." In *Contemporary Japan and Popular Culture*, edited by John Whittier Treat, 197–234. Honolulu: University of Hawai'i Press.
Partner, Simon. (1999). *Assembled in Japan: Electrical goods and the making of the Japanese consumer*. Berkeley and Los Angeles: University of California Press.
Pilling, David. (2014). *Bending Adversity: Japan and the Art of Survival*. London: Allen Lane.
Pope, Stacey. (2017). *The Feminization of Sports Fandom: A Sociological Study*. Abingdon, Oxon: Routledge.
Popick, Barry. (2012). "Entry from October 27, 2012: 'Sports is the toy department of life.' " *The Big Apple* (blog). 2018年6月1日アクセス。 https://www.barrypopik.com/index.php/new_york_city/entry/sports_is_the_toy_department_of_life/.
Rashad, Ahmad. (1982). "Journal of a Plagued Year: Part I." *Sports Illustrated*, October 18, 43–58.
Reader, Ian, and George J. Tanabe Jr. (1998). *Practically Religious: Worldly Benefits and the Common Religion of Japan*. Honolulu: University of Hawai'i

Kelly, William W. (2015). "Sport Fans and Fandoms." In *Routledge Handbook of Sports Sociology*, edited by Richard Giulianotti, 313–322. London: Routledge.
Kelly, William W. (2017). "Japan: Professional Baseball in 21st-Century Japan." In *Baseball without Borders: The International Pastime*, edited by George Gmelch and Daniel A. Nathan, 183–201. Lincoln: University of Nebraska Press.
Kelly, William W., and Merry I. White. (2006). "Students, Slackers, Singles, Seniors, and Strangers: Transforming a Family-Nation." In *Beyond Japan: The Dynamics of East Asian Regionalism*, edited by Peter J. Katzenstein and Takashi Shiraishi, 63–82. Ithaca, NY, and London: Cornell University Press.
Kennedy, Eileen. (2004). "Talking to Me? Televised Football and Masculine Style." *In British Football and Social Exclusion*, edited by Stephen Wagg, 147–166. London and New York: Routledge.
Kinney, Pat. (2003) "Japan's Tigers Don't Resemble Baseball's Losers from Detroit." *The Record (Bergen County, NJ)*, September 28.
KusakaYūkō. (2006). "The Emergence and Development of Japanese School Sport." *In Japan, Sport and Society: Tradition and Change in a Globalizing World*, edited by Joseph Maguire and Nakayama Masayoshi, 19–34. London and New York: Routledge.
Light, Richard L. (1999). "Regimes of Training, Seishin and the Construction of Masculinity in Japanese University Rugby." *International Sport Studies* 21(2): 39–54.
Magazine, Roger. (2007). *Golden and Blue Like My Heart: Masculinity, Youth, and Power among Soccer Fans in Mexico City*. Tucson: University of Arizona Press.
Matanle, Peter C. D., and Wim Lunsing, eds. (2006). *Perspectives on Work, Employment and Society in Japan*. Basingstoke, UK, and New York: Palgrave Macmillan.
Matanle, Peter C. D., Leo McCann, and Darren Ashmore. (2008). "Men under Pressure: Representations of the "Salaryman" and his Organization in Japanese Manga." *Organization* 15(5): 639–664.
Matsudaira S. (1984). "Hiikirenchū (Theatre Fan Clubs) in Osaka in the Early Nineteenth Century." *Modern Asian Studies* 18(4): 699–709.
Matsushita Kayo (2002). "We Gotta Have Fun: Japanese Baseball Players Seek Freedom in the American Major Leagues" (master's thesis, School of Journalism, Columbia University).
Mears, Ashley. (2011). *Pricing Beauty: The Making of a Fashion Model*. Berkeley and Los Angeles: University of California Press.
Miki Masafumi. (2005). "The Origins of Commutation in Japan." *Geographical Review of Japan* 78(5): 247–264.
Mills, Kathryn, ed. (2000). *C. Wright Mills: Letters and Autobiographical Writings*. Berkeley: University of California Press.
Mittell, Jason. (2010). *Television and American Culture*. New York: Oxford University Press.

Apprenticeship in Japan, edited by John Singleton, 265–285. New York and Cambridge, UK: Cambridge University Press.
Kelly, William W. (1999). "Caught in the Spin Cycle: An Anthropological Observer at the Sites of Japanese Professional Baseball." In *Lives in Motion: Composing Circles of Self and Community in Japan*, edited by Susan Orpett Long, 137–150. Ithaca, NY: East Asia Program, Cornell University.
Kelly, William W. (2000). "The Spirit and Spectacle of School Baseball: Mass Media, Statemaking, and 'Edu-tainment' in Japan, 1905–1935." In Japanese Civilization in the Modern World XIV: *Information and Communication*, edited by UmesaoTadao, William W. Kelly, and Kubo Masatoshi, 105–116. Senri: National Museum of Ethnology.
Kelly, William W. (2002). "Failure in Sport: Accepting Disappointment in Japanese Professional Baseball." *IIAS Newsletter* (28): 10.
Kelly, William W. (2004a). "Introduction: Locating the Fans." In *Fanning the Flames: Fans and Consumer Culture in Contemporary Japan*, edited by William W. Kelly, 1–16. New York: State University of New York Press, Albany.
Kelly, William W. (2004b). "Sense and Sensibility at the Ballpark: What Fans Make of Professional Baseball in Modern Japan." In *Fanning the Flames: Fans and Consumer Culture in Contemporary Japan*, edited by William W. Kelly, 79–106. New York: State University of New York Press.
Kelly, William W. (2006). "Japan: The Hanshin Tigers and Japanese Professional Baseball." In *Baseball without Borders: The International Pastime*, edited by George Gmelch, 22–42. Albany: State University of New York Press.
Kelly, William W. (2007a) "Is Baseball a Global Sport? America's 'National Pastime' as Global Field and International Sport." *Global Networks* 7(2): 187–201.
Kelly, William W. (2007b). "Men at Work or Boys of Summer? The Workplaces of Professional Baseball in Contemporary Japan." In *This Sporting Life: Sports and Body Culture in Modern Japan*, edited by William W. Kelly, 247– 262. New Haven, CT: Council on East Asian Studies, Yale University.
Kelly, William W. (2009). "Samurai Baseball: The Vicissitudes of a National Sporting Style." *International Journal of the History of Sport* 26(3): 429– 441.
Kelly, William W. (2011a). "Kōshien Stadium: Performing National Virtues and Regional Rivalries in a 'Theatre of sport'." *Sport in Society* 14(4): 481–493.
Kelly, William W. (2011b). "The Sportscape of Contemporary Japan." In *Handbook of Japanese Culture and Society*, edited by Theodore C. Bestor and Victoria Lyon Bestor, 251–262. New York and London: Routledge.
Kelly, William W. (2013a). "Adversity, Acceptance, and Accomplishment: Female Athletes in Japan's Modern Sportsworld." *Asia Pacific Journal of Sport and Social Science* 2(1): 1–13.
Kelly, William W. (2013b). "Japan's Embrace of Soccer: Mutable Ethnic Players and Flexible Soccer Citizenship in the New East Asian Sports Order." *International Journal of the History of Sport* 30(11): 1235–1246.

WBGU-TV, Bowling Green State University.
Huff man, James L. (1997). *Creating a Public: People and Press in Meiji Japan*. Honolulu, University of Hawai'i Press.
Hurst, G. Cameron, III. (1997). "The Warrior as Ideal for a New Age." In *The Origins of Japan's Medieval World: Courtiers, Clerics, Warriors, and Peasants in the Fourteenth Century*, edited by Jeffrey P. Mass, 209–233. Stanford, CA: Stanford University Press.
Hye, Allen F. (2004). *Religion in Modern Baseball Fiction*. Mercer, GA: Mercer University Press.
Ikei Masaru. "Baseball, bēsubōru, yakyū: Comparing the American and Japanese games." Indiana Journal of Global Legal Studies 8: 73–79.
Inoue Hiroshi. (2006). "Osaka's Culture of Laughter." *In Understanding Humor in Japan*, edited by Jessica Milner Davis, 27–36. Detroit: Wayne State University Press.
Inoue Shun. (1998). "Budō: Invented Tradition in the Martial Arts." In *The Culture of Japan as Seen through Its Leisure*, edited by Sepp Linhart and Sabine Fruhstuck, 83–94. Albany: State University of New York Press.
Iwakawa Takashi (1984). "The Mystique of the Yomiuri Giants." Japan Echo 11(3): 60–64.
Jenks, Andrew, and Jonah Quickmire Pettigrew, dirs. (2008). *The Zen of Bobby V*. Throwback Pictures and ESPN Films.
Johnson, Sally, and Frank Finlay. (1997). "Do Men Gossip? An Analysis of Football Talk on Television." In *Language and Masculinity*, edited by Sally Johnson and Ulrike Hanna Meinhof, 130–143. Oxford and Cambridge: Blackwell.
Johnston, Eric. (2015). "Is Tokyo Killing the Rest of Japan? The Overconcentration of People and Resources in Tokyo Could Be Holding Back the Remainder of the Country." Japan Times, November 28. 2015年11月29日アクセス。 https://www.japantimes.co.jp/life/2015/11/28/lifestyle/tokyo -killing-rest-japan/.
Johnston, Eric (2016). "Osaka Ishin in Existential Crisis as Election Looms." *Japan Times*, May 22. 2016年5月23日 アクセス。 https://www.japantimes .co.jp/news/2016/05/22/national/politics-diplomacy/osaka-ishin-existential-crisis-election-looms.
Katō Hidetoshi. (1972). "Service-Industry Business Complexes: The Growth and Development of Terminal Culture." Japan Interpreter 7(3/4): 376–382. Katō Hidetoshi. (1987). "Oh, Curry Rice!" *LOOK Japan*, June, 36–37.
Kelly, William W. (1997). "An Anthropologist in the Bleachers: Cheering a Japanese Baseball Team." *Japan Quarterly* 44(4): 66–79.
Kelly, William W. (1998a). "Blood and Guts in Japanese Professional Baseball." In The *Culture of Japan as Seen through Its Leisure*, edited by Sepp Linhart and Sabine Fruhstuck, 95–112. Albany: State University of New York Press.
Kelly, William W. (1998b). "Learning to Swing: Oh Sadaharu and the Pedagogy and Practice of Japanese Baseball." In *Learning in Likely Places: Varieties of*

Manchester University Press.
Gmelch, George. (2006). *Inside Pitch: Life in Professional Baseball.* Lincoln: University of Nebraska Press.
Gmelch, George, and J. J. Weiner. (1998). *In the Ballpark: The Working Lives of Baseball People.* Washington, DC: Smithsonian Institution Press.
Gordon, Andrew. (2015). "Making Sense of the Lost Decades: Workplaces and Schools, Men and Women, Young and Old, Rich and Poor." In *Examining Japan's Lost Decades*, edited by Funabashi Yōichi and Barak Kushner, 77–100. Abingdon, Oxon: Routledge.
Gordon, Dan. (2000). "An Invitation to See the Hanshin Tigers: Japanese Baseball as Seen through the Eyes of a Female Fan." Nine: *A Journal of Baseball History and Culture* 9 (1–2): 248–252.
Graczyk, Wayne. (2000). Japanese Pro Baseball Fan Handbook and Media Guide. Tokyo: JapanBall.com.
Grossberg, Lawrence. (1992) "Is There a Fan in the House? The Affective Sensibility of Fandom." In *The Adoring Audience: Fan Culture and Popular Media,* edited by Lisa A. Lewis, 50–68. London and New York: Routledge.
Guttmann, Allen. (1978). *From Ritual to Record: The Nature of Modern Sport.* New York: Columbia University Press.
Hanes, Jeff rey E. (2002). *The City as Subject: Seki Hajime and the Reinvention of Modern Osaka.* Berkeley and Los Angeles: University of California Press.
Hankyū Hanshin Holdings. (2017). "Hankyū Hanshin Holdings Group Guide." 2017年11月15日アクセス。 http://www.hankyu-hanshin.co.jp /en/.
Harrington, C. Lee, and Denise B. Bielby. (1995). *Soap fans: Pursuing Pleasure and Making Meaning in Everyday Life.* Philadelphia: Temple University Press.
Hayashi Kaori. (2013). "Japan's Newspaper Industry: The Calm before the Storm." Nippon.com, November 6. Accessed November 1, 2016. https:// www.nippon.com/en/currents/d00097/.
Hayford, Charles. (2007). "Samurai Baseball vs. Baseball in Japan." *AsiaPacifi c Journal: Japan Focus* 4(5). 2016年11月1日アクセス。 https://apjjf.org/-Charles-W.-Hayford/2398/article.html.
Hayford, Charles. (2008). "Response to 'Samurai Baseball vs. Baseball in Japan—Revisited'." *Asia-Pacific Journal: Japan Focus* 4(5). Accessed April 3, 2007. https://apjjf.org/-Charles-W.-Hayford/2765/article.html.
Hill, Richard Child, and Kuniko Fujita. (1995). "Osaka's Tokyo Problem." *International Journal of Urban and Regional Research* 19(2): 181–193.
HirokaneKenshi. (2011). "Advice from Japan's Most Popular CEO." In Reimaging Japan: *The Quest for a Future That Works*, edited by McKinsey and Company, 255–262. San Francisco: VIZ Media.
Holtzman, Jerome. (1989). "The Japanese Call This Baseball? What in the World Is Going on Over There?" *Chicago Tribune*, July 21, sports sec., 3.
Howard, Tony. 1994. *Baseball in Japan* (documentary). Bowling Green, Ohio:

Invention of a Tradition." *Social Science Japan Journal 11*(2): 223– 240.
Blomberg, Catharina. (1991). "The Vicissitudes of Bushidō." In *Social Sciences, Ideology, and Thought*, edited by Adriana Boscano, Franco Gatti, and Massimo Raveri, 318–323. Sandgate, Folkstone, Kent: Japan Library Limited.
Carter, Thomas F. (2008). *The Quality of Home Runs: The Passion, Politics, and Language of Cuban Baseball*. Durham, NC: Duke University Press.
Chun, Jayson Makoto. (2007). *"A Nation of a Hundred Million Idiots"? A Social History of Japanese Television*, 1953–1973. New York: Routledge.
Cohen, Marilyn. (2009). *No Girls in the Clubhouse: The Exclusion of Women from Baseball*. Jefferson, NC: McFarland.
Connery, Donald S. (1962). "A Yank in Japan." *Sports Illustrated*, June 25, 60–73.
Cox, Wendell. (2012). "The Evolving Urban Form: Osaka-Kobe-Kyoto." NewGeography, March 28. 2018年5月30日アクセス。 http://www.newgeography.com/content/002750-the-evolving-urban-form-osaka-kobe-kyoto.
Douglass, Mike. (1993). "The New Tokyo Story: Restructuring Space and the Struggle for Place in a World City." *In Japanese Cities in the Global Economy: Restructuring and Urban-Industrial Change*, edited by Fujita Kuniko and Richard Child Hill, 83–119. Philadelphia: Temple University Press.
Economist. (1996). "Japanese Baseball: Throw Till Your Arm Drops Off ." 340(7985): 104.
Edgington, David W. (2000). "City Profi le: Osaka." Cities 17(4): 305–318.
Edgington, David W. (2010). *Reconstructing Kobe: The Geography of Crisis and Opportunity*. Vancouver: University of British Columbia Press.
Fitts, Robert K. (2005). *Remembering Japanese Baseball: An Oral History of the Game*. Carbondale: Southern Illinois University Press.
Fitts, Robert K. (2008). *Wally Yonamine: The Man Who Changed Japanese Baseball*. Lincoln: University of Nebraska Press.
Flüchter, Winfried, (2012). "Urbanisation, City, and City System in Japan between Development and Shrinking: Coping with Shrinking Cities in Times of Demographic Change." *In Urban Spaces in Japan: Social and Cultural Perspectives*, edited by Christoph Brumann and Evelyn Schultz, 15–36. London and New York: Routledge.
Friday, Karl F. (1994). "Bushido or Bull? A Medieval Historian's Perspective on the Imperial Army and the Japanese Warrior Tradition." *The History Teacher* 27(3): 339–349.
Geraghty, Christine. (1991). *Women and Soap Opera: A Study of Prime Time Soaps*. London: Polity Press.
Geraghty, Christine. (2005). "The Study of the Soap Opera." In *A Companion to Television*, edited by J. Wasko, 308–323. Malden, MA, and Oxford: Blackwell Press.
Gluckman, Max. (1972). "Moral Crises: Magical and Secular Solutions." In *The Allocation of Responsibility*, edited by Max Gluckman, 1–50. Manchester, UK:

参考文献

以下に挙げるのは、本文中で引用した参考文献のみである。日本スポーツや日本野球、関西とタイガースの野球に興味のある方は、***https://www.professional.wwkelly.net/ht*** の自己紹介文にて一次資料、二次資料を掲載しているので参考にしていただきたい(2019年6月19日現在)。日本の学者や日本語の論文、書籍は日本語で記載したが、例外的に元々英語で記述されたものはそのまま記載した。

〈英語文献〉

Abe Ikuo.(2006). "Muscular Christianity in Japan: The Growth of a Hybrid." *International Journal of the History of Sport 23*(5): 714–738.

Abe Ikuo and J. A. Mangan. (2002). " 'Sportsmanship'—English-Inspiration and Japanese Response: F. W. Strange and Chiyosaburō Takeda." *International Journal of the History of Sport 19*(2–3): 99–123.

Alford, Peter, and David McNeill. (2010). "Stop the Press? The Sankei and the State of Japan's Newspaper Industry." *Japan Focus: An Asia-Pacifi c E-Journal*, March 8. 2010年3月9日アクセス。 http://japanfocus.org/products /details/3318.

Allen, Robert C. (1983). "On Reading Soaps: A Semiotic Primer." In *Regarding Television: Critical Approaches—An Anthology*, edited by E. Ann Kaplan, 97–108. Frederick, MD: University Publications of America.

Allison, Anne. (2013). *Precarious Japan*. Durham, NC: Duke University Press.

Alt, John (1983). "Sport and Cultural Reifi cation: From Ritual to Mass Consumption." *Theory, Culture & Society 1*(3): 93–107.

Associated Press. (1991). "In Japan, Baseball Is the Art of War." *Los Angeles Times*, April 21. Accessed September 15, 2015. http://articles.latimes.com /1991-04-21/sports/sp-906_1_japanese-baseball.

Baldwin, Frank, and Anne Allison, eds. (2015). *Japan: The Precarious Future*. New York: Social Science Research Council and New York University Press.

Becker, Howard S. (1974). "Art as Collective Action." *American Sociological Review 39*(6): 767–776.

Becker, Howard S. (1976). "Art Worlds and Social Types." *American Behavioral Scientist 19*(6): 703–719.

Benesch, Oleg. (2014). *Inventing the Way of the Samurai*: Nationalism, Internationalism, and Bushido in Modern Japan. Oxford: Oxford University Press. Berry,

Mary Elizabeth. (2005). "Samurai Trouble: Thoughts on War and Loyalty." *Journal of Asian Studies 64*(4): 831–847.

Besnier, Niko, Susan Brownell, and Thomas F. Carter. (2017). *The Anthropology of Sport: Bodies, Borders, Biopolitics*. Oakland: University of California Press.

Bestor, Theodore C., Patricia G. Steinhoff , and Victoria Lyon Bestor, eds. (2003). *Doing Fieldwork in Japan*. Honolulu: University of Hawai'i Press.

Blackwood, Thomas Stephen. (2008). "Bushido Baseball? Three 'Fathers' and the

［著者］
ウィリアム・W・ケリー（William W.Kelly）
1946年生まれ。アメリカ・マサチューセッツ州のアマースト大学卒業後、ニューヨーク州のコーネル大学で医学博士号を取得。1980年にブランダイス大学で社会人類学の博士号を取得し、イェール大学の教授となる。山形県の庄内地方でフィールドワークを重ねた。現代日本社会における農村生活、社会の主流、スポーツの持つ役割など広範な論文を発表している。日米の学術交流促進などにより、2009年に旭日中綬章を受章。共著に『〈日本文化〉はどこにあるか？』（春秋社）。

［訳者］
高崎拓哉（たかさき・たくや）
1979年横浜市生まれ。大学院卒業後、おもにスポーツ関連の記事と書籍の翻訳を手掛ける。訳書に『不安を自信に変える授業』（ディスカヴァー・トゥエンティワン）、『ルーキーダルビッシュ』（イースト・プレス）、『フューチャー・プレゼンス』（ハーパーコリンズ・ジャパン）など。

虎とバット
――阪神タイガースの社会人類学

2019年6月19日　第1刷発行

著　者――ウィリアム・W・ケリー
訳　者――高崎拓哉
発行所――ダイヤモンド社
〒150-8409　東京都渋谷区神宮前6-12-17
http://www.diamond.co.jp/
電話／03･5778･7227（編集）　03･5778･7240（販売）
装丁――――高柳雅人
編集協力――水科哲哉（INFINI JAPAN PROJECT LTD.）
DTP・図版作成―加藤幸治（Design Room J）
校正――――鷗来堂
製作進行――ダイヤモンド・グラフィック社
印刷――――堀内印刷所（本文）・新藤慶昌堂（カバー）
製本――――ブックアート
編集担当――亀井史夫

ISBN 978-4-478-10766-9